北京文物与考古系列丛书

北京市考古研究院田野考古报告（第53号）

东坝与三间房
——朝阳区考古发掘报告集

北京市考古研究院　编著

科学出版社

北　京

内 容 简 介

本报告整理了北京市考古研究院2020年至2021年间在朝阳区东坝乡、三间房乡、金盏乡、崔各庄乡开展的7处发掘项目。共发掘古代墓葬108座（包括汉代墓葬2座、魏晋墓葬1座、北朝墓葬1座、元代墓葬1座、明清墓葬103座）、古代道路遗迹6条、坑1座。出土器物包括陶瓷器、铜器、银器、金器、料器、铜钱等。朝阳区位于北京东部，历史悠久，文化资源丰富。本报告的出版为了解该区域汉代至明清各时期的社会发展情况、人群结构、文化面貌等方面提供了新的考古资料，具有较高的资料价值。

本书可供从事考古、文物、历史等研究的学者及相关院校师生阅读和参考。

图书在版编目（CIP）数据

东坝与三间房：朝阳区考古发掘报告集 / 北京市考古研究院编著. —北京：科学出版社，2024.1
（北京文物与考古系列丛书.北京市考古研究院田野考古报告；第53号）
ISBN 978-7-03-077941-0

Ⅰ. ①东…　Ⅱ. ①北…　Ⅲ. ①考古发掘–发掘报告–汇编–朝阳区
Ⅳ. ①K872.135

中国国家版本馆CIP数据核字（2024）第031359号

责任编辑：王　蕾 / 责任校对：韩　杨
责任印制：肖　兴 / 封面设计：美光制版

科学出版社 出版
北京东黄城根北街 16 号
邮政编码：100717
http://www.sciencep.com
北京汇瑞嘉合文化发展有限公司印刷
科学出版社发行　各地新华书店经销
*
2024年1月第　一　版　开本：889×1194　1/16
2024年1月第一次印刷　印张：14 1/4　插页：34
字数：533 000
定价：**268.00元**
（如有印装质量问题，我社负责调换）

目　录

插图目录

插表目录

图版目录

第一章 引 言

一、地理环境

朝阳区隶属于北京市，位于北京市主城区中南部，现设24个街道、19个地区[①]，面积470.8平方千米，是北京市中心城区中面积最大的一个区。西与东城区、西城区、海淀区相毗邻，北连昌平区、顺义区，东与通州区接壤，南与大兴区相邻。坐标为北纬39°49′~40°5′，东经116°21′~116°38′，平均海拔34米。属温带大陆性半湿润季风气候，四季分明，降水集中。

朝阳区区域轮廓呈南北略长、东西稍窄的多边形。辖域无山，地貌平坦，属于永定河冲积扇中下游平原。地势从西北向东南缓缓倾斜，区内河湖水系众多，有8条主要河流：温榆河、清河、坝河、通惠河、亮马河、萧太后河、凉水河、北小河，蜿蜒错致，形成网络。各河流之间有羊坊、沈家坟、东南郊等九条引水渠。

朝阳区是京杭大运河北京段的流经地之一（其他还包括昌平区、海淀区、西城区、东城区、顺义区、通州区等），涉及的河流有温榆河、通惠河、坝河。

《水经注》中称温榆河为湿余水，记载其水出上谷居庸关，过军都县。《辽史》称"温榆河"。顾炎武著《昌平山水记》中记载"温余河即昌平之榆河，下流为沙河，入顺义西南界，下至通州入潞河"。温榆河由东沙河、北沙河、南沙河汇合而成，其间又有蔺沟河、清河、龙道河、坝河、小中河汇入。全长47.5千米，流域面积2478平方千米，是京杭大运河的上游，属海河水系，终点为通州区五河交汇处。元朝时是京杭大运河最北边的转运点。

至元三十年（1293年），为满足大都城的用水以及漕运需要，郭守敬主持修建通惠河漕运工程。引北运河支流之一的温榆河上源白浮诸泉至瓮山泊（今昆明湖），然后沿长河及北运河另一支流高粱河故道如和义门（今西直门）至积水潭，出文明门（今东单处）南水关到通州注

---

① 朝阳区辖24个街道、19个地区。包括建外街道、朝外街道、呼家楼街道、三里屯街道、左家庄街道、香河园街道、和平街街道、安贞街道、亚运村街道、小关街道、酒仙桥街道、麦子店街道、团结湖街道、六里屯街道、八里庄街道、双井街道、劲松街道、潘家园街道、堡头街道、大屯街道、望京街道、奥运村街道、东湖街道、首都机场街道、南磨房地区、高碑店地区、将台地区、太阳宫地区、小红门地区、十八里店地区、平房地区、东风地区、来广营地区、常营地区、三间房地区、管庄地区、金盏地区、孙河地区、崔各庄地区、东坝地区、黑庄户地区、豆各庄地区、王四营地区。

入北运河①。一般将元代通惠河由玉泉山至大通桥的一段称为玉河，由大通桥至通州的一段称为通惠河，又称大通河。

坝河位于北京市东郊，为温榆河的支流，曾为元代运粮河。坝河，即是筑坝蓄水来保证行船的必要水深。坝河西起元大都的光熙门，东至温榆河，于元代至元十六年（1279年）开浚，筑拦河坝7座，分成梯级水面，分段行船。主要支流有北小河、土城沟和亮马河等②。东坝，或称郑村坝，就是坝河所筑拦河坝之一。《日下旧闻考》卷八十八记载"郑村坝即东坝，又名坝上"。明成祖朱棣靖难之役时，"郑村坝战役"就发生在此处。

本报告包含的七处遗址分别位于朝阳区东坝地区、崔各庄地区、金盏地区、三间房地区。东坝地区的两处遗址位于坝河沿岸，崔各庄、金盏地区的四处遗址位于北小河（坝河支流）沿岸，三间房地区的一处遗址位于通惠河沿岸。均位于京杭大运河河畔。

二、历史文化背景

朝阳区历史悠久。据北部立水桥出土的石斧、石镰、石纺轮、陶器以及房基考证，在新石器时期，朝阳区境内已有人类活动。夏、商、周时属"禹贡九州"之冀州。西周初，武王封帝尧之后于蓟（今广安门一带），建蓟国。后燕灭蓟，属燕国。春秋战国，燕国都蓟，时为燕都蓟城之东北部。秦时，分属广阳郡、渔阳郡。两汉至南北朝时，分属广阳国之蓟县，渔阳郡之路县（东汉改为潞县）、安乐县。隋唐、五代时，分属幽州蓟县、潞县、安乐县、幽都县等。辽会同元年（938）后，分属南京道幽都府蓟北县（蓟县改）、幽都县和潞县等。辽开泰元年（1012）后，分属析津府（幽都府改）析津县（蓟北县改）、宛平县（幽都县改）和潞县等。北宋宣和四年至七年（1122～1125），分属燕山府路燕山府之析津县、宛平县、潞县、漷阴县等。金初，分属燕京路析津府之析津县、宛平县、通县、潞县等。贞元元年（1153）、二年（1154），分属中都路永安府（后称大兴府）之析津县、宛平县和通州潞县、漷阴县。忽必烈于至元元年（1264），分属中都路大兴府之大兴县、宛平县和通州路县、漷阴县等。至元九年（1272），分属大都路（中都路改）大兴府之大兴县、宛平县和通州路县、漷阴县等。至元十三年（1276），分属大都路大兴府之大兴县、宛平县和通州潞县以及漷州（漷阴县升州）等。明洪武元年至十四年（1368～1381），分属山东行省（后称北平行省）北平府之大兴县、宛平县和通州潞县、漷州等。明永乐元年至十九年（1403～1421），分属北平行部顺天府（北平府改）及京师顺天府之大兴县、宛平县和通州、漷县（漷州改）。清初如明旧。清顺治十六年（1659）废漷县后，区境西半部、北部仍为城属，归步军统领衙门管理，其余区域分属直隶省顺天府之大兴县、通州等。

---

① 《元史》卷六十四《河渠志》。
② 北京水利志编辑委员会：《北京水利志稿》第一卷，中国水利水电出版社，1998年，第103～105页。

三、文 化 资 源

得天独厚的地理条件以及悠久的历史为朝阳留下了丰富的文物遗存。目前，全区境内已发现不可移动文物100余处，其中全国重点文物保护单位6处，北京市文物保护单位3处，朝阳区文物保护单位8处。

朝阳区的文物资源具有以下特点：

第一，古代建筑级别较高。全国重点文物保护单位包括始建于元延祐六年（1319）的东岳庙，是道教正一派在华北地区最大的庙宇；始建于明正统十一年（1446）的永通桥，是拱卫京师"三大桥梁"之一，并因1860年清军在此抗击英法联军、1900年义和团大战八国联军而闻名中外；京城著名的五坛之一、始建于明嘉靖九年（1530）的日坛，是明清两代皇帝每年春分时节祭祀大明（太阳）神的场所；始建于清乾隆四十七年（1782）的清净化城塔，塔内安葬有六世班禅的衣冠经咒。北京市文物保护单位包括始建于明代的北顶娘娘庙，是北京中轴线北延长线上的标志性建筑；始建于明嘉靖二十四年（1545）的十方诸佛宝塔，是明代延寿寺的遗存建筑；始建于清初的顺承郡王府，是清朝开国"八大铁帽子王"之一——勒克德浑的府邸。朝阳区文物保护单位包括始建于明正德年间的常营清真寺，始建于清道光二十五年（1845）的海阳义园，始建于清光绪年间（一说康熙初年）的南下坡清真寺，以及始建于清光绪年间的张翼祠堂。

第二，古代墓葬分布广泛。在北京市各区中，朝阳区的古代墓葬数量位居前列。据不完全统计，朝阳区境内以岗、窑、坟命名的自然村就有100余个。中华人民共和国成立以来，仅施工建设出土的附有随葬品、具有文物价值的墓葬就有500余处，有据可考的历代名人墓、清代王爷坟、公主坟就有100余处。其中，地上建筑保存至今的有肃慎亲王敬敏墓、显谨亲王衍璜墓以及那桐墓；三岔河、西柳巷、三间房古墓群被公布为北京市地下文物埋藏区；高碑店汉墓、三台山汉墓、生物研究所住宅小区唐代墓葬、元张弘纲墓、明施鉴家族墓、安外小关清墓、荣禄墓等有重要的考古发现；卫武家族墓、兆惠墓、图海家族墓、和硕显亲王富寿墓、海望家族墓等30余处清代墓葬，现仅存品级较高的碑刻。

第三，出土文物具有重要价值。三台山汉墓出土的一批器物，是典型的东汉庄园经济的缩影，生动地反映了东汉时期幽蓟地区的经济发展与社会生活状况。赵胜夫妇合葬墓出土的墓志志文，纠正了《明史》《明实录》等史书中的诸多舛误。施鉴家族墓出土的墓志志文，出现多个当时的地名及行政区属，为明代历史地理研究提供了新资料。安外小关清墓的墓室和墓道为院落房屋形式，形制特殊，并且保存完整，在北京地区尚属首次发现。荣禄墓出土的金葫芦重达139.6克，上有双勾刻字"丙申重阳皇太后赐臣荣禄"，是慈禧太后对荣禄六十岁寿辰的赏赐。此外，团结湖地区出土的牛头骨化石、东坝出土的汉代鼓腹灰陶罐、小红门出土的五代独木船、南磨房出土的明嘉靖青花海龙寿字大盖罐、大屯出土的白玉深浮雕麒麟纹玉带、来广营出土的康熙五彩洗子、双桥出土的康熙青花大罐等，都具有重要的历史、艺术价值。

第四，近现代建筑极具代表性。全国重点文物保护单位四九一电台旧址，属于典型的北欧乡村别墅式建筑；平房天主堂采用了中西合璧的建筑风格，将中式屋顶与罗马式拱券门窗相结合；798厂的帆状厂房，为典型的德国包豪斯建筑风格，目前仅在中、德、美等国家有极少量存留；北京市第二棉纺织厂的锯齿形厂房建筑，采用了苏联的设计风格；全国农业展览馆顶部采用了中国传统建筑风格，为三重檐、绿色琉璃瓦八角形亭阁。2007年，北京工人体育场、北京炼焦化学厂、798近现代建筑群等被列入第一批北京优秀近现代建筑保护名录。798厂、北京市第二棉纺织厂在新时期转型为文化创意产业聚集区，已成为当代朝阳的新地标[1]。

四、发掘经过与报告编写

本报告包括发掘项目共七项：东坝乡驹子房路魏晋、明清墓葬考古发掘项目；东坝乡驹子房东路清代墓葬考古发掘项目；三间房乡西柳巷北朝、明清墓葬考古发掘项目；金盏乡金盏西村元代、清代墓葬考古发掘项目；崔各庄乡南皋村L04地块清代墓葬、道路考古发掘项目；崔各庄乡南皋村30-L06地块明清墓葬考古发掘项目；崔各庄乡黑桥村汉代、清代墓葬考古发掘项目（图一）[2]。以上发掘项目主要发掘时间为2020年10月至2021年3月，均为配合工程建设开展的考古发掘。以下对各项目作简要介绍。

东坝乡驹子房路魏晋、明清墓葬位于朝阳区东坝乡北部，处于东坝边缘集团南区土地储备项目1106-712地块（21-2地块）占地范围内。共清理墓葬46座，其中魏晋墓葬1座，明清墓葬45座。发掘现场负责人为张中华、张玉妍，报告由张玉妍、张子晗执笔。

东坝乡驹子房东路清代墓葬位于朝阳区东坝乡北部，处于东坝边缘集团南区22-3地块土地一级开发项目占地范围内。共清理墓葬11座，均为清代墓葬。发掘现场负责人为曹孟昕，报告由李澔洋执笔。

三间房乡西柳巷北朝、明清墓葬位于朝阳区三间房乡东部，处于三间房乡南区棚户改造项目占地范围内。共清理北朝墓葬1座，明清墓葬22座，坑1处。发掘现场负责人为张中华、张玉妍，报告由张玉妍、张雯、卜彦博执笔。

金盏乡金盏西村元代、清代墓葬位于朝阳区金盏乡西北部，处于金盏乡马各庄、沙窝、雷庄棚户区改造项目占地范围内。共清理元代墓葬1座，清代墓葬6座。发掘现场负责人为孙勐、张玉妍，报告由张玉妍、尉苗执笔。

---

① 参见北京市朝阳区文化委员会：《朝阳文物志》，文物出版社，2014年。

② 图中将崔各庄乡南皋村L04地块清代墓葬、道路考古发掘项目，崔各庄乡南皋村L06地块明清墓葬考古发掘项目，崔各庄乡黑桥村汉代、清代墓葬考古发掘项目，三处遗址合并称为崔各庄乡黑桥村、南皋村汉代、明清时期墓葬、道路遗址。

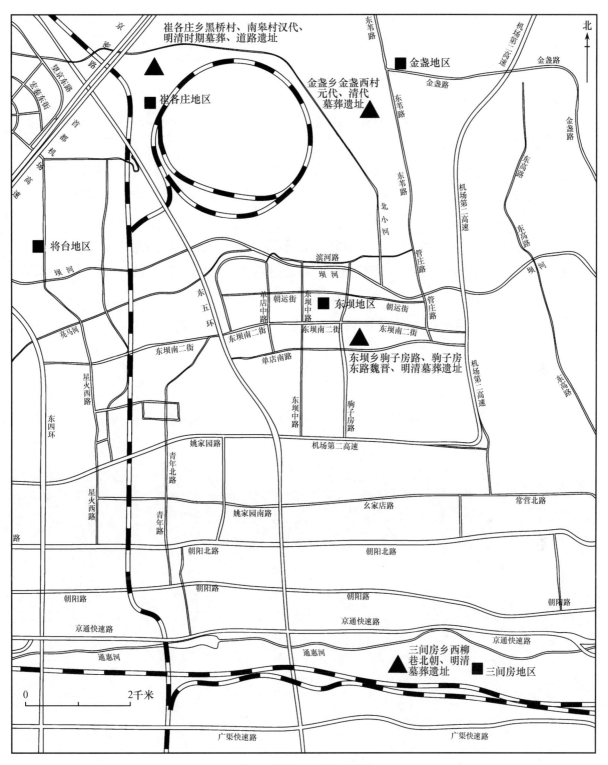

图一 发掘地点位置示意图

崔各庄乡南皋村L04地块清代墓葬、道路位于朝阳区崔各庄乡南部，处于崔各庄乡黑桥村、南皋村棚户区改造土地开发项目占地范围内。共清理清代墓葬4座、清代道路4条。发掘现场负责人为张中华、张玉妍，报告由张玉妍、刘浩洋执笔。

南皋村30-L06地块明清墓葬位于朝阳区崔各庄乡南部，处于崔各庄乡黑桥村、南皋村棚户区改造土地开发项目占地范围内。共清理清代墓葬7座。发掘现场负责人为张中华、孙浩然，报告由孙浩然、张玉妍执笔。

黑桥村汉代、清代墓葬位于朝阳区崔各庄乡南部，处于崔各庄乡黑桥村、南皋村棚户区改造土地开发项目占地范围内。共清理汉代墓葬2座、清代墓葬8座、道路2条。发掘现场负责人为张中华、孙浩然、张玉妍，报告由孙浩然、张玉妍执笔。

人骨鉴定由中国社会科学院考古研究所王明辉研究员和北京市考古研究院尉苗同志完成。器物绘图、拍照由王宇新、黄星、刘晓贺、易佳、赵莉莉、李心如、畅玲君、张玉妍、李潇洋完成。其他参与人员有韩志超、殷淼、屈红国等。

2023年3月，张玉妍对该报告完成了统稿和定稿。

第二章　东坝乡驹子房路魏晋、明清墓葬

一、概　述

　　东坝乡驹子房路魏晋、明清墓葬遗址处于东坝边缘集团南区土地储备项目1106-712地块（21-2地块）占地范围内，为配合该项目的建设，北京市考古研究院于2020年11月至12月对其占地范围进行了考古勘探和发掘工作。发掘区位于北京市朝阳区东坝驹子房路西侧，北距坝河1200米左右，北临东坝南二街，东临驹子房路，南临东坝南三街，西临东坝中路，距东坝乡政府驻地南约500米处（图二）。发掘面积556.8平方米，共清理墓葬46座，其中魏晋墓葬1座，编号M20；明清墓葬45座，编号为M1～M19、M21～M46（图三）。现将发掘情况报告如下。

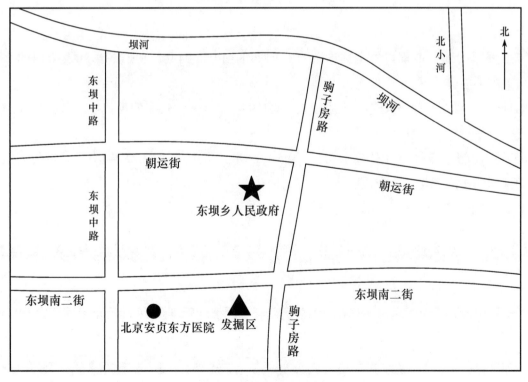

图二　发掘区位置示意图

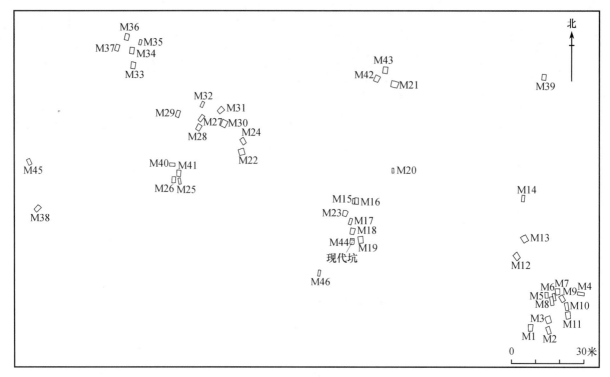

图三　墓葬分布图

二、地层堆积情况

该发掘区的地层堆积以发掘区中部自东向西的M45、M40、M22、M20及M14的北壁为例，自上而下可分为2层（图四）。

第1层：渣土层，呈灰褐色，土质较硬，厚0.9～1.3米，含较多的现代生活及建筑垃圾，多为现代扰乱渣土层，系现代表土层。

第2层：黄褐色黏土，土质较疏松，厚0.5～0.6米，含少量细沙，较纯净，系近代表土层。此次发掘的46座墓葬均开口在该层下。

第2层以下为生土。

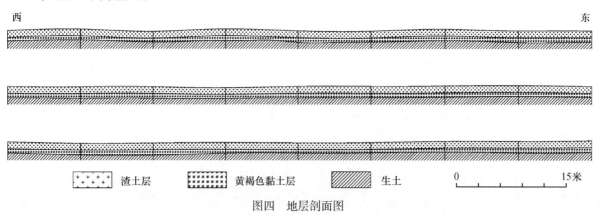

图四　地层剖面图

三、魏晋墓葬

M20　位于发掘区中东部，附近无邻墓，开口于第2层下。南北向，方向183°。墓圹与墓室略呈梯形，为砖椁墓。墓圹长2.8、东西宽1～1.12、深0.58米，墓底距地表深2.08米。椁顶部结构已毁，砖椁外径长2.5～2.6、宽0.74～0.88、残高0.48米。椁室四壁用整砖或残砖块错缝依次向上平砌而成，椁底用单层的整砖或残砖错缝横向平铺一层，墓内填花土、砂石及碎砖块。用砖规格为0.26米×0.16米×0.05米，均为泥质青砖。墓室内置人骨一具，未见葬具痕迹。人骨保存状况较差，仅存头骨及少量肢骨，葬式、面向均不详。经鉴定为中年男性，30～45岁。随葬铜镜1面，紧贴头骨东侧；铜钱2枚，出于死者二股骨上段之间；陶罐2件，出于头骨南侧，并列正置（图五；图版一，1）。

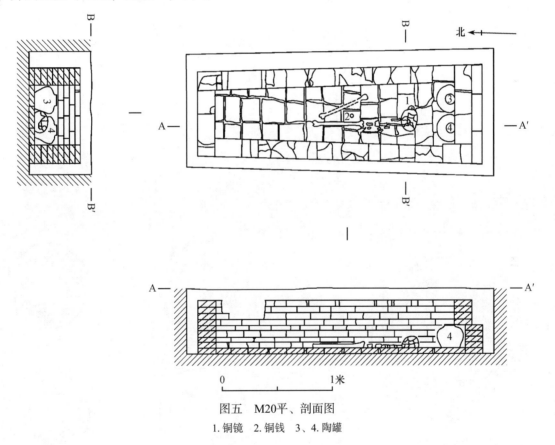

图五　M20平、剖面图
1.铜镜　2.铜钱　3、4.陶罐

随葬器物有陶罐2件，铜镜1件，铜钱2枚。

陶罐　2件。M20：3，夹粗砂红陶，夹云母。口沿有残损，近直口，圆唇，鼓肩，弧腹，腹上部明显外鼓，腹下部斜弧收，腹底分界不明显，平底。肩部置对称圆拱形双耳，穿孔狭小。素面，腹内壁有轮制痕迹。口径9.5、腹径25.4、底径16、通高18.1厘米（图六，1；图版一，4）。M20：4，夹粗砂灰陶。近直口，圆唇，鼓肩，弧腹，腹上部明显外鼓，腹下部斜弧收，腹底分界不明显，平底。肩部置对称圆拱形双耳，穿孔狭小，肩部有一周凹弦纹，素面，腹内壁有轮制痕迹。口径9、腹径24.8、底径16、通高18.2厘米（图六，2；图版一，5）。

铜镜　1件。M20：1，六乳六禽鸟纹镜。铜镜平面呈圆形，镜面平整，中间内圈有一半球形纽，圆形穿孔，纽外带重圈，外饰六重圈乳钉，相间六禽鸟，禽鸟同形，一禽一鸟为一组，分三组环状排列。外饰一圈短斜线纹，一圈双线波折花纹。镜背边缘为三角缘。直径8.8、缘厚0.5厘米（图六，3；图版一，2）。

铜钱　2枚。M20：2-1、M20：2-2，形制相同，钱边缘有一圈凸起的周郭，圆形，方穿，穿正面有右一竖郭紧贴"五"字，背面有郭；正面左右两侧铸有"五铢"二字，篆体，从右向左对读；"五"字竖画两笔交笔弯曲，上下两横笔不出头或略出头；"铢"字略瘦长，"金"字头三角形，四竖点，"朱"字头方折，下笔圆折，紧贴内郭。M20：2-1，钱径2.5、穿径0.9、郭厚0.11厘米，重2.9克。M20：2-2，钱体略薄。钱径2.3、穿径0.9、郭厚0.09厘米，重2克（图六，4、5；图版一，3）。

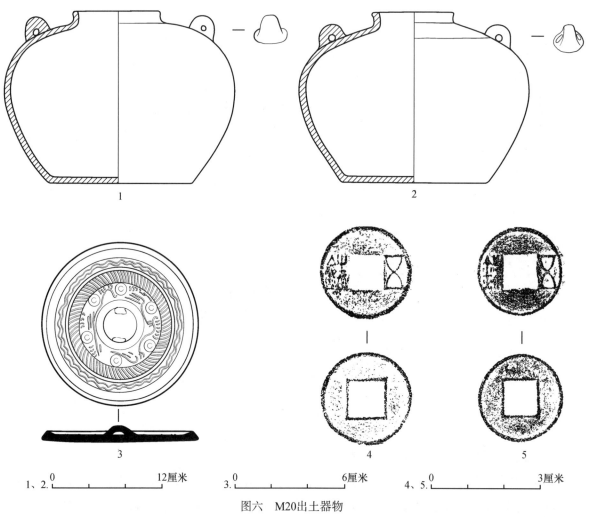

图六　M20出土器物

1、2.陶罐（M20：3、M20：4）　3.铜镜（M20：1）　4、5.铜钱（M20：2-1、M20：2-2）

四、明清墓葬

共发掘土坑竖穴墓45座，均为竖穴土圹墓。分为单人葬、双人合葬和三人合葬（表一）。

表一　墓葬分类表

分类	单棺墓	双棺墓	三棺墓
数量/座	19	24	2

（一）单棺墓葬

共19座。编号为M2、M4～M6、M8、M10、M14、M15、M17、M23、M25、M27、M29、M32、M35、M37、M40、M45、M46。分述如下：

M2　位于发掘区东南部，北邻M3，开口于第2层下。南北向，方向340°。为一座长方形竖穴土圹单棺墓，墓壁较直，底平坦。墓口距地表深1.5米，墓圹长2.7、宽1.2、深0.9米，墓底距地表深2.4米。墓内填土为褐色花土，土质较疏松（图七；图版二，1）。

土圹内置单棺，木棺平面呈梯形，棺木已朽。现存棺痕长1.7、宽0.46～0.54、残高0.2米，木板痕厚0.04米。棺内骨架保存较好，头向北，面向南，仰身直肢。为中年女性，35～40岁，有牙周炎现象。随葬釉陶罐1件，出于棺内前方；铁器1件，位于腹部。

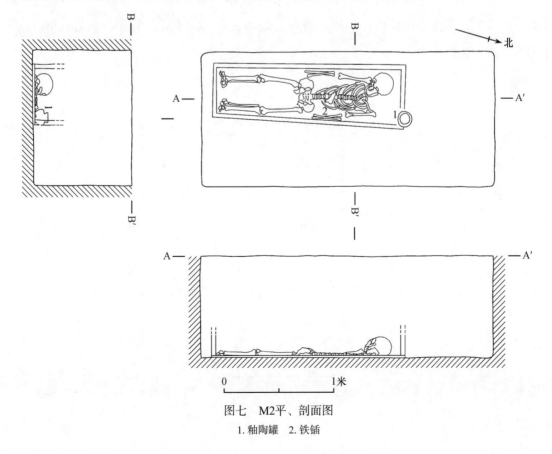

图七　M2平、剖面图
1. 釉陶罐　2. 铁锸

釉陶罐　1件。M2：1，尖圆唇，平沿，侈口，矮束颈，圆肩，弧腹，下腹弧收，近底部外展，平底。腹中部以上施黄釉，腹下部未施釉，有流釉现象，器身脱釉严重。口径8.9、腹径11.6、底径8.6、通高14.1厘米（图八，1；图版八，2）。

铁锸　1件。M2：2，锈蚀严重。高6.4厘米（图八，3；图版八，3）。

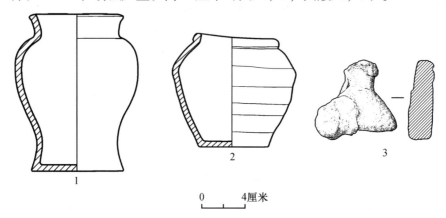

0　　　4厘米

图八　M2、M5出土器物

1、2. 釉陶罐（M2：1、M5：2）　3. 铁锸（M2：2）

M4　位于发掘区的东南部，西邻M7，开口于第2层下。东西向，方向275°。为一座长方形竖穴土圹单棺墓，墓壁较直，底平坦。墓口距地表深1.5米，墓圹长2.8、宽1.06、深0.4米，墓底距地表深1.9米。墓内填土为褐色花土，土质较疏松（图九；图版二，2）。

土圹内置单棺，木棺平面呈梯形，棺木已朽。现存棺痕长1.88、宽0.6～0.7、残高0.2米，木板痕厚0.02米。棺内骨架仅残存几块，葬式、头向及面向均不详。为中年女性，40～45岁，患牙周炎。未出土随葬品。

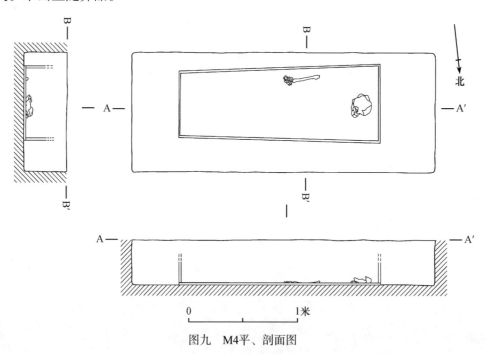

0　　　　1米

图九　M4平、剖面图

M5 位于发掘区的东南部，东南邻M8，开口于第2层下。南北向，方向355°。为一座长方形竖穴土圹单棺墓，墓壁较直，底较平坦。墓圹长2.74、宽1.2～1.3、深0.54米，墓底距地表深2.04米。墓内填花土，土质较疏松（图一〇；图版二，3）。

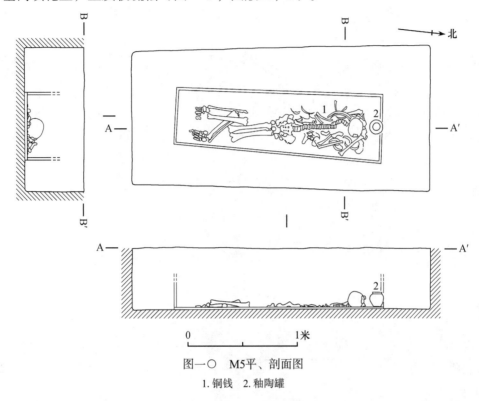

图一〇 M5平、剖面图
1. 铜钱 2. 釉陶罐

土圹内置单棺，木棺平面呈梯形，棺木已朽。现存棺痕长1.9、宽0.5～0.62、残高0.25米，木板痕厚0.02米。棺内骨架保存较差，头骨移位，头向南，面向东，葬式不详。为中年男性，30岁左右，应为本地人。随葬铜钱4枚，2枚出于腹部，2枚在右侧肋骨下面；釉陶罐1件，出于棺内前方。

釉陶罐 1件。M5：2，泥质黄陶，轮制，器形不规整。尖圆唇，直口，束颈，鼓肩，斜弧腹，平底。肩部以上及口沿内侧施黄绿釉，有流釉现象。口径7.5～8.4、腹径11.3、底径6.3、通高9.9厘米（图八，2；图版九，1）。

万历通宝 4枚。圆形，方穿，内外有郭，正面楷书"万历通宝"四字，对读；光背。M5：1-1，钱径2.5、穿径0.6、郭厚0.15厘米，重3.5克（图一一，1）。M5：1-2，钱径2.5、穿径0.6、郭厚0.12厘米，重4.1克（图一一，2）。M5：1-3，钱径2.5、穿径0.6、郭厚0.13厘米，重3.8克（图一一，3）。M5：1-4，钱径2.5、穿径0.6、郭厚0.12厘米，重3.1克（图一一，4）。

M6 位于发掘区的东南部，东北邻M7，开口于第2层下。南北向，方向351°。为一座梯形竖穴土圹单棺墓，墓壁较直，底较平坦。墓圹长1.9、宽0.5～0.6、深0.4米，墓底距地表深1.9米。墓内填花土，土质较疏松，未发现堆积层次（图一二；图版三，1）。

土圹内置单棺，木棺平面呈梯形，棺木已朽。现存棺痕长1.58、宽0.36～0.44、深0.2米，木板痕厚0.02米。头向北，面向东，仰身直肢。为中年女性，30～35岁，有缠足。随葬铜钱

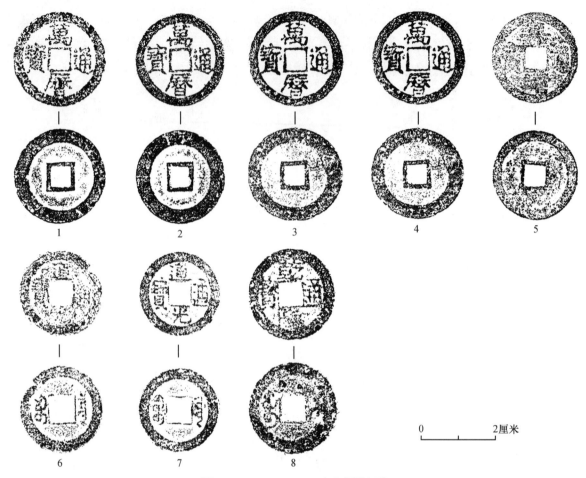

图一一 M5、M6、M8出土铜钱拓片

1~4.万历通宝（M5∶1-1、M5∶1-2、M5∶1-3、M5∶1-4） 5.嘉靖通宝（M6∶1） 6、7.道光通宝（M8∶1-2、M8∶1-3）
8.乾隆通宝（M8∶1-1）

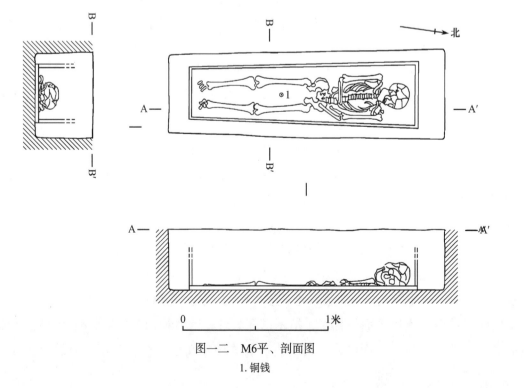

图一二 M6平、剖面图

1.铜钱

1枚，出于两股骨之间。

嘉靖通宝 1枚。M6：1，圆形，方穿，内外有郭，正面楷书"嘉靖通宝"四字，对读；光背。钱径2.4、穿径0.6、郭厚0.11厘米，重3克（图一一，5）。

M8 位于发掘区的东南部，西北邻M5，东北部被M6打破，开口于第2层下。南北向，方向350°。为一座长方形竖穴土圹单棺墓，墓壁较直，底部较平。墓圹长2.4、宽0.94、深0.56米，墓底距地表深2.06米。墓内填花土，土质较疏松，未发现堆积层次（图一三；图版三，2）。

土圹内置单棺，木棺平面呈梯形，棺木已朽。现存棺痕长1.86、宽0.48～0.54、深0.3米，木板痕厚0.02米。头向北，面向西，仰身直肢。为中年女性，45岁左右，患牙周炎、腰椎增生。随葬铜钱3枚，出于两腿骨之间。

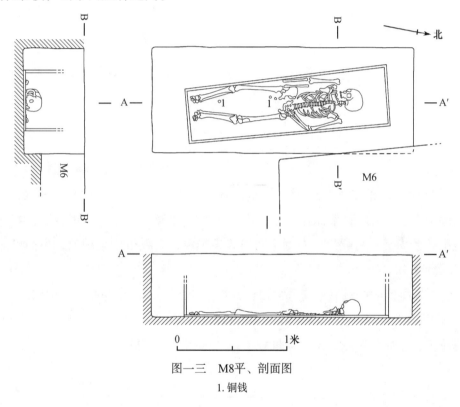

图一三 M8平、剖面图
1.铜钱

乾隆通宝 1枚。M8：1-1，圆形，方穿，内外有郭，正面楷书"乾隆通宝"四字，对读；背穿左右两侧为满文"宝泉"纪局名。钱径2.4、穿径0.64、郭厚0.11厘米，重2.1克（图一一，8）。

道光通宝 2枚。圆形方穿，内外有郭，正面楷书"道光通宝"四字，对读；背穿左右两侧为满文"宝泉"纪局名。M8：1-2，钱径2.25、穿径0.55、郭厚0.11厘米，重3.4克（图一一，6）。M8：1-3，钱径2.25、穿径0.55、郭厚0.18厘米，重2.7克（图一一，7）。

M10 位于发掘区的东南部，西北邻M9，南邻M11，开口于第2层下。南北向，方向345°。为一座梯形竖穴土圹单棺墓，墓壁较直，底较平坦。墓圹长2.4、宽1～1.2、深1米，墓底距地表深2.5米。墓内填花土，土质较疏松，未发现堆积层次（图一四；图版三，3）。

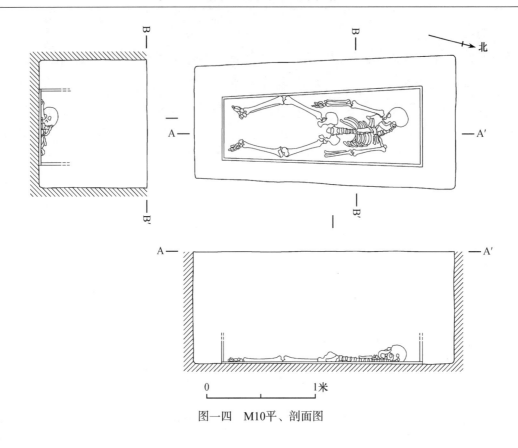

图一四　M10平、剖面图

土圹内置单棺，木棺平面呈梯形，棺木已朽。现存棺痕长1.84、宽0.56～0.72、残高0.2米，木板痕厚0.02米。棺内骨架保存一般，面向西南，仰身直肢。为中年男性，45岁左右，应为本地人，患有牙周炎，有龋齿，右侧小腿患有骨膜炎，有腰椎增生现象，生前可能是手工业者。未发现随葬品。

M14　位于发掘区的中东部，南邻M13，开口于第2层下。南北向，方向187°。为一座梯形竖穴土圹单棺墓，墓壁较直，底较平坦。墓圹长2.4、宽0.8～0.9、深0.4米，墓底距地表深1.8米。墓内填花土，土质较疏松，未发现堆积层次（图一五；图版四，1）。

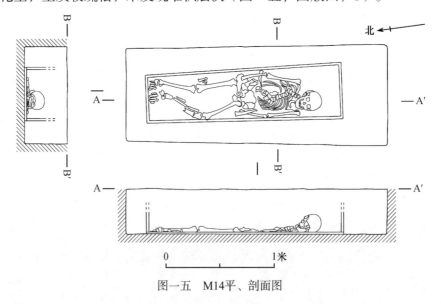

图一五　M14平、剖面图

土圹内置单棺，木棺平面呈梯形，棺木已朽。现存棺痕长1.84、宽0.42~0.5、深0.2米，木板痕厚0.02米。头向南，面向西，仰身直肢。为男性，35~40岁，应为本地人。未发现随葬品。

M15　位于发掘区的中部，西南与M23相邻，东部被M16打破，开口于第2层下。南北向，方向11°。为一座长方形竖穴土圹单棺墓，墓壁较直，底部较平。墓圹长2.3、宽0.9、深0.8米，墓底距地表深2.6米。墓内填花土，土质较疏松，未发现地层堆积（图一六；图版四，2）。

土圹内置单棺，木棺平面呈梯形，棺木已朽，棺痕长1.8、宽0.52~0.6、深0.4米，木板痕厚0.02米。头向北，面向上，葬式不详。为中年男性，应为本地人，40~45岁，患有严重的腰椎增生与牙周炎。随葬铜钱2枚，位于头骨东南部两股骨西侧。

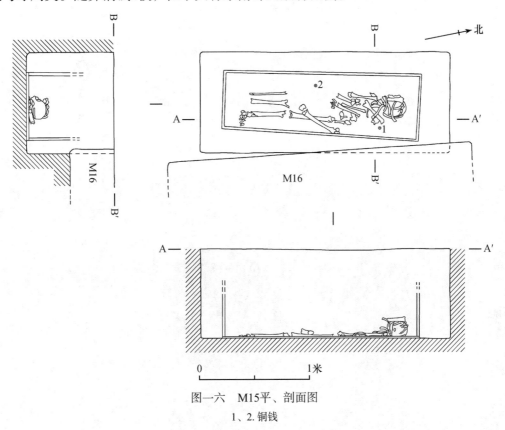

图一六　M15平、剖面图
1、2. 铜钱

万历通宝　2枚。圆形，方穿，内外有郭，正面楷书"万历通宝"四字，对读；光背。M15：1，钱径1.9、穿径0.55、郭厚0.11厘米，重2.8克（图一七，4）。M15：2，钱径1.9、穿径0.55、郭厚0.15厘米，重2.6克（图一七，5）。

M17　位于发掘区的中部，西北邻M23，东南邻M18，开口于第2层下。南北向，方向18°。为一座长方形竖穴土圹单棺墓，墓壁较直，底部较平坦。墓圹长2.6、宽1.1、深0.46米，墓底距地表深2.26米。墓内填花土，土质较疏松（图一八；图版四，3）。

土圹内置单棺，木棺平面呈梯形，棺木已朽。现存棺痕长1.8、宽0.48~0.56、残高0.2米，木板痕厚0.02米。棺内骨架保存一般，面向上，仰身直肢。为中年女性，45岁左右，有腰椎增

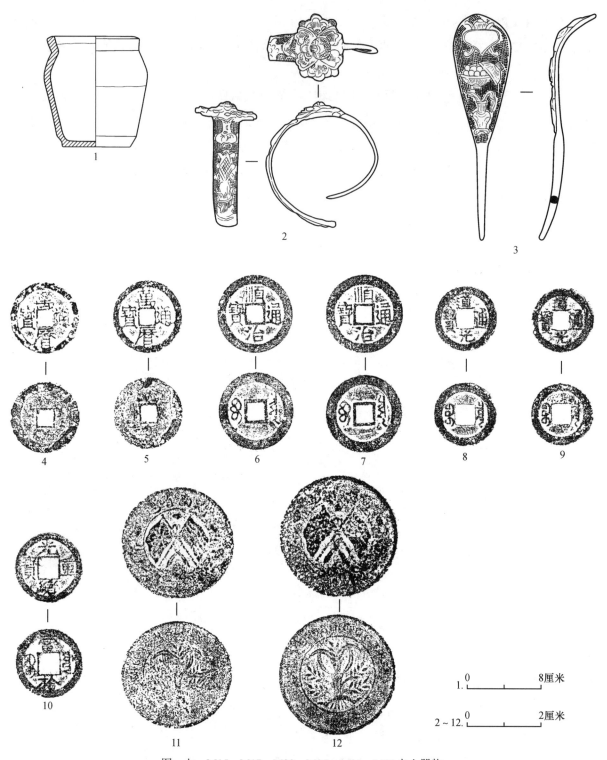

图一七　M15、M17、M23、M25、M29、M32出土器物

1.釉陶罐（M17：1）　2.银耳环（M32：2）　3.银押发（M32：3）　4、5.万历通宝（M15：1、M15：2）

6、7.顺治通宝（M17：2-1、M17：2-2）　8、9.道光通宝（M25：1-1、M25：1-2）　10.光绪重宝（M32：1）

11、12.铜元（M23：1、M29：1）

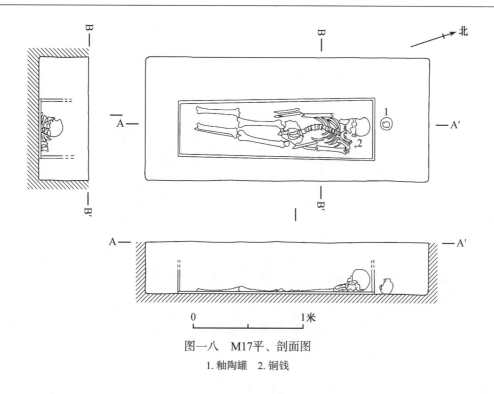

图一八 M17平、剖面图
1. 釉陶罐 2. 铜钱

生现象。棺外前方出土釉陶罐1件，头骨东侧左肩胛骨处出土铜钱2枚。

釉陶罐 1件。M17：1，泥质红陶，轮制。方唇，敞口，束颈，肩微鼓，腹上部略鼓，下腹斜弧收，平底。肩部以上及口沿内侧施绿釉，器表有轮旋痕迹。口径10.5、腹径11.4、底径7.4～7.8、高11.7厘米（图一七，1；图版九，2）。

顺治通宝 2枚。圆形，方穿，内外有郭，正面楷书"顺治通宝"四字，对读；背穿左右两侧为满文"宝泉"纪局名。M17：2-1，钱径2.1、穿径0.5、郭厚0.12厘米，重4.4克（图一七，6）。M17：2-2，钱径2.1、穿径0.45、郭厚0.11厘米，重4克（图一七，7）。

M23 位于发掘区的中部，东南邻M17，开口于第2层下。南北向，方向15°。为一座平面不规则形的竖穴土圹单棺墓，墓壁较直，底部较平坦。墓圹长2.2～2.56、宽1.6～2、深0.8米，墓底距地表深2.6米。内填花土，土质较疏松（图一九；图版五，1）。

土圹内置单棺，木棺平面呈长方形。现存棺长1.8、宽0.6、残高0.4米，木板痕厚0.04米。棺内骨架保存很差，面向、葬式不详。为老年女性，60岁左右，应为本地人，患有严重的牙周炎。棺内头骨西北部出土铜元1枚。

铜元 1枚。M23：1，圆形。正面中央珠圈内为交叉双旗图案，背面珠圈内部为稻穗组成的嘉禾图案，珠圈上缘为英文，英文字母不清。钱径3厘米，重7.3克（图一七，11；图版九，3）。

M25 位于发掘区的中部偏西，西邻M26，北邻M41，开口于第2层下。南北向，方向349°。为一座长方形竖穴土圹单棺墓，墓壁较直，底部较平坦。墓圹长2.5、宽1、深1米，墓底距地表深2.5米。墓内填花土，土质较疏松（图二〇；图版五，2）。

土圹内置单棺，木棺平面呈梯形，棺木已朽。现存棺痕长1.8、宽0.52～0.6、残高0.4米，木板痕厚0.02米。头向北，面向东，仰身直肢。为男性，40～45岁，有骑马的痕迹，有腰椎增

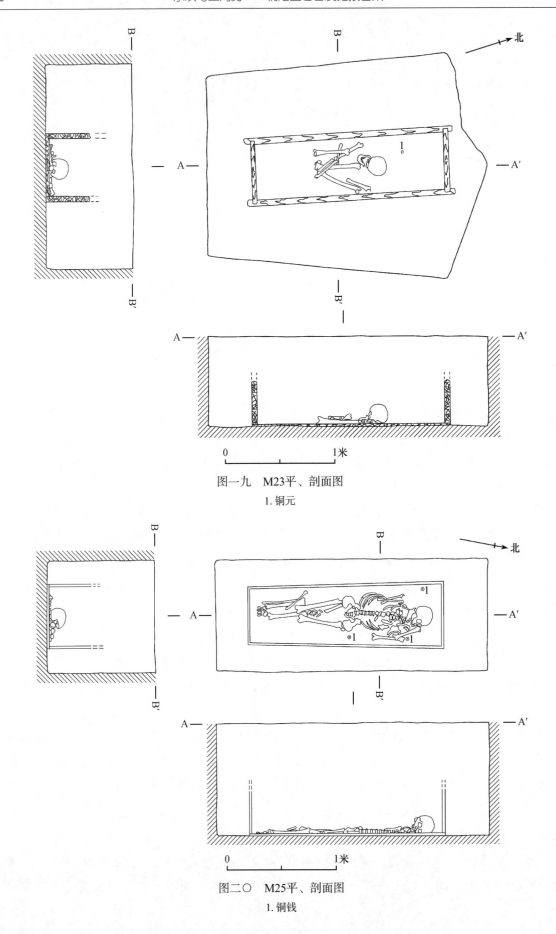

图一九　M23平、剖面图
1. 铜元

图二○　M25平、剖面图
1. 铜钱

生现象，患牙周炎及弥漫性特发性骨质增生症（DISH）。随葬铜钱3枚，头骨东侧、头骨西侧和盆骨东侧各1枚。

铜钱 3枚。道光通宝2枚，另1枚钱文不清。

道光通宝 2枚。圆形，方穿，内外有郭，正面楷书"道光通宝"四字，对读；背穿左右两侧为满文"宝泉"纪局名。M25：1-1，钱径1.7、穿径0.52、郭厚0.1厘米，重3.3克（图一七，8）。M25：1-2，钱径1.7、穿径0.52、郭厚0.11厘米，重3.4克（图一七，9）。

M27 位于发掘区的中部偏西，北邻M32，南邻M28，开口于第2层下。南北向，方向39°。为一座长方形竖穴土圹单棺墓，墓壁较直，底部较平坦。墓圹长2.5、宽1、深0.8米，墓底距地表深2.6米。墓内填花土，土质较疏松（图二一；图版五，3）。

土圹内置单棺，木棺平面呈梯形。棺木长1.9、宽0.52～0.6、高0.5～0.6米，木板痕厚0.06～0.1米。头向东，面向南，仰身直肢。为女性，60岁左右，应为本地人，左右大腿、左右小腿患严重骨膜炎，并患牙周炎，有腰椎增生、骨质疏松现象。未发现随葬品。

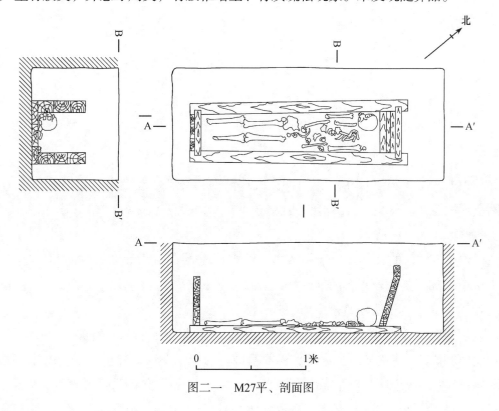

图二一 M27平、剖面图

M29 位于发掘区的西北部，东邻M27，开口于第2层下。南北向，方向28°。为一座长方形竖穴土圹单棺墓，墓壁较直，底部较平坦。墓圹长2.4、宽1.4、深0.8米，墓底距地表深2.6米。墓内填花土，土质较疏松（图二二；图版六，1）。

土圹内置单棺，棺木已朽。现存棺痕长1.8、宽0.52～0.6、残高0.2米，木板痕厚0.02米。头骨移位，头向南，面向东，仰身直肢。为女性，40岁左右，应为本地人，患腰椎增生，有牙结石，有生育的痕迹。随葬铜元2枚，位于股骨内侧。

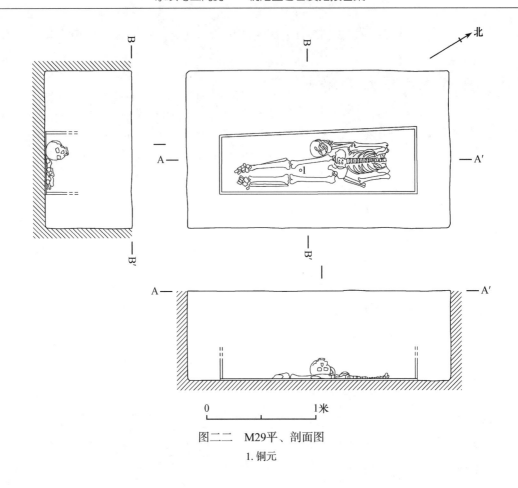

图二二　M29平、剖面图
1. 铜元

铜元　2枚。M29：1，圆形。正面中央圆珠圈内为交叉双旗图案，背面珠圈内为嘉禾图案，珠圈上缘为英文，英文字母不清。钱径3.2厘米，重6.9克（图一七，12；图版九，4）。另一枚因锈残严重，无法辨认。

M32　位于发掘区的西北部，南邻M27，开口于第2层下。南北向，方向25°。为一座长方形竖穴土圹单棺墓，墓壁较直，底部较平坦。墓圹长2.4、宽1.12～1.2、深0.9米，墓底距地表深2.7米。墓内填花土，土质较疏松（图二三；图版六，2）。

土圹内置单棺，木棺平面呈梯形，棺木已朽。现存棺痕长1.94、宽0.48～0.58、残高0.3米，木板痕厚0.02米。头向东，面向下，仰身直肢。为中年女性，35岁左右，患牙周炎，有龋齿。随葬铜钱1枚，出于头骨东侧；银耳环1枚，出于左胸处；银押发1件，出于头骨北部。

银耳环　1枚。M32：2，圆环形，一端渐细呈锥状，中部镂空錾刻牡丹纹，另一端呈长方扁条状，上铸瓶花纹样。直径3.3厘米，重3.8克（图一七，2；图版九，5）。

银押发　1件。M32：3，首呈琵琶形，体呈圆锥状，前端向后弯曲，正面以鱼子纹为地从上到下依次铸有香炉、瓜果盘、瓶花纹样。通长6、首宽1.5厘米（图一七，3；图版九，6）。

光绪重宝　1枚。M32：1，圆形，方穿，内外有郭，正面楷书"光绪重宝"四字，对读；背穿左右两侧为满文"宝泉"纪局名，上下为楷书币值"当拾"二字。钱径1.8、穿径0.55、郭厚0.13厘米，重2.3克（图一七，10）。

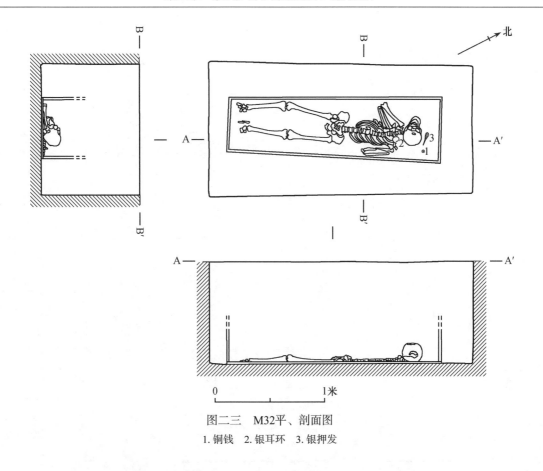

图二三　M32平、剖面图

1. 铜钱　2. 银耳环　3. 银押发

M35　位于发掘区的西北部，西邻M36，开口于第2层下。南北向，方向15°。为一座长方形竖穴土圹单棺墓，墓壁较直，底部平坦。墓口距地表深1.6米，墓圹长2.1、宽1、深1米，墓底距地表深2.6米。墓内填土为褐色花土，土质较疏松（图二四；图版六，3）。

土圹内置单棺，木棺平面呈梯形，棺木已朽。棺痕长1.84、宽0.5～0.64、残高0.2、厚0.02米。骨架保存较差，残长1.66米，头向北，面向南，仰身直肢。为女性，30～35岁。随葬釉陶罐1件，出于棺外前方；铜钱3枚，腹部2枚，两股骨之间1枚。

釉陶罐　1件。M35：1，泥质黄陶，轮制。侈口，圆唇，矮颈，肩微鼓，斜直腹，平底。器内外壁素面，外壁有轮旋痕迹。口沿内侧及腹上部施黄绿釉，施釉厚薄不均，有流釉现象。口径10.9、最大腹径10.4、底径7.4、通高10.7厘米（图二五，2；图版一〇，1）。

康熙通宝　3枚。圆形，方穿，内外有郭，正面楷书"康熙通宝"四字，对读。M35：2-1，背穿左右两侧为"宝源"纪局名。M35：2-2、M35：2-3，背穿左右两侧为满文"宝泉"纪局名。M35：2-1，钱径2.4、穿径0.6、郭厚0.14厘米，重2.3克（图二六，1）。M35：2-2，钱径2.4、穿径0.6、郭厚0.11厘米，重3.4克（图二六，2）。M35：2-3，钱径2.4、穿径0.6、郭厚0.12厘米，重4.6克（图二六，3）。

M37　位于发掘区的西北部，东邻M34，开口于第2层下。南北向，方向18°。为一座长方形竖穴土圹单棺墓，墓壁较直，底部较平坦。墓圹长2.6、宽1.6、深0.8米，墓底距地表深2.4米。墓内填花土，土质较疏松（图二七；图版七，1）。

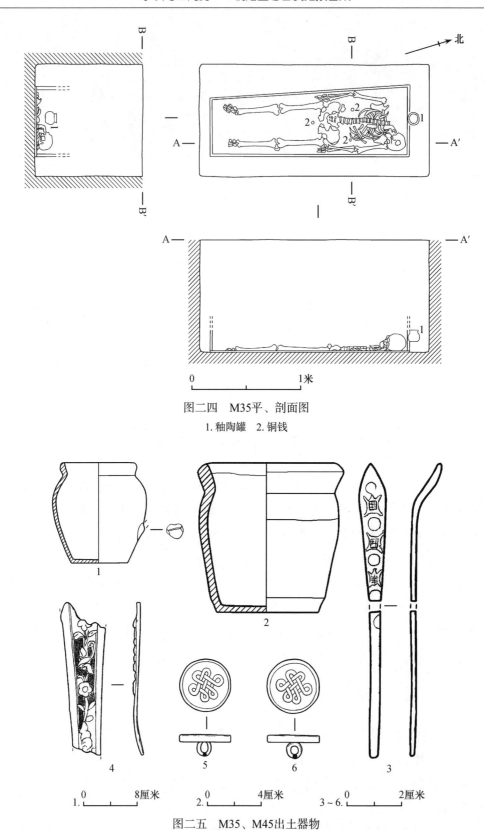

图二四　M35平、剖面图
1.釉陶罐　2.铜钱

图二五　M35、M45出土器物
1.陶罐（M45∶1）　2.釉陶罐（M35∶1）　3、4.铜押发（M45∶2-1、M45∶2-2）　5、6.铜扣（M45∶3-1、M45∶3-2）

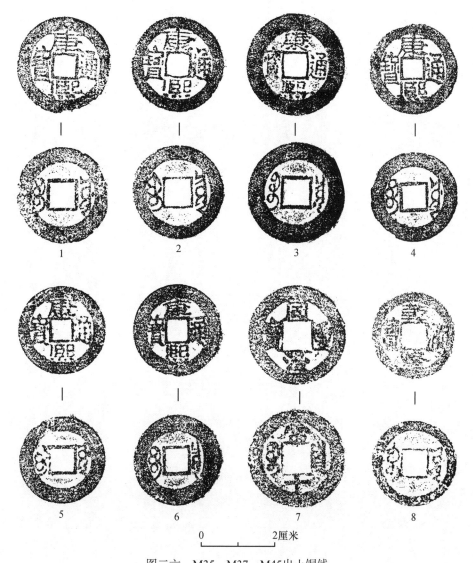

0   2厘米

图二六 M35、M37、M45出土铜钱

1~6.康熙通宝（M35：2-1、M35：2-2、M35：2-3、M37：1-2、M45：4-2、M45：4-3） 7.同治重宝（M45：4-1）
8.乾隆通宝（M37：1-1）

土圹内置单棺，木棺平面呈梯形，棺木已朽。现存棺痕长1.92、宽0.52~0.62、残高0.3米，木板痕厚0.02米。棺内骨架保存较好，头向东北，面向东南，仰身直肢。为男性，45~50岁，应为本地人，患牙周炎、腰椎增生、右腿骨膜炎。随葬铜钱2枚，出于右肩胛骨处。

乾隆通宝 1枚。M37：1-1，圆形，方穿，内外有郭，正面楷书"乾隆通宝"四字，对读；背穿左右两侧为满文"宝源"纪局名。钱径2.2、穿径0.58、郭厚0.11厘米，重3.1克（图二六，8）。

康熙通宝 1枚。M37：1-2，圆形，方穿，内外有郭，正面楷书"康熙通宝"四字，对读；背穿左右为满文"宝源"纪局名。钱径2.4、穿径0.52、郭厚0.12厘米，重3.5克（图二六，4）。

M40 位于发掘区的中部偏西，东南邻M41，开口于第2层下。东西向，方向93°。为一座长方形竖穴土圹单棺墓，墓底打破生土，墓壁较直，底部较平坦。长2.3、宽1.3、深0.6米，墓底距地表深2.1米。墓内填花土，土质较疏松（图二八；图版七，2）。

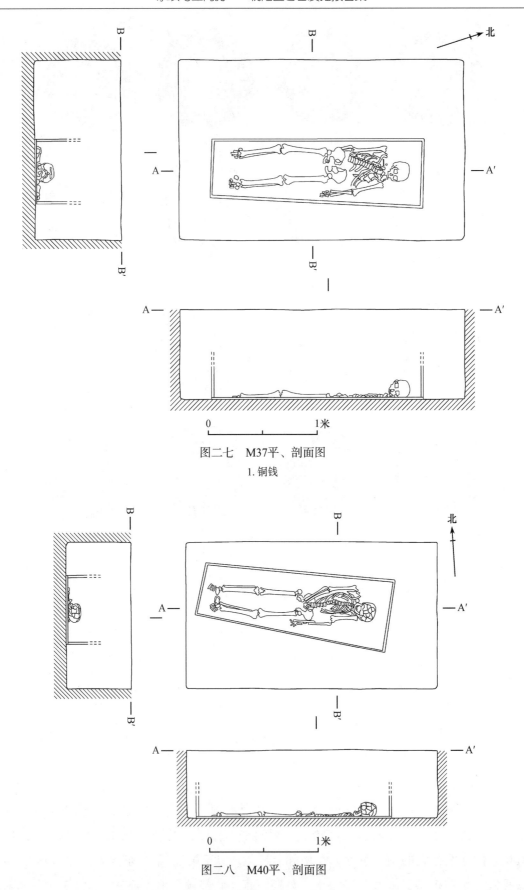

图二七　M37平、剖面图
1. 铜钱

图二八　M40平、剖面图

土圹内置单棺，木棺平面呈梯形，棺木已朽。现存棺痕长1.74、宽0.48～0.64、残高0.2米，木板痕厚0.02米。棺内骨架保存较好，头向东北，面向上，仰身直肢。为女性，40～50岁，患牙周炎。未发现随葬品。

M45　位于发掘区的西部边缘，南邻M38，开口于第2层下。南北向，方向335°。为一座长方形竖穴土圹单棺墓，墓壁较直，底部较平坦。墓圹长2.5、宽1.44、深1米，墓底距地表深2.8米。墓内填花土，土质较疏松（图二九；图版七，3）。

土圹内置单棺，木棺平面呈梯形，棺木已朽。现存棺痕长2、宽0.64～0.72、残高0.2米，木板痕厚0.02米。头骨移位，头向东，面向不详，仰身直肢。为女性，14～16岁。随葬陶罐1件，位于棺内西北角；铜押发2件，位于头部；铜扣2枚，位于腹部；铜钱3枚，肋骨西侧2枚，两胫骨之间1枚。

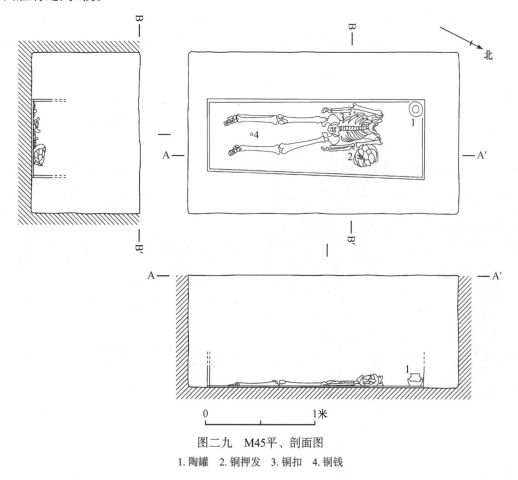

图二九　M45平、剖面图
1.陶罐　2.铜押发　3.铜扣　4.铜钱

陶罐　1件。M45：1，泥质灰陶。口微侈，尖圆唇，束颈，肩微鼓，深弧腹，下腹内收，平底。最大腹径靠上。素面，体表可见轮修刮磨痕迹。把残，仅残存下部贴附痕迹。口径11、腹径14、底径8.4、通高14.5厘米（图二五，1；图版一〇，2）。

铜押发　2件。M45：2-1，残缺。锈蚀，首部呈柳叶形，向后弯曲，上饰三个"寿"字纹，间饰四个圆饼纹，簪首下部饰一月牙纹，体近扁体长方形。残长10.5、簪首最宽1厘米

（图二五，3；图版一〇，3）。M45：2-2，残缺。锈蚀，残存部分呈梯形薄片状，外缘饰菱形几何纹，中部饰一道凸弦纹，内以鱼子纹为地，錾刻蝙蝠纹、花卉纹。残长5.5、宽1～1.6厘米（图二五，4；图版一〇，3）。

铜扣　2枚。均为圆形饼状，表面饰盘长结纹饰，背面中心焊接圆环。M45：3-1，直径1.9、厚0.3厘米，圆环外径0.5～0.56、内径0.24～0.34厘米（图二五，5；图版一〇，4）。M45：3-2，直径2、厚0.3厘米，圆环外径0.6、内径0.25厘米（图二五，6；图版一〇，4）。

同治重宝　1枚。M45：4-1，圆形，方穿，内外有郭，正面楷书"同治重宝"四字，对读；背穿左右两侧为满文"宝泉"纪局名，上下为楷书币值"当十"二字。钱径2.45、穿径0.62、郭厚0.12厘米，重2.9克（图二六，7）。

康熙通宝　2枚。圆形，方穿，内外有郭，正面楷书"康熙通宝"四字，对读，背面用满文纪局。M45：4-2，背穿左右两侧为满文"宝源"，钱径2.3、穿径0.52、郭厚0.15厘米，重2.9克（图二六，5）。M45：4-3，背穿左右两侧为满文"宝泉"纪局名。钱径2.3、穿径0.52、郭厚0.17厘米，重3.1克（图二六，6）。

M46　位于发掘区的中南部，开口于第2层下。南北向，方向189°。为一座长方形竖穴土圹单棺墓，墓壁较直，底部较平坦。墓圹长2.5、宽1、深0.78米，墓底距地表深2.28米。墓内填花土，土质较疏松（图三〇；图版八，1）。

土圹内置单棺，木棺平面呈梯形，棺木保存较好。长2.04、宽0.56～0.64、高0.38米，木板厚0.04米。头向上，面向北，葬式不详。为女性，50岁左右，应为本地人，患骨质疏松，有牙结石。未发现随葬品。

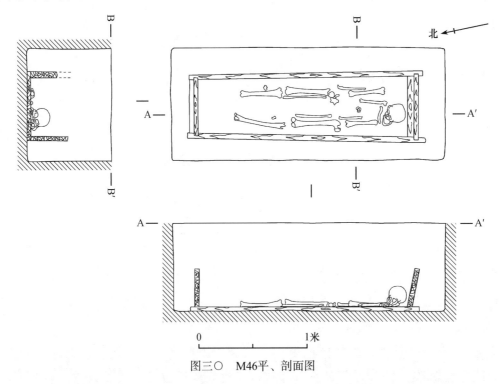

图三〇　M46平、剖面图

（二）双棺墓葬

此次发掘共清理出双棺墓葬24座，编号为M1、M7、M9、M11～M13、M16、M18、M19、M22、M24、M26、M28、M30、M31、M33、M34、M36、M38、M39、M41～M44，分述如下。

M1　位于发掘区的东南角处，东邻M2，开口于第2层下。南北向，方向3°。为一座梯形竖穴土圹双棺墓，由东、西两个墓穴组成，西墓穴打破东墓穴，墓壁较直，底部平坦。墓圹长2.7、宽1.62～2、深0.6米，墓底距地表深2.1米。墓内填土为褐色花土，土质较疏松（图三一；图版一一，1）。

土圹内置双棺，木棺平面呈梯形。西墓穴长2.7、宽0.8～1.04、深0.6米。棺木已朽。现存棺痕长1.7、宽0.44～0.6、残高0.2米，木板痕厚0.04米。头向北，面向西，仰身直肢。为女性，50～60岁，应为本地人，患牙周炎、骨质疏松。随葬铜扁方、铜簪各1件，位于头骨北侧；铜耳环2件，位于头骨下方；铜钱5枚，位于腹部和两腿之间。东墓穴长2.7、宽0.94～1.16、深0.6米。棺木已朽。现存棺痕长1.7、宽0.5～0.6、残高0.2米，木板痕厚0.04米。

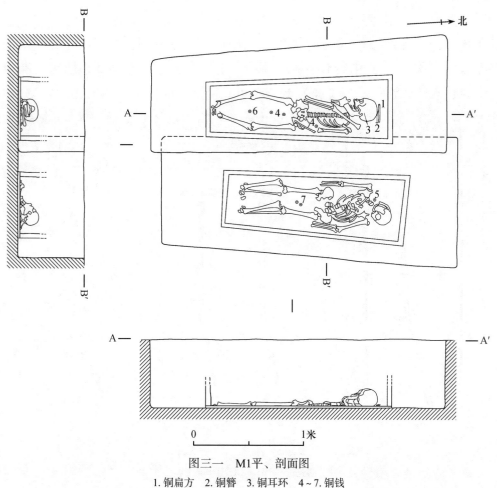

图三一　M1平、剖面图

1. 铜扁方　2. 铜簪　3. 铜耳环　4～7. 铜钱

头向东北，面向上，仰身直肢。为男性，50岁左右，应为本地人，患牙周炎、腰椎增生，有骑马的痕迹。随葬铜钱3枚，位于头骨西侧和股骨之间。

铜扁方　1件。M1：1，首卷曲，体呈扁体长方形，尾呈圆弧形，首部錾刻如意纹，首部下方錾刻圆形"寿"字纹，体錾刻花卉纹。背面首下端戳印"富"字。通长16.2、宽1.3厘米，重6克（图三二，1；图版一九，1）。

铜簪　1件。M1：2，簪首呈圆形花瓣状，中央凸起一圆环，圆环与花边之间錾刻放射状弧线形成花瓣，圆环内部掐丝"寿"字，簪体呈细长圆锥状，近底端折弯。通长11、簪首直径2.7厘米，重5.6克（图三二，2；图版一九，3）。

铜耳环　2件。铜质，锈蚀。形制、大小相同。一端呈圆饼状，另一端弯曲呈"S"形，尾端回折。体鎏金。M1：3-1，圆饼直径1、高2.8厘米，重3.5克。M1：3-2，圆饼直径1、高2.7厘米，重3.3克（图三二，3、4；图版一九，2）。

铜钱　8枚。

乾隆通宝　3枚。圆形，方穿，内外有郭，正面楷书"乾隆通宝"四字，对读；背穿左右两侧为满文"宝泉"纪局名。M1：4-1，钱径2.2、穿径0.68、郭厚0.11厘米，重3.4克（图三三，1）。M1：6，钱径2.4厘米、穿径0.6、郭厚0.11厘米，重3.1克（图三三，2）。M1：7-1，钱径2.2厘米、穿径0.6、郭厚0.13厘米，重3.2克（图三三，3）。

嘉庆通宝　3枚。圆形，方穿，内外有郭，正面楷书"嘉庆通宝"四字，对读；背面穿左右两侧为满文"宝泉"纪局名。M1：4-2，钱径2.4、穿径0.64、郭厚0.19厘米，重3.8克（图三三，8）。M1：4-3，钱径2.4、穿径0.64、郭厚0.12厘米，重3.9克（图三三，9）。M1：7-2，

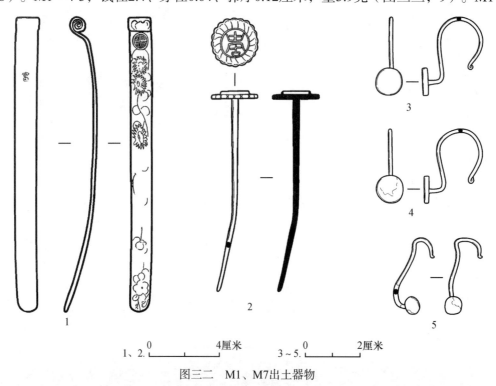

1、2. ├─── 0 ────── 4厘米 ───┤　　　3～5. ├─── 0 ────── 2厘米 ───┤

图三二　M1、M7出土器物

1.铜扁方（M1：1）　2.铜簪（M1：2）　3～5.铜耳环（M1：3-1、M1：3-2、M7：3）

图三三　M1、M7出土铜钱

1～7.乾隆通宝（M1：4-1、M1：6、M1：7-1、M7：1-1、M7：1-2、M7：2、M7：4）　8～10.嘉庆通宝（M1：4-2、
M1：4-3、M1：7-2）　11、12.道光通宝（M1：4-4、M1：5）

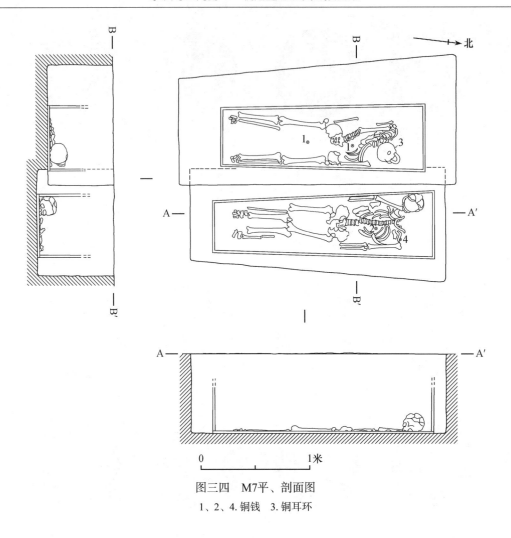

图三四　M7平、剖面图
1、2、4.铜钱　3.铜耳环

钱径2.3、穿径0.6、郭厚0.12厘米，重3.5克（图三三，10）。

道光通宝　2枚。M1：4-4，圆形，方穿，内外有郭，正面楷书"道光通宝"四字，对读；背穿左右两侧为满文"宝泉"纪局名。钱径2.4、穿径0.6、郭厚0.18厘米，重3.7克（图三三，11）。M1：5，圆形，方穿，内外有郭，正面楷书"道光通宝"四字，对读。背穿左右两侧为满文"宝源"纪局名。钱径2.4、穿径0.5、郭厚0.12厘米，重3.7克（图三三，12）。

M7　位于发掘区的东南角处，西南邻M6，开口于第2层下。南北向，方向354°。为一座梯形竖穴土圹双棺墓，由东、西两个墓穴组成，西墓穴打破东墓穴，墓壁较直，底部平坦。墓圹长2.3～2.5、宽1.6～2、深0.6～0.7米，墓底距地表深2.1～2.2米。墓内填土为褐色花土，土质较疏松（图三四；图版一一，2）。

土圹内置双棺，木棺平面呈梯形。西墓穴长2.5、宽0.94～1.16、深0.6米。棺木已朽。现存棺痕长1.84、宽0.54～0.6、残高0.3米，木板痕厚0.02米。头骨移位，头向南，面向下，仰身直肢。为女性，35岁左右，有缠足。随葬铜钱2枚，腹部1枚，两股骨之间1枚；铜耳环1件，位于头骨西侧。东墓穴长2.3、宽0.8～1、深0.7米。棺木已朽。现存棺痕长2、宽0.46～0.6、残高0.4米，木板痕厚0.02米。头向西北，面向下，仰身直肢。为男性，35岁左右，骨骼粗壮。随葬铜钱2枚，分别位于左肩胛骨处和胸部。

铜耳环　1件。M7：3，锈蚀。一端为圆饼状，另一端弯曲呈"S"形。圆饼直径0.5、高2.76厘米，重1.4克（图三二，5；图版一九，4）。

乾隆通宝　4枚。圆形，方穿，内外有郭，正面楷书"乾隆通宝"四字，对读。M7：1-1、M7：1-2，背穿左右两侧为满文"宝泉"纪局名。M7：2、M7：4，背穿左右为满文"宝源"纪局名。M7：1-1，钱径2.3、穿径0.6、郭厚0.14厘米，重2.8克（图三三，4）。M7：1-2，钱径2.3、穿径0.6、郭厚0.11厘米，重3.1克（图三三，5）。M7：2，钱径2.3、穿径0.6、郭厚0.12厘米，重3.7克（图三三，6）。M7：4，钱径2.3、穿径0.6、郭厚0.15厘米，重2.9克（图三三，7）。

M9　位于发掘区的东南角，东南邻M10，开口于第2层下。南北向，方向330°。为一座长方形竖穴土圹双棺墓，由东、西两个墓穴组成，东墓穴打破西墓穴，墓壁较直，底部平坦。墓圹长2.6～2.7、宽1.7、深0.6米，墓底距地表深2.1米。墓内填土为褐色花土，土质较疏松（图三五；图版一一，3）。

土圹内置双棺，木棺平面呈梯形。西墓穴长2.7、宽0.9、深0.6米。棺木已朽。现存棺痕长1.72、宽0.52～0.58、残高0.2米，木板痕厚0.02米。头向西北，面向西南，仰身直肢。为男性，50～60岁，应为北方人，患牙周炎、骨质疏松、腰椎增生。随葬铜钱2枚，1枚位于胸部西侧，1枚位于两股骨之间的墓底垫土内。东墓穴长2.6、宽0.8～0.9、深0.6米。棺木已朽。现存棺痕长1.7、宽0.44～0.56、残高0.2米，木板痕厚0.02米。头向北，面向西，仰身直肢。为女

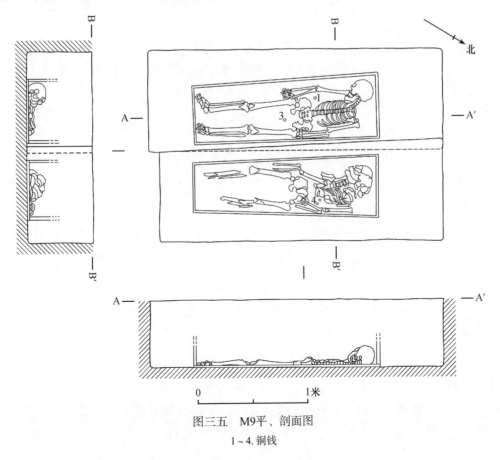

图三五　M9平、剖面图
1～4.铜钱

性，50～60岁，患严重牙周炎、骨质疏松、腰椎增生。随葬铜钱4枚，位于胸腹部。

　　铜钱　6枚。道光通宝1枚，嘉庆通宝3枚，另外2枚因锈残严重，无法辨认。

　　道光通宝　1枚。M9：1，圆形，方穿，内外有郭，正面楷书"道光通宝"四字，对读；背面穿左右为满文"宝泉"纪局名。钱径2.1、穿径0.6、郭厚0.13厘米，重3.4克（图三六，1）。

　　嘉庆通宝　3枚。圆形，方穿，内外有郭，正面楷书"嘉庆通宝"四字，对读；背穿左右两侧为满文"宝泉"纪局名。M9：2，钱径2.3、穿径0.6、郭厚0.12厘米，重3.5克（图三六，2）。M9：3，钱径2.4、穿径0.6、郭厚0.14厘米，重3.9克（图三六，3）。M9：4，背穿左右两侧为满文"宝济"纪局名。钱径2.4、穿径0.6、郭厚0.13厘米，重4.3克（图三六，4）。

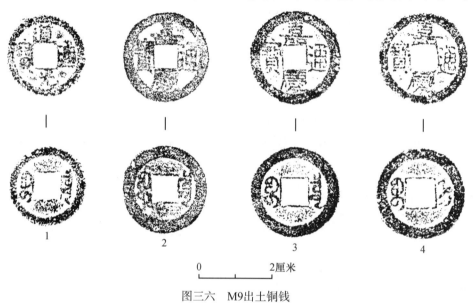

图三六　M9出土铜钱

1.道光通宝（M9：1）　2～4.嘉庆通宝（M9：2、M9：3、M9：4）

　　M11　位于发掘区的东南角，北邻M10，开口于第2层下。南北向，方向355°。为一座梯形竖穴土圹双棺墓，由东、西两个墓穴组成，西墓穴打破东墓穴，墓壁较直，底部平坦。墓圹长2.8、宽1.8～2、深0.9米，墓底距地表深2.4米。墓内填土为褐色花土，土质较疏松（图三七；图版一二，1）。

　　土圹内置双棺，木棺平面呈梯形。西墓穴长2.8、宽0.9～1.08、深0.9米。棺木已朽。现存棺痕长1.9、宽0.54～0.62、残高0.2米，木板痕厚0.02米。头向北，面向东，仰身直肢，枕一块泥质灰陶长方砖。为女性，本地人，40～50岁，患牙周炎、腰椎增生。棺外前方随葬釉陶罐1件。东墓穴长2.8、宽0.9～1、深0.9米。棺木已朽。现存棺痕长1.8、宽0.54～0.62、残高0.2米，木板痕厚0.02米。头骨移位，头向西北，面向东北，葬式不详。为男性，50岁左右，本地人，肌肉发达，右腿患有骨膜炎，患牙周炎、龋齿、腰椎增生，生前为手工业者。棺内前方随葬陶罐1件，铜钱5枚，股骨南部放置1枚，其余4枚散放于人骨下面。

　　陶罐　1件。M11：1，泥质灰陶，轮制。方唇，侈口，矮领，束颈，溜肩，上腹部略鼓，下腹部斜弧收，平底，最大腹径靠上。外壁腹下部饰数周凹凸弦纹。口径9.9、腹径11、底径

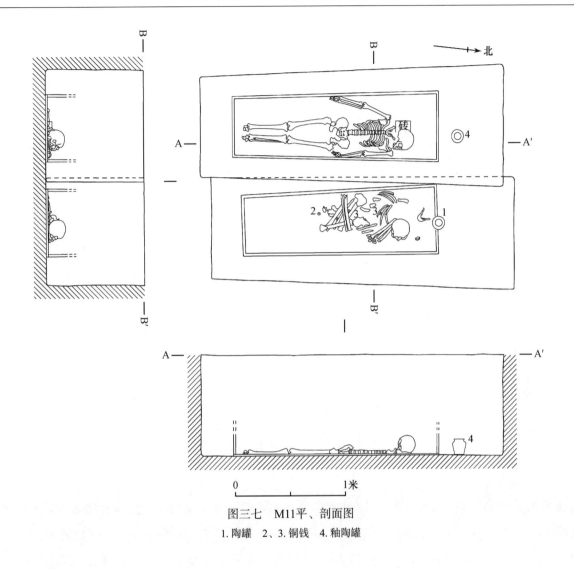

图三七　M11平、剖面图
1. 陶罐　2、3. 铜钱　4. 釉陶罐

5.7、通高10厘米（图三八，1；图版一九，5）。

釉陶罐　1件。M11：4，泥质胎呈暗红色，略显粗糙。圆唇，平沿，侈口，短束颈，圆肩，下腹斜弧收，平底，最大径在肩腹部。通体施黄绿釉，釉层厚薄不均，釉面有开裂现象，器底未施釉。口沿、器底有明显的垫烧痕迹。口径9.5、腹径12.6、底径9.1、通高13.8厘米（图三八，2；图版一九，6）。

铜钱　5枚。

光绪重宝　1枚。M11：2，圆形，方穿，内外有郭，正面楷书"光绪重宝"四字，对读；背穿左右两侧为满文"宝源"纪局名，穿上下有币值"当十"二字。钱径2.9、穿径0.7、郭厚0.14厘米，重3.6克。

咸丰重宝　1枚。M11：3-1，圆形，方穿，内外有郭，正面铸楷书"咸丰重宝"四字，对读；背穿左右两侧为满文"宝源"纪局名，上下楷体币值"当五"二字。钱径2.6、穿径0.6、郭厚0.13厘米，重6克（图三九，12）。

同治重宝　3枚。圆形，方穿，内外有郭，正面铸楷书"同治重宝"四字，对读；背穿左

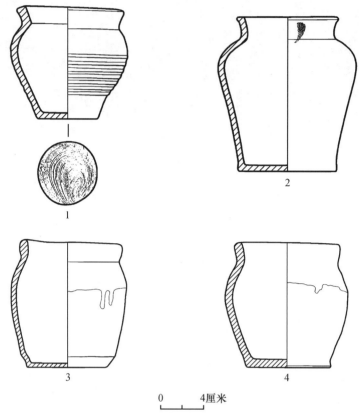

0 ┣━━┫ 4厘米

图三八　M11~M13出土器物

1.陶罐（M11:1）　2~4.釉陶罐（M11:4、M12:4、M13:3）

右两侧为满文"宝泉"纪局名，上下楷体币值"当十"二字。M11:3-2，钱径2.6、穿径0.6、郭厚0.12厘米，重4.8克（图三九，13）。M11:3-3，钱径2.7、穿径0.6、郭厚0.14厘米，重5.4克（图三九，14）。M11:3-4，钱径2.55、穿径0.6、郭厚0.13厘米，重3.9克（图三九，15）。

M12　位于发掘区的东南部，东北邻M13，开口于第2层下，东棺东北角被现代管沟打破。南北向，方向325°。为一座梯形竖穴土圹双棺墓，由东、西两个墓穴组成，西墓穴打破东墓穴，墓壁较直，底部平坦。墓圹长2.7、宽1.9~2.2、深0.6米，墓底距地表深2.2米。墓内填土为褐色花土，土质较疏松（图四〇；图版一二，2）。

土圹内置双棺，木棺平面呈梯形。西墓穴长2.7、宽0.94~1.22、深0.6米。棺木部分已朽。棺长1.84、宽0.54~0.68、残高0.3米，木板厚0.02~0.04米。头向东，面向下，葬式不详。为女性，45岁左右，东北人，患牙周炎、腰椎增生。随葬铜钱1枚，位于腹部。东墓穴长2.7、宽0.96~1.1、深0.6米。棺木已腐朽，仅南侧棺板有部分存留。现存棺痕长1.8、宽0.58~0.7、残高0.3米，木板厚0.02~0.04米。头骨移位，头向西，面向南，仰身直肢。为男性，40岁左右，本地人，患严重的牙周炎、腰椎增生，有骑马的痕迹。随葬铜钱3枚，右侧肩胛骨下1枚，两股骨之间2枚，棺外前方随葬釉陶罐1件。

釉陶罐　1件。M12:4，泥质黄陶，轮制，器形不甚规整。圆唇，侈口，束颈，肩微鼓，腹上部略鼓，腹下部斜直收，平底。器内外壁可见轮修痕迹，口沿内侧及腹上部施黄绿

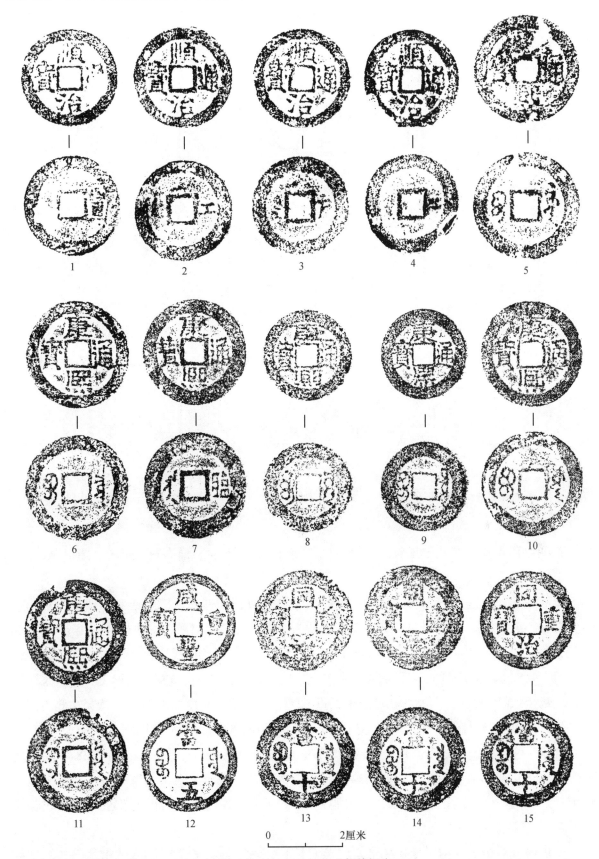

图三九　M11～M13出土铜钱拓片

1～4.顺治通宝（M13：1-2、M13：1-3、M13：1-4、M13：1-5）　5～11.康熙通宝（M13：1-1、M12：1、M12：2、M12：3-1、
M12：3-2、M13：2-1、M13：2-2）　12.咸丰重宝（M11：3-1）　13～15.同治重宝（M11：3-2、M11：3-3、M11：3-4）

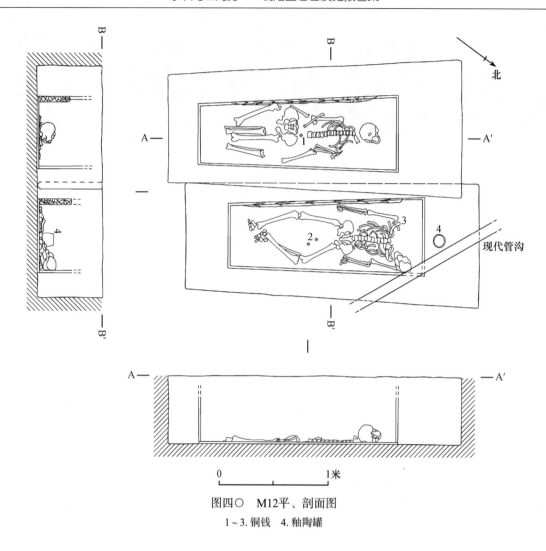

图四〇　M12平、剖面图

1~3.铜钱　4.釉陶罐

釉，施釉厚薄不均，有流釉现象。口径9.4、腹径11、底径7.4、通高11.2厘米（图三八，3；图版二〇，1）。

康熙通宝　4枚。圆形，方穿，内外有郭，其中3枚正面楷书"康熙通宝"四字，对读，背面以满、汉文纪局。M12：1，背穿左右两侧为满文"宝泉"纪局名。钱径2.8、穿径0.5、郭厚0.12厘米，重3.5克（图三九，6）。M12：3-1，背穿左右两侧为满文"宝源"纪局名。钱径2.4、穿径0.5、郭厚0.11厘米，重3.7克（图三九，8）。M12：3-2，背穿左右两侧为"宝泉"纪局名。钱径2.35、穿径0.5、郭厚0.12厘米，重4.2克（图三九，9）。M12：2，背穿左侧为满文"临"，右为楷书"临"。钱径2.8、穿径0.5、郭厚0.16厘米，重2.2克（图三九，7）。

M13　位于发掘区的东南部，西南邻M12，开口于第2层下。南北向，方向328°。为一座梯形竖穴土圹双棺墓，由东、西两个墓穴组成，西墓穴打破东墓穴，墓壁较直，底部平坦。墓圹长2.7、宽2.2~2.4、深0.8米，墓底距地表深2.6米。墓内填土为褐色花土，土质较疏松（图四一；图版一二，3）。

土圹内置双棺，木棺平面呈梯形。西墓穴长2.7、宽1.4~1.6、深0.8米。棺木已朽。现存棺痕长1.9、宽0.56~0.64、残高0.2米，木板痕厚0.02~0.04米。头向西北，面向东北。葬式不

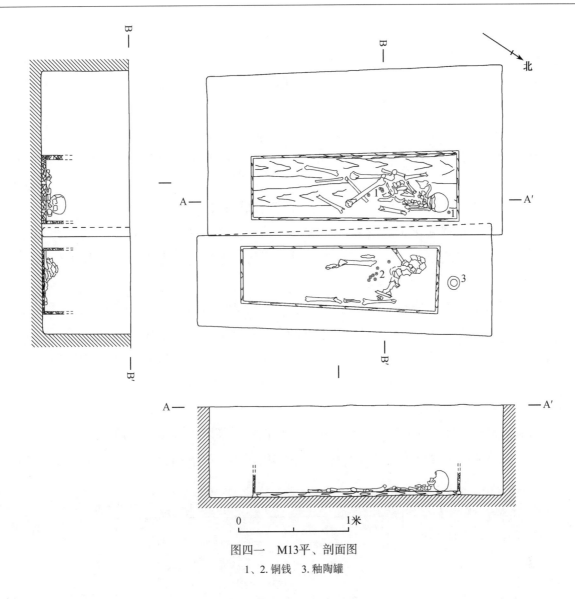

图四一　M13平、剖面图
1、2.铜钱　3.釉陶罐

详。为男性，50～60岁，为本地人，患牙周炎。随葬铜钱5枚，头骨北部1枚，腹部4枚。东墓
穴长2.7、宽0.8～1、深0.8米。棺木已朽。现存棺痕长1.8、宽0.5～0.6、残高0.2米，木板痕厚
0.02米。头向西北，面向、葬式不详。为中年女性，患牙周炎、骨质疏松。随葬铜钱7枚，出
于胸腹部；棺外前方随葬釉陶罐1件。

　　釉陶罐　1件。M13∶3，泥质黄陶，轮制。圆唇，侈口，束颈，肩微鼓，上腹弧鼓，下腹
斜弧收，近底部稍外撇，平底。器壁可见轮修痕迹，口沿内侧及上腹部施黄褐釉，施釉厚薄
不均，釉面有开裂现象，有流釉现象。口径9.5、腹径11.2、底径7.8、通高11.1厘米（图三八，
4；图版二〇，2）。

　　铜钱　12枚。康熙通宝3枚，顺治通宝4枚，其余锈蚀严重，钱文不清。

　　康熙通宝　3枚。圆形，方穿，内外有郭，正面楷书"康熙通宝"四字，对读；背穿左右
两侧为满文"宝源"纪局名。M13∶1-1，钱径2.6、穿径0.5、郭厚0.19厘米，重3.5克（图三九，
5）；M13∶2-1，钱径2.8、穿径0.6、郭厚0.11厘米，重3.7克（图三九，10）；M13∶2-2，钱径

2.8、穿径0.6、郭厚0.13厘米，重4.2克（图三九，11）。

顺治通宝　4枚。圆形，方穿，内外有郭，正面楷书"顺治通宝"四字，对读。M13：1-2，背穿左右两侧钱文不清。钱径2.6、穿径0.5、郭厚0.12厘米，重3.2克（图三九，1）。M13：1-3，背穿右侧楷书"工"字。钱径2.6、穿径0.5、郭厚0.11厘米，重3.5克（图三九，2）。M13：1-4，背穿右侧楷书"户"字。钱径2.7、穿径0.5、郭厚0.13厘米，重3.4克（图三九，3）。M13：1-5，背穿右侧楷书"工"字。钱径2.7、穿径0.5、郭厚0.12厘米，重3.4克（图三九，4）。

M16　位于发掘区的中部，西南邻M23，西侧打破M15，开口于第2层下。南北向，方向357°。为一座长方形竖穴土圹双棺墓，由东、西两个墓穴组成，东墓穴打破西墓穴，墓壁较直，底部平坦。墓圹长2.6、宽1.5、深0.4米，墓底距地表深2.2米。墓内填土为褐色花土，土质较疏松（图四二；图版一三，1）。

土圹内置双棺，木棺平面呈梯形。西墓穴长2.6、宽0.84、深0.4米。棺木已朽。现存棺痕长1.8、宽0.48~0.56、残高0.2米，木板痕厚0.02米。头向北，面向不详，仰身直肢。为女性，40岁左右，患牙周炎。棺内东北角处随葬釉陶罐1件，头骨东侧随葬铜簪1件，铜钱1枚，位于腹部。东墓穴长2.6、宽0.72、深0.4米。棺木已朽。现存棺痕长1.8、宽0.42~0.5、残高0.2米，木板痕厚0.02米。未发现人骨。

釉陶罐　1件。M16：1，泥质黄陶，轮制。口微侈，圆唇，矮领，束颈，鼓肩，下腹部斜直内收，平底。体有轮旋痕迹。口沿内侧及上腹部施黄釉，有流釉现象。口径8.8、腹径11.4、

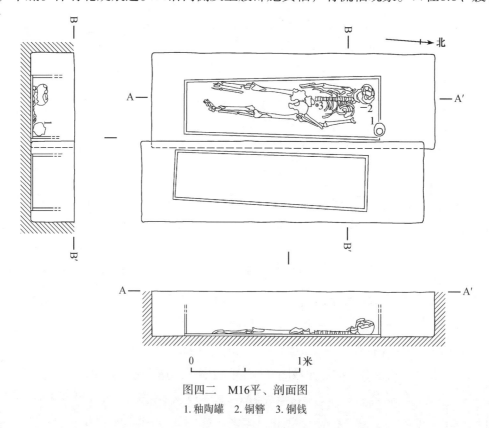

图四二　M16平、剖面图

1.釉陶罐　2.铜簪　3.铜钱

底径7.2、通高11.7厘米（图四三，1；图版二〇，3）。

铜簪　1件。M16：2，铜质，锈蚀。簪首呈耳挖形，颈扁圆，体细直呈圆锥状。长9.9厘米，重3.2克（图四三，3；图版二〇，5）。

铜钱　1枚。M16：3，货泉。圆形，方穿，内外有郭，正面篆书铸"货泉"二字，光背。钱径2.2、穿径0.6、郭厚0.13厘米，重2.4克（图四三，5）。

M18　位于发掘区中部偏南，南邻M44，开口于第2层下。南北向，方向15°。为一座梯形竖穴土圹双棺墓，由东、西两个墓穴组成，西墓穴打破东墓穴，墓壁较直，底部平坦。墓圹长2.5、宽1.6～1.9、深0.4、墓底距地表深2.2米。墓内填土为褐色花土，土质较疏松（图四四；图版一三，2）。

土圹内置双棺，木棺平面呈梯形。西墓穴长2.5、宽1～1.2、深0.4米。葬具为木棺。现存棺痕长1.8、宽0.42～0.5、残高0.2米，木板痕厚0.02米。头向东，面向南，仰身直肢。为女性，25～30岁，有龋齿。棺外前方随葬陶罐1件。东墓穴长2.5、宽0.8～0.9、深0.4米。棺木已朽。现存棺痕长1.8、宽0.4～0.5、残高0.2米，木板痕厚0.02米。头向北，面向西，葬式不详。为男性，45～50岁，患牙周炎。随葬铜钱3枚，头骨西侧1枚，两股骨之间2枚。

陶罐　1件。M18：3，泥质红陶，轮制。方唇，侈口，矮领，束颈，溜肩，弧腹内收，平底。体有轮旋痕迹。口径9.2、腹11.1、底径7.9、通高11.9厘米（图四三，2；图版二〇，4）。

铜钱　3枚。

康熙通宝　2枚。圆形，方穿，内外有郭，正面楷书"康熙通宝"四字，对读；背穿左右两侧为满文"宝泉"纪局名。M18：1，钱径2.8、穿径0.6、郭厚0.14厘米，重3.8克（图四三，7）。M18：2-1，钱径2.4、穿径0.5、郭厚0.16厘米，重3.4克（图四三，8）。

乾隆通宝　1枚。M18：2-2，圆形，方穿，正面楷书"乾隆通宝"四字，对读；背穿左右两侧为满文"宝源"纪局名。钱径2.4、穿径0.6、郭厚0.13厘米，重4.1克（图四三，6）。

M19　位于发掘区中部偏南，西邻M44，开口于第2层下。南北向，方向353°。为一座梯形竖穴土圹双棺墓，双棺合葬于同一墓穴内，初步判断为二次葬，墓壁较直，底部较平坦，墓圹长2.7、宽1.9～2.1、深0.9米，墓底距地表深2.4米。墓内填花土，土质较疏松（图四五；图版一三，3）。

土圹内置双棺，木棺平面呈梯形，两棺棺木保存较好。西棺棺长2、宽0.6～0.7、残高0.6米，木板残厚0.1米。棺内骨架保存较差，头骨移位，头向东南，面向西南，仰身直肢。为中年男性，45岁左右，患有牙周炎，身材高大，有腰椎增生现象。未发现随葬品。东棺棺长1.9、宽0.5～0.6、残高0.5米，木板残厚0.08米。棺内骨架保存较差，头向上，面向西南，仰身直肢。为老年女性，60岁左右，应为本地人，患有骨质疏松，有腰椎增生现象，有缠足。头骨西侧出土铜押发1件。

铜押发　1件。M19：1，整体呈扁体梭形，两端较宽呈叶状，中部收束，中部有丝状缠绕物。横截面呈馒头形，上面弧鼓，底面平。锈迹严重，纹饰不清。长6.2厘米（图四三，4；图版二〇，6）。

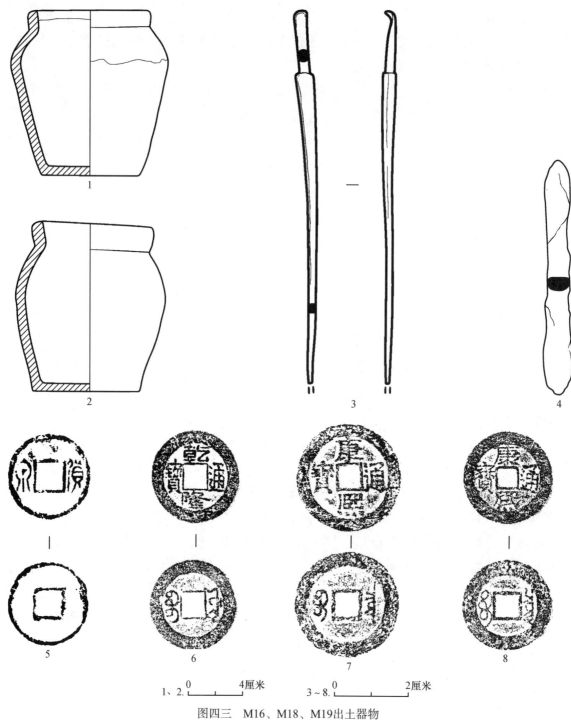

图四三　M16、M18、M19出土器物

1.釉陶罐（M16：1）　2.陶罐（M18：3）　3.铜簪（M16：2）　4.铜押发（M19：1）　5.货泉（M16：3）

6.乾隆通宝（M18：2-2）　7、8.康熙通宝（M18：1、M18：2-1）

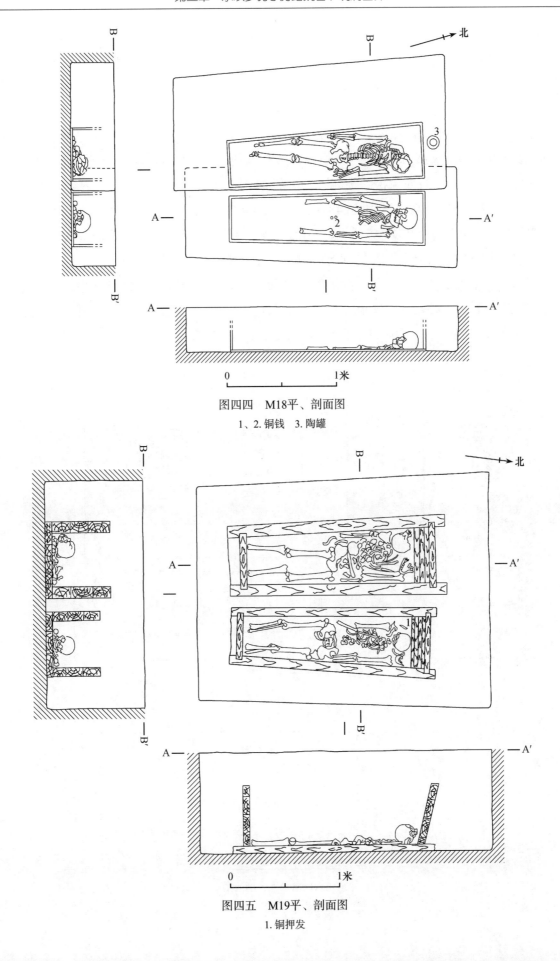

图四四　M18平、剖面图

1、2.铜钱　3.陶罐

图四五　M19平、剖面图

1.铜押发

　　M22　位于发掘区中部，北邻M24，开口于第2层下。南北向，方向345°。为一座长方形竖穴土圹双棺墓，由东、西两个墓穴组成，西墓穴打破东墓穴，墓壁较直，底部平坦。墓圹长2.4~2.6、宽2.3、深0.6~0.9米，墓底距地表深2.4~2.7米。墓内填土为褐色花土，土质较疏松（图四六；图版一四，1）。

　　土圹内置双棺，木棺平面呈梯形。西墓穴长2.4、宽1.4、深0.6米。棺木已朽。现存棺痕长1.8、宽0.48~0.6、残高0.2米，木板痕厚0.02米。头向北，面向不详，仰身直肢。为女性，50~60岁，患牙周炎、骨质疏松、腰椎增生。东墓穴长2.5~2.6、宽1.2、深0.9米。存留东侧立板，其余已朽烂。现存棺长1.9、宽0.48~0.58、残高0.3米，木板厚0.02~0.04米。头向北，面向、葬式不详。为男性，40岁左右，有骑马的痕迹，腰椎轻度增生，患牙周炎。棺外前方随葬釉陶罐1件；铜钱2枚，出于腹部、右股骨西侧；铁器1件，出于两胫骨之间。

　　釉陶罐　1件。M22：1，泥质黄褐陶，轮制。方圆唇，近直口，矮领，束颈，肩微鼓，斜直腹微弧，平底。器表有轮修痕迹。上腹部及口沿内侧施黄褐釉，釉面有开裂现象。口径11.1、腹径11.8、底径7.4、通高11.8厘米（图四七，1；图版二一，1）。

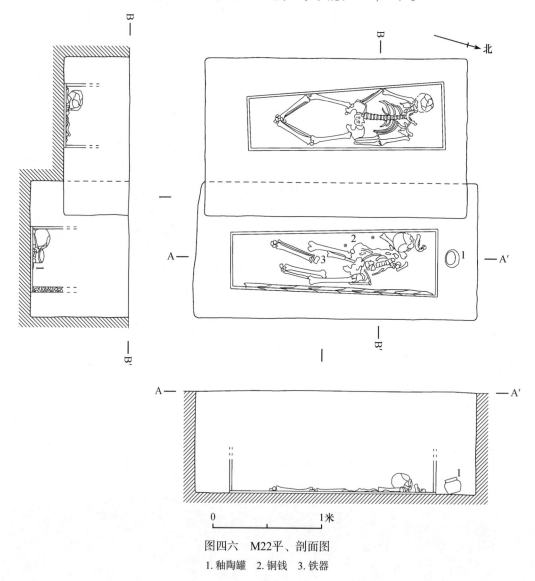

图四六　M22平、剖面图

1.釉陶罐　2.铜钱　3.铁器

康熙通宝　2枚。圆形，方穿，内外有郭，正面楷书"康熙通宝"四字，对读；背穿左右两侧为满文"宝泉"纪局名。M22：2-1，钱径2.4、穿径0.6、郭厚0.14厘米，重2.4克（图四八，1）。M22：2-2，钱径2.5、穿径0.6、郭厚0.11厘米，重2.3克（图四八，2）。

铁器　1件。M22：3，铁质。平面呈长方形，横截面呈长方形，锈蚀严重。长6.4、宽3.8、厚1.5厘米（图四七，2；图版二一，2）。

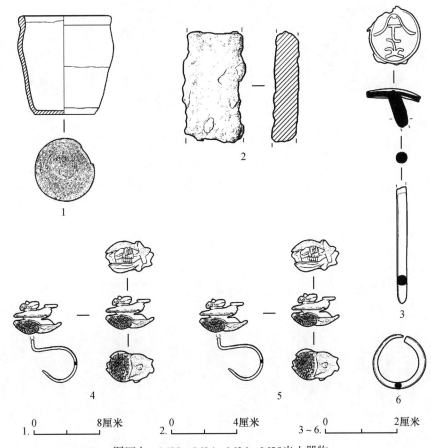

图四七　M22、M24、M26、M28出土器物

1. 釉陶罐（M22：1）　2. 铁器（M22：3）　3. 骨簪（M24：1）　4、5. 银耳坠（M26：2）　6. 银耳环（M28：1）

M24　位于发掘区中部偏西，南邻M22，开口于第2层下。南北向，方向330°。为一座梯形竖穴土圹双棺墓，由东、西两个墓穴组成，东墓穴打破西墓穴，墓壁较直，底部平坦。墓圹长2.6、宽1.6～1.8、深0.9米，墓底距地表深2.7米。墓内填土为褐色花土，土质较疏松（图四九；图版一四，2）。

土圹内置双棺，木棺平面呈梯形。西墓穴长2.6、宽0.86～0.96、深0.9米。棺木已朽，现存棺痕长1.8、宽0.5～0.6、残高0.3米，木板痕厚0.02米。头向西北，面向、葬式不详。为女性，50岁左右，患牙周炎、齿根脓肿、腰椎增生，骨质开始疏松。随葬骨簪1件，位于头骨西侧；铜钱2枚，头骨西部1枚，腹部1枚。东墓穴长2.6、宽0.86～0.96、深0.9米。东西两侧立板、前挡板保存较好。棺长2、宽0.5～0.7、高0.6米，木板厚0.06米。头骨移位，头向西，面向北，葬式不详。为男性，40岁左右，有骑马的痕迹。

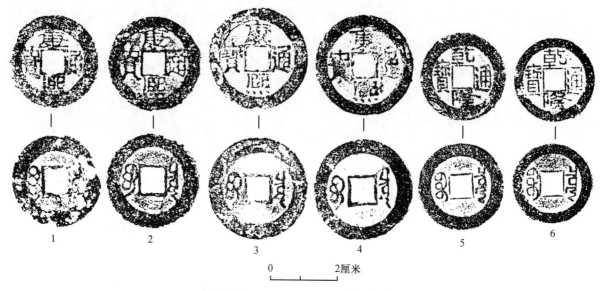

0　　　　2厘米

图四八　M22、M24、M26出土铜钱

1~4.康熙通宝（M22：2-1、M22：2-2、M24：2-1、M24：2-2）　　5、6.乾隆通宝（M26：1-1、M26：1-2）

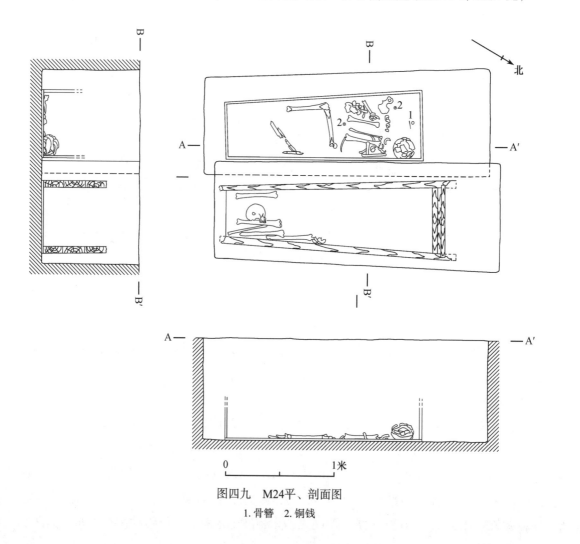

0　　　　1米

图四九　M24平、剖面图

1.骨簪　2.铜钱

骨簪 1件。M24：1，残。簪首为铜质圆饼状，外缘凸起，内掐丝"金"字；簪体为骨质，圆柱形，尾端尖锐。残长4.7、簪首直径1.6厘米（图四七，3；图版二一，3）。

康熙通宝 2枚。圆形，方穿，内外有郭，正面楷书"康熙通宝"四字，对读；背穿左右两侧为满文"宝泉"纪局名。M24：2-1，钱径2.7、穿径0.6、郭厚0.12厘米，重3.5克（图四八，3）。M24：2-2，钱径2.7、穿径0.6、郭厚0.12厘米，重3.6克（图四八，4）。

M26 位于发掘区的中西部，东邻M25，开口于第2层下。南北向，方向3°。为一座长方形竖穴土圹双棺墓，由东、西两个墓穴组成，东墓穴打破西墓穴，墓壁较直，底部平坦。墓圹长2.44～2.5、宽1.5、深1米，墓底距地表深2.5米。墓内填土为褐色花土，土质较疏松（图五〇；图版一四，3）。

土圹内置双棺，木棺平面呈梯形。西墓穴长2.5、宽0.94、深1米。棺木已朽。现存棺痕长2、宽0.48～0.58、残高0.2米，木板痕厚0.02米。头向北，面向西，仰身直肢。为女性，40～45岁，患牙周炎，腰椎轻度增生。随葬铜钱4枚，头骨东侧2枚，左侧盆骨上1枚，两股骨之间1枚；银耳坠2枚，出于下颌骨东侧。东墓穴长2.44、宽0.8、深1米。棺木已朽。现存棺痕长1.84、宽0.54～0.66、残高0.2米，木板痕厚0.02米。头向北，面向西，仰身直肢。为男性，50～60岁。患牙周炎、腰椎增生、骨质疏松。未发现随葬品。

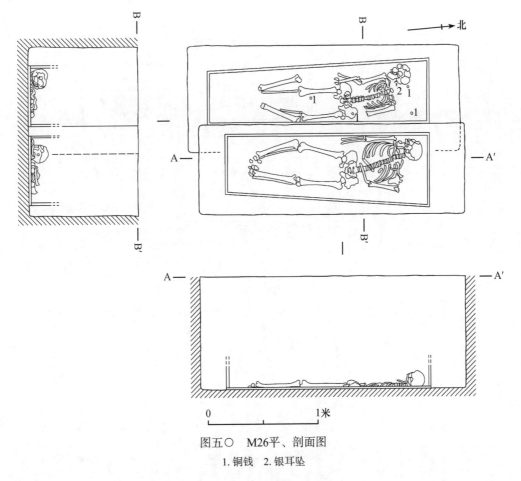

图五〇 M26平、剖面图
1. 铜钱 2. 银耳坠

银耳坠　2枚。M26：2，残。形制、大小相同。平面近"S"形，坠面錾刻折枝花果纹，表面鎏金，另一端弯折渐细呈钩状。通长2.4、首高1.5、宽0.9厘米（图四七，4、5；图版二一，4）。

乾隆通宝　4枚。圆形，方穿，内外有郭，正面楷书"乾隆通宝"四字，对读，背穿左右两侧为满文"宝泉"纪局名。M26：1-1，钱径2.3、穿径0.5、郭厚0.12厘米，重3.4克（图四八，5）。M26：1-2，钱径2.3、穿径0.5、郭厚0.11厘米，重3.5克（图四八，6）。另2枚因锈残严重，无法辨认。

M28　位于发掘区西部，北邻M27，开口于第2层下。南北向，方向30°。为一座梯形竖穴土圹双棺墓，由东、西两个墓穴组成，东墓穴打破西墓穴，墓壁较直，底部平坦。墓圹长2.5、宽1.7～1.9、深1米，墓底距地表深2.8米。墓内填土为褐色花土，土质较疏松（图五一；图版一五，1）。

土圹内置双棺，木棺平面呈梯形。西墓穴长2.5、宽1～1.1、深1米。棺木已朽。现存棺痕长2.1、宽0.44～0.64、残高0.3米，木板痕厚0.02米。头向北，面向不详，仰身直肢。为女性，60岁以上，患严重牙周炎、骨质疏松、腰椎增生。随葬银耳环1件，位于头部北侧。东墓穴长

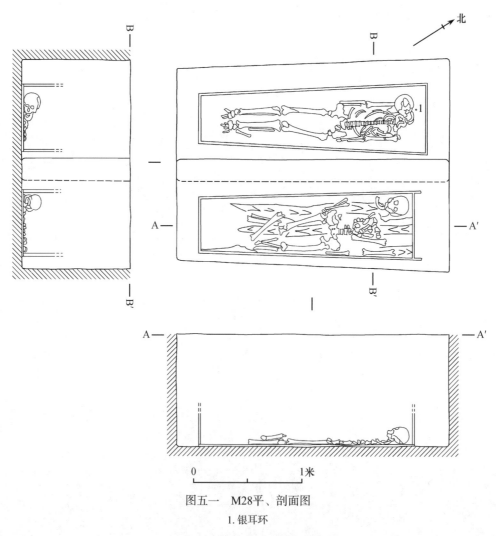

图五一　M28平、剖面图

1. 银耳环

2.5、宽0.9～1、深1米。葬具为木棺，棺木已朽。现存棺痕长1.98、宽0.5～0.62、残高0.3米，木板痕厚0.03米。头向北，面向、葬式不详。为男性，60岁以上，患严重牙周炎、骨质疏松、腰椎增生。

银耳环　1件。M28：1，锈蚀。圆环形，一端较粗，向另一端渐细。直径1.5、厚0.2厘米（图四七，6；图版二一，5）。

M30　位于发掘区的中西部，西北邻M31，开口于第2层下。南北向，方向27°。为一座梯形竖穴土圹双棺墓，双棺合葬于同一墓穴内，初步判断为二次葬，墓壁较直，底部平坦。墓圹长2.8、宽2.1～2.4、深0.8米，墓底距地表深2.6米。墓内填土为褐色花土，土质较疏松（图五二；图版一五，2）。

土圹内置双棺，西棺平面呈梯形，东棺平面呈长方形，两棺棺木保存较好。西棺长1.94、宽0.52～0.6、高0.5～0.6米，木板厚0.06～0.1米。头向上，面向南，葬式不详。为女性，50～60岁，北方人，患严重牙周炎、骨质疏松。未发现随葬品。东棺长2、宽0.6、残高0.5～0.6米，厚0.06～0.1米。头向上，面向东南，葬式不详。为男性，45～50岁，本地人，有骑马的痕迹，患牙周炎、腰椎增生、轻度骨质疏松。未发现随葬品。

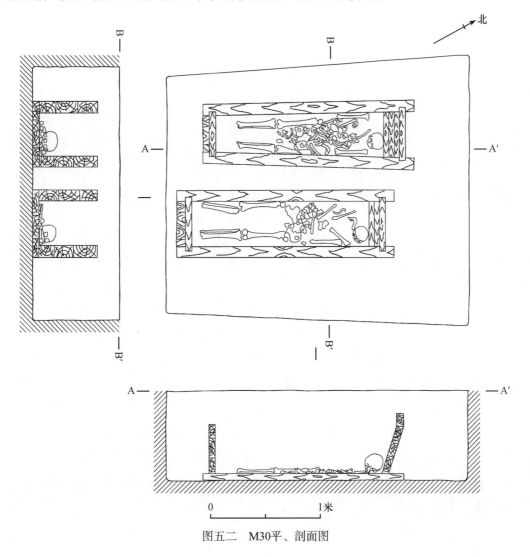

图五二　M30平、剖面图

　　M31　位于发掘区的中西部，东南邻M30，开口于第2层下。南北向，墓向46°。为一座梯形竖穴土圹双棺墓，双棺合葬于同一墓穴内，初步判断为二次葬，墓壁较直，底部平坦。墓圹长2.6、宽1.7～2.1、深0.8米，墓底距地表深2.6米。墓内填土为褐色花土，土质较疏松（图五三；图版一五，3）。

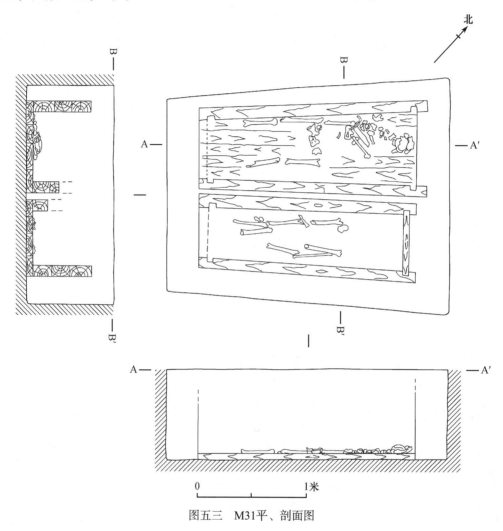

图五三　M31平、剖面图

　　土圹内置双棺，西棺平面呈梯形，东棺平面呈长方形，两棺棺木保存较好。西棺长2、宽0.7～0.86、高0.3～0.6米，木板厚0.06～0.1米。人骨保存较差，头骨破碎，脊椎骨较凌乱，肢骨朽烂严重。头向东北，面向、葬式不详。为男性，60岁左右，患有腰椎增生、骨质疏松。未发现随葬品。东棺长1.9、宽0.66～0.7、高0.2～0.6米，厚0.06～0.1米。仅存一小块头骨和部分肢骨，头向、面向、葬式不详。为女性，50～60岁，有骨质疏松现象。未发现随葬品。

　　M33　位于发掘区西北部，北邻M34，开口于第2层下。南北向，方向8°。为一座梯形竖穴土圹双棺墓，由东、西两个墓穴组成，西墓穴打破东墓穴，墓壁较直，底部平坦。墓圹长2.6～2.7、宽1.7～1.9、深1.1～1.2米，墓底距地表深2.7～2.8米。墓内填土为褐色花土，土质较疏松（图五四；图版一六，1）。

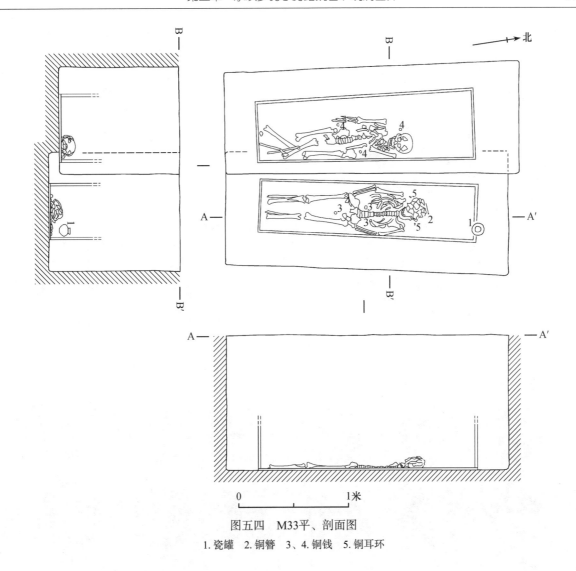

图五四　M33平、剖面图

1.瓷罐　2.铜簪　3、4.铜钱　5.铜耳环

土圹内置双棺，木棺平面呈梯形。西墓穴长2.7、宽0.9～1、深1.1米。棺木已朽，现存棺痕长2、宽0.54～0.64、残高0.3米，木板痕厚0.02米。头向北，面向上，仰身直肢。为中年男性，50岁左右，右腿患有骨膜炎，有腰椎增生现象。随葬铜钱3枚，1枚位于头骨西侧，1枚位于左侧桡骨东侧，1枚位于右指骨处。东墓穴长2.6、宽1～1.1、深1.2米。棺木已朽。现存棺痕长2、宽0.48～0.52、残高0.4米，木板痕厚0.02米。头向北，面向上，仰身直肢。为中年女性，40～45岁，患有牙周炎，右小臂有骨折的现象。随葬瓷罐1件，位于棺外前方；铜簪1件，位于头部；铜钱4枚，位于腰部及腿部；铜耳环2枚，位于头部两侧。

瓷罐　1件。M33：1，圆唇，直口，短束颈，圆肩，下腹弧收，底部近直，最大径在肩腹部，平底。口沿一周施褐色釉，体施青白釉，釉层均匀，釉面光亮。中腹部有一道明显的接胎痕。口径7.3、腹径12、底径8.8、通高14厘米（图五五，1；图版二一，6）。

铜簪　1件。M33：2，簪首圆卷，向后弯折，下部斜折，体呈扁体长条形，上宽下窄，尾端圆钝。长12、宽0.5～0.9厘米（图五五，5；图版二二，1）。

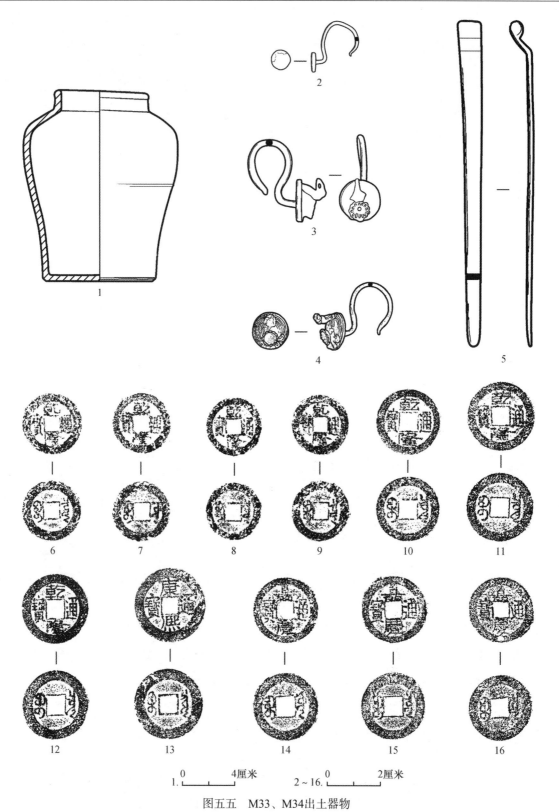

0　　　4厘米
1.
0　　　2厘米
2 ~ 16.

图五五　M33、M34出土器物

1.瓷罐（M33：1）　2 ~ 4.铜耳环（M34：1、M33：5-2、M33：5-1）　5.铜簪（M33：2）　6 ~ 12.乾隆通宝（M33：3-1、
M33：3-2、M33：3-3、M33：3-4、M34：2-1、M34：2-2、M34：2-3）　13.康熙通宝（M34：3）
14 ~ 16.嘉庆通宝（M33：4-1、M33：4-2、M33：4-3）

铜耳环　2件。形制、结构相同。首底部呈圆饼状托，饰数周旋纹，上部掐丝、累丝工艺制一立体镂空蛇首，对侧衬一圆形花托，原镶有宝石，现已缺失，花托底部用银丝拧成麻花状组成三片花叶。体呈细长圆柱状，弯曲成"S"形，末端尖锐，表面鎏金。M33：5-1，整体长3、首部直径1.3厘米（图五五，4；图版二二，2）。M33：5-2，整体长约3、首部直径1.6厘米（图五五，3；图版二二，3）。

铜钱　7枚。

乾隆通宝　4枚。圆形，方穿，内外有郭，正面楷书"乾隆通宝"四字，对读。M33：3-1，钱径2.2、穿径0.55、郭厚0.17厘米，重3.7克（图五五，6）。M33：3-3，钱径2.2、穿径0.6、郭厚0.12厘米，重2.4克（图五五，8）。M33：3-4，钱径2.3、穿径0.5、郭厚0.11厘米，重3.6克（图五五，9）。以上3枚背穿左右两侧为满文"宝泉"纪局名。M33：3-2，背穿左右两侧为满文"宝源"纪局名。钱径2.2、穿径0.55、郭厚0.11厘米，重3.1克（图五五，7）。

嘉庆通宝　3枚。M33：4-1，圆形，方穿，内外有郭，正面楷书"嘉庆通宝"四字，对读；背穿左右两侧为满文"宝源"纪局名。钱径2.35、穿径0.55、郭厚0.15厘米，重3.1克（图五五，14）。另2枚为圆形，方穿，内外有郭，正面楷书"嘉庆通宝"四字，对读；背穿左右两侧为满文"宝泉"纪局名。M33：4-2，钱径2.3、穿径0.55、郭厚0.15厘米，重4.2克（图五五，15）。M33：4-3，钱径2.3、穿径0.55、郭厚0.12厘米，重4.3克（图五五，16）。

M34　位于发掘区的西北部，南邻M33，开口于第2层下。南北向，方向6°。为一座梯形竖穴土圹双棺墓，由东、西两个墓穴组成，西墓穴打破东墓穴，墓壁较直，底部平坦。墓圹长2.6~2.68、宽1.8、深1~1.3米，墓底距地表深2.6~2.9米。墓内填土为褐色花土，土质较疏松（图五六；图版一六，2）。

土圹内置双棺，木棺平面呈梯形。西墓穴长2.6、宽0.9、深1米。棺木已朽。现存棺痕长2.08、宽0.64、残高0.3米，木板痕厚0.02米。头骨移位，头向西，面向北，葬式不详。为女性，45~50岁，患牙周炎、轻度骨质疏松。随葬铜耳环1件，位于头骨下方；铜钱3枚，右胸处1枚，右腹部1枚，左侧股骨内侧1枚。东墓穴长2.68、宽1、深1.3米。棺木已朽。现存棺痕长1.74、宽0.56~0.64、残高0.3米，木板痕厚0.02米。头向东北，面向西南，仰身直肢。为男性，50岁左右，为本地人，患牙周炎。随葬铜钱1枚，位于左肩东侧。

铜耳环　1件。M34：1，首呈圆饼状，素面，体呈"S"形圆柱状，近尾端呈圆锥状，尖锐，略有弯折。通高1.8、首部直径0.75厘米（图五五，2；图版二二，4）。

铜钱　4枚。

乾隆通宝　3枚。圆形，方穿，内外有郭，正面楷书"乾隆通宝"四字，对读；背穿左右两侧为满文"宝泉"纪局名。M34：2-1，钱径2.4、穿径0.55、郭厚0.12厘米，重4克（图五五，10）。M34：2-2，钱径2.3、穿径0.55、郭厚0.11厘米，重4克（图五五，11）。M34：2-3，钱径2.3、穿径0.55、郭厚0.12厘米，重3.3克（图五五，12）。

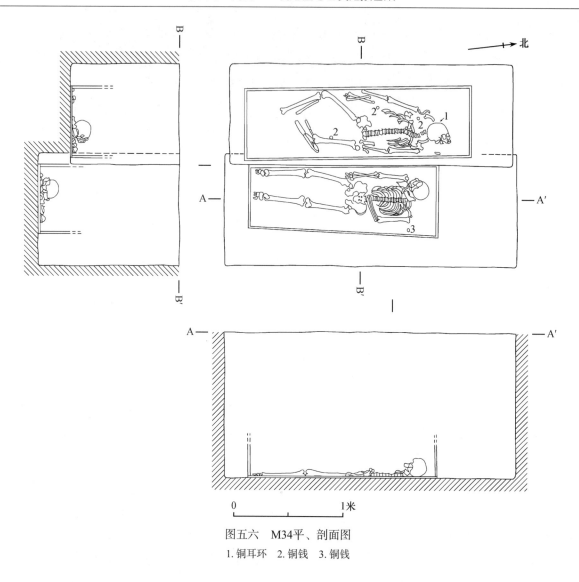

图五六　M34平、剖面图
1. 铜耳环　2. 铜钱　3. 铜钱

　　康熙通宝　1枚。M34：3，圆形，方穿，内外有郭，正面楷书"康熙通宝"四字，对读；背穿左右两侧为满文"宝泉"纪局名。钱径2.7、穿径0.6、郭厚0.15厘米，重3.1克（图五五，13）。

　　M36　位于发掘区的西北部，东南邻M34、M35，西南临M37，开口于第2层下。南北向，方向11°。为一座梯形竖穴土圹双棺墓，东北角处呈倭角状。由东、西两个墓穴组成，东墓穴打破西墓穴，墓壁较直，底部平坦。墓圹长2～2.6、宽1.6～1.8、深1.1～1.2米，墓底距地表深2.7～2.8米。墓内填土为褐色花土，土质较疏松（图五七；图版一六，3）。

　　土圹内置双棺，木棺平面呈梯形。西墓穴长2.6、宽0.8、深1.2米。棺木已朽。现存棺痕长1.96、宽0.55、残高0.4米，木板痕厚0.02米。头向北，面向西，仰身屈肢。为女性，35～40岁，有牙结石。随葬铜钱2枚，位于左肩处。东墓穴长2～2.6、宽0.9～1.1、深1.1米。棺木已朽。现存棺痕长1.82、宽0.52～0.6、残高0.3米，木板痕厚0.02米，头向北，面向西，仰身直肢。为男性，45岁左右，左腿骨折错位愈合，右小腿有骨膜炎，患牙周炎、腰椎增生，有骑马的痕迹。

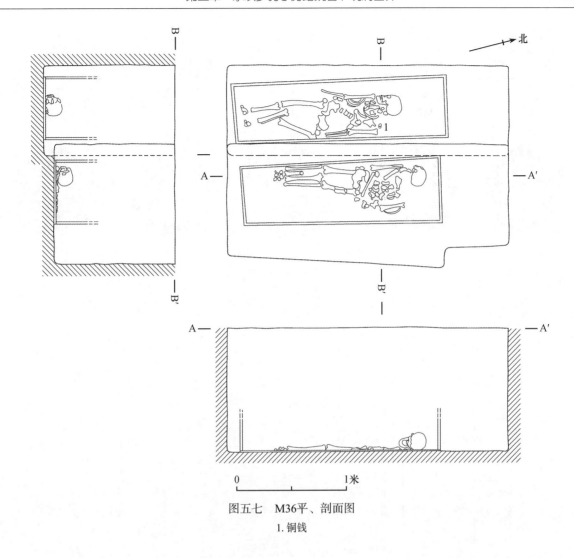

图五七　M36平、剖面图
1. 铜钱

　　康熙通宝　2枚。圆形，方穿，内外有郭，正面楷书"康熙通宝"四字，对读；背穿左右两侧为满文"宝泉"纪局名。M36：1-1，钱径2.35、穿径0.5、郭厚0.12厘米，重2.7克（图五八，1）。M36：1-2，钱径2.3、穿径0.5、郭厚0.1厘米，重2.2克（图五八，2）。

　　M38　位于发掘区的西部边缘，北邻M45，开口于第2层下。南北向，方向45°。为一座梯形竖穴土圹双棺墓，由东、西两个墓穴组成，西墓穴打破东墓穴，墓壁较直，底部平坦。墓圹长2.5～2.7、宽1.64～1.84、深0.34米，墓底距地表深2.34米。墓内填土为褐色花土，土质较疏松（图五九；图版一七，1）。

　　土圹内置双棺，木棺平面呈梯形。西墓穴长2.5、宽0.8～0.9、深0.34米。葬具为木棺，立板、挡板已朽，棺底板多有保存。现存棺痕长2.08、宽0.64～0.72、残高0.2米，立板痕厚0.02米，底板厚0.04米。头骨移位，头向东北，面向西北，葬式不详。为男性，50～60岁，应为本地人，患严重牙周炎。东墓穴长2.7、宽1.02～1.22、深0.34米。葬具为木棺，东侧立板和北侧挡板多有存留，其余已朽。现存棺长2.04、宽0.56～0.72、残高0.2米，木板厚0.03米。葬式不详，头向东北，面向上。为男性，50～60岁，患牙周炎、骨质疏松。未见随葬品。

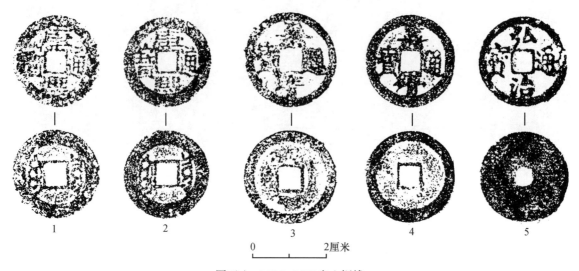

图五八　M36、M39出土铜钱

1、2.康熙通宝（M36∶1-1、M36∶1-2）　　3、4.嘉靖通宝（M39∶1-1、M39∶1-2）　　5.弘治通宝（M39∶1-3）

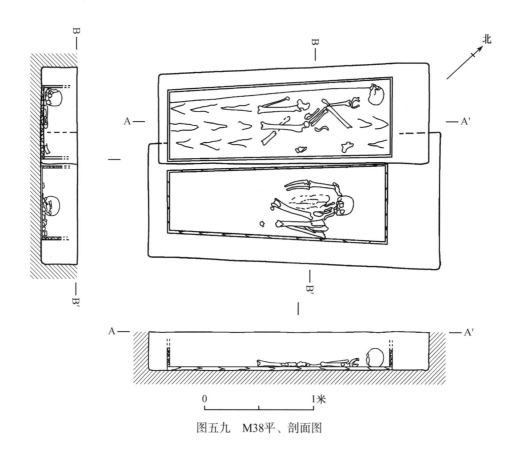

图五九　M38平、剖面图

M39　位于发掘区的东北角，开口于第2层下。南北向，方向8°。为一座长方形竖穴土圹双棺墓，由东、西两个墓穴组成，东墓穴打破西墓穴，墓壁较直，底部平坦。墓圹长2.4～2.44、宽1.7、深0.6米，墓底距地表深1.1米。墓内填土为褐色花土，土质较疏松（图六〇；图版一七，2）。

土圹内置双棺，木棺平面呈长方形。西墓穴长2.4、宽0.9、深0.6米。棺木已朽。现存棺痕长1.8、宽0.46～0.5、残高0.4米，木板痕厚0.02米。头向北，面向西，仰身直肢。为女性，50岁左右。东墓穴长2.44、宽1.06、深0.6米。棺木已朽。现存棺痕长1.9、宽0.56～0.6、残高0.4米，木板痕厚0.02米。头向北，面向不详，仰身直肢。为男性，45岁左右，有骑马的痕迹，患严重牙周炎、腰椎增生。随葬铜钱3枚，位于髋骨下方。

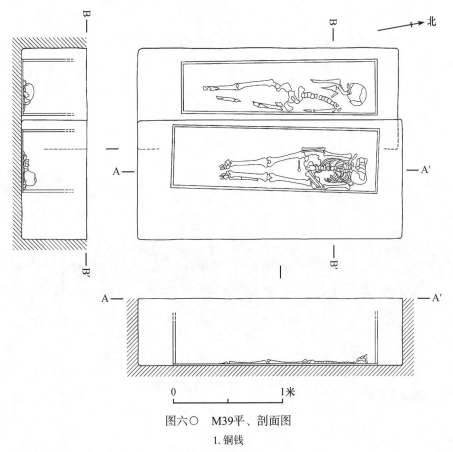

图六〇　M39平、剖面图
1. 铜钱

铜钱　3枚。

嘉靖通宝　2枚。圆形，方穿，内外有郭，正面楷书"嘉靖通宝"四字，对读；光背。M39：1-1，钱径2.4、穿径0.55、郭厚0.11厘米，重2.5克（图五八，3）。M39：1-2，钱径2.3、穿径0.5、郭厚0.15厘米，重1.9克（图五八，4）。

弘治通宝　1枚。M39：1-3，圆形，方穿，内外有郭，正面楷书"弘治通宝"四字，对读；光背。钱径2.4、穿径0.55、郭厚0.17厘米，重2.2克（图五八，5）。

M41　位于发掘区中西部，南邻M25，开口于第2层下。南北向，方向5°。为一座梯形竖穴土圹双棺墓，由东、西两个墓穴组成，其中东墓穴打破西墓穴，墓壁较直，底部平坦。墓圹长2.5~2.52、宽1.54~1.8、深1米。墓底距地表深2.5米。墓内填花土，土质较疏松（图六一；图版一七，3）。

土圹内置双棺，木棺平面呈梯形。西墓穴长2.5、宽1.08~1.22、深1米。棺木已朽。现存棺痕长1.86、宽0.4~0.6、残高0.4米，木板痕厚0.02米。棺内骨架保存较差，头向北，面向西，葬式不详。为中年女性，45岁左右，患有牙周炎、骨质疏松，有腰椎增生现象。西棺内前方出土釉陶罐1件，铜钱1枚位于肩部骨架下方。东墓穴长2.52、宽0.8~0.9、深1米。棺木已朽。现存棺痕长2.04、宽0.58~0.6、残高0.4米，木板痕厚0.02米。棺内骨架保存较差，头向北，面向西，仰身直肢。为中年男性，50岁左右，有骑马的痕迹。东棺外前方出土釉陶罐1件，铜钱2枚位于髋骨下方。

釉陶罐　2件。M41:1，圆唇，侈口，束颈，肩微鼓，腹略弧，平底。肩部以上及口沿内侧施酱绿釉，釉层较薄，釉面光亮，体有轮旋痕迹。口径10.2、腹径9.8、底径7.2、通高11厘米（图六二，1；图版二二，5）。M41:2，圆唇，直口，束颈，斜肩，斜直腹，平底。肩部以上及口沿内侧施酱黄釉，釉层较薄，有流釉现象，体有轮旋痕迹。口径9.8、腹径9.8、底径6.9~8.2、通高10.1厘米（图六二，2；图版二二，6）。

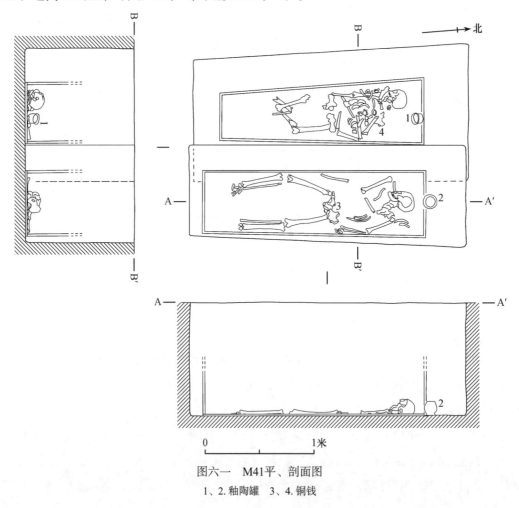

图六一　M41平、剖面图

1、2.釉陶罐　3、4.铜钱

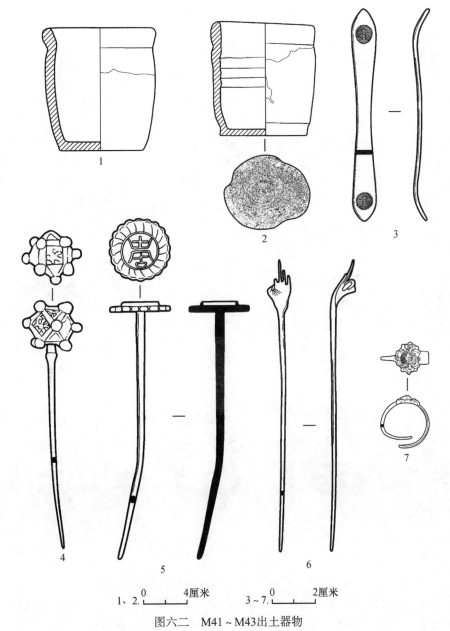

图六二 M41～M43出土器物

1、2.釉陶罐（M41：1、M41：2） 3.银押发（M42：3） 4、5.铜簪（M42：1、M42：2） 6.银簪（M43：1）
7.银耳环（M42：4）

铜钱 3枚。

乾隆通宝 2枚。M41：3-1，圆形，方穿，内外有郭，正面楷书"乾隆通宝"四字，对读；背穿左右两侧为满文"宝泉"纪局名。钱径2.2、穿径0.6、郭厚0.14厘米，重3.4克（图六三，2）。M41：3-2，圆形，方穿，内外有郭，正面楷书"乾隆通宝"四字，对读；背穿左右两侧为满文"宝源"纪局名。钱径2、穿径0.6、郭厚0.15厘米，重3.4克（图六三，3）。

顺治通宝 1枚。M41：4，圆形，方穿，内外有郭，正面楷书"顺治通宝"四字，对读；背穿左右两侧为满文"宝泉"纪局名。钱径2.7、穿径0.5、郭厚0.11厘米，重3克（图六三，1）。

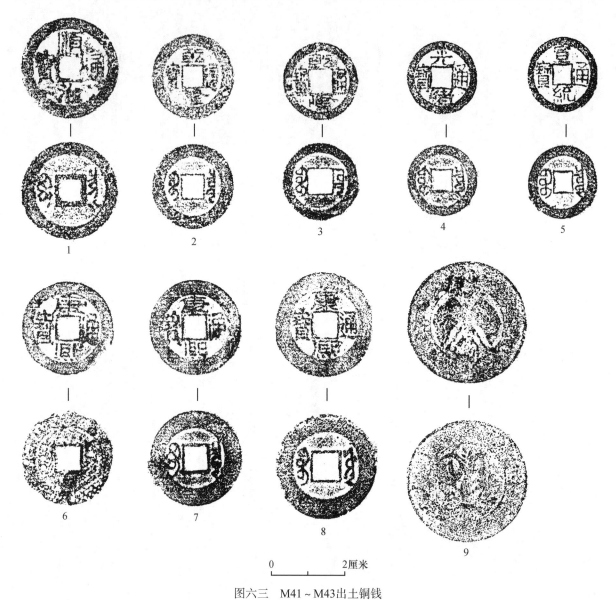

图六三　M41～M43出土铜钱

1. 顺治通宝（M41：4）　　2、3. 乾隆通宝（M41：3-1、M41：3-2）　4. 光绪通宝（M42：5-1）　5. 宣统通宝（M42：5-2）

6～8. 康熙通宝（M43：2-1、M43：2-2、M43：2-3）　9. 铜元（M42：6）

　　M42　位于发掘区的中北部，东北邻M43，开口于第2层下。南北向，方向28°。为一座梯形竖穴土圹双棺墓，由东、西两个墓穴组成，西墓穴打破东墓穴，墓壁较直，底部平坦。墓圹长2.6～2.7、宽1.9～2.1、深1米，墓底距地表深2.5米。墓内填土为褐色花土，土质较疏松（图六四；图版一八，1）。

　　土圹内置双棺，西棺平面呈梯形，东棺平面呈长方形。西墓穴长2.7、宽1～1.1、深1米。棺木朽烂较轻。棺长1.8、宽0.52～0.64、残高0.3米，木板厚0.06米。头向东北，面向西北，葬式不详。为女性，60岁以上，为本地人，患牙周炎、骨质疏松。随葬铜簪2件，银押发1件，位于头骨北侧，银耳环1件，均于头骨西侧；铜钱2枚，位于胸腹部。东墓穴长2.6、宽1.1～1.2、深1米。东西两侧立板少有存留，其余已朽烂。现存棺长1.8、宽0.6、残高0.3米，木

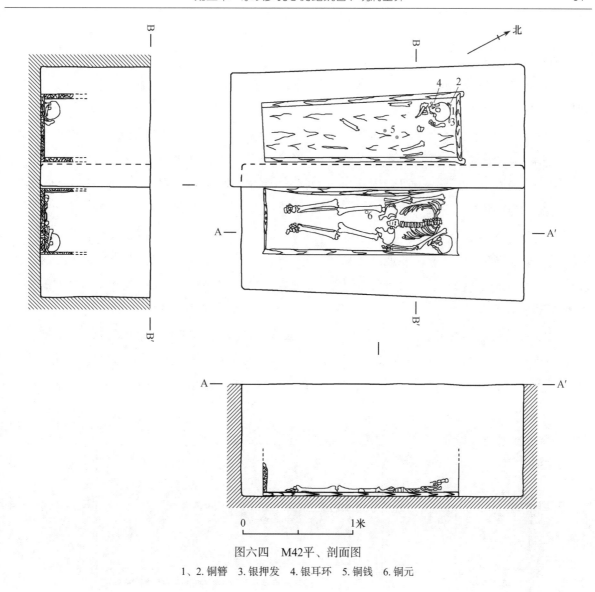

图六四　M42平、剖面图

1、2.铜簪　3.银押发　4.银耳环　5.铜钱　6.铜元

板厚0.04米。头向北，面向西，仰身直肢。为男性，50～60岁，患有骨质疏松、腰椎增生。随葬铜元1枚，位于右股骨内侧。

铜簪　2件。M42：1，簪首为镂空八棱锤形，每个正方形面中央有一朵梅花，每个棱角处焊接一个小圆球，簪首与簪体之间饰竹节纹，簪体细直呈锥状，尾端尖锐。通长10.9、首边长2.7厘米，重11.7克（图六二，4；图版二三，2）。M42：2，首呈圆形花朵状，中央凸起一圆环，圆环与花边之间锤揲出凹陷的花瓣状，花瓣中央锤揲出花蕊，花瓣边缘錾刻短斜线纹，圆环内掐丝"寿"字纹，体呈细长圆锥状，横截面呈圆形。通长11.5、簪首直径2.8厘米，重10.6克（图六二，5；图版二三，3）。

银押发　1件。M42：3，整体呈弓形，两端较宽呈叶状，正面两端各錾刻一"寿"字纹，外绕一周联珠纹，中部收束。正面鎏金。通长9.5厘米，重10克（图六二，3；图版二三，1）。

银耳环　1件。M42：4，整体呈"C"形，一端为细长圆锥状，另一端呈长方形扁条状，素面，中部近呈圆形，镂铸牡丹纹。通体鎏金。直径2.3厘米，重3.4克（图六二，7；图版二三，4）。

铜钱　2枚。

光绪通宝　1枚。M42：5-1，圆形，方穿，内外有郭，正面楷书"光绪通宝"四字，对读；背穿左右两侧为满文"宝泉"纪局名。钱径1.9、穿径0.4、郭厚0.1厘米，重1.8克（图六三，4）。

宣统通宝　1枚。M42：5-2，圆形，方穿，内外有郭，正面楷书"宣统通宝"四字，对读；背穿左右两侧为满文"宝泉"纪局名。钱径1.9、穿径0.4、郭厚0.11厘米，重1.9克（图六三，5）。

铜元　1枚。M42：6，圆形，机制。正面珠圈内饰交叉的双旗图案，外缘文字不详，背面珠圈内图案为稻穗组成的嘉禾纹。钱径3.2厘米，重9.6克（图六三，9）。

M43　位于发掘区的北部，南邻M42，开口于第2层下。南北向，方向7°。为一座长方形竖穴土圹双棺墓，由东、西两个墓穴组成，西墓穴打破东墓穴，墓壁较直，底部平坦。墓圹长2.6~2.68、宽1.9、深0.7米，墓底距地表深2.2米。墓内填土为褐色花土，土质较疏松（图六五；图版一八，2）。

土圹内置双棺，木棺平面呈梯形。西墓穴长2.6、宽1.2、深0.7米。棺木已朽，仅西侧立板和北侧挡板少有存留。现存棺痕长1.8、宽0.54~0.6、残高0.5米，木板厚0.04米。头向东，面向北，仰身直肢。为女性，60岁以上，患有骨质疏松、腰椎增生，有缠足。随葬银簪1件，位

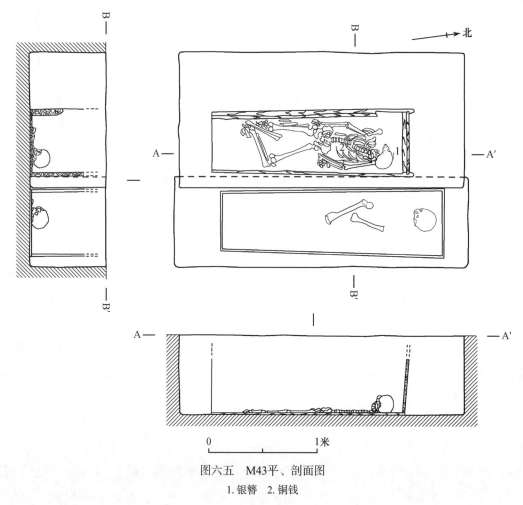

图六五　M43平、剖面图

1. 银簪　2. 铜钱

于头骨北侧；铜钱3枚，位于人骨胸腹部。东墓穴长2.68、宽0.8、深0.7米。棺木已朽。现存棺痕长2.04、宽0.54～0.64、残高0.5米，木板痕厚0.03米。头向上，面向西南，葬式不详。为男性，40岁左右，为本地人，有牙结石。

银簪 1件。M43：1，簪首呈佛手形，拇指和食指弯曲相交呈"O"形，捏一圆球形物体，余三指伸直，首部鎏金，体呈细长圆锥状，末端圆尖。通长13厘米（图六二，6；图版二三，5）。

康熙通宝 3枚。圆形，方穿，内外有郭，正面楷书"康熙通宝"四字，对读；背穿左右两侧为满文"宝泉"纪局名。M43：2-1，钱径2.5、穿径0.65、郭厚0.15厘米，重2.6克（图六三，6）。M43：2-2，钱径2.5、穿径0.55、郭厚0.12厘米，重2.8克（图六三，7）。M43：2-3，圆形，方穿，内外有郭，正面楷书"康熙通宝"四字，对读；背穿左右两侧为满文"宝源"纪局名。钱径2.7、穿径0.7、郭厚0.11厘米，重4克（图六三，8）。

M44 位于发掘区的中部，东邻M19，开口于第2层下。南北向，方向7°。为一座竖穴土圹双棺墓，被现代坑打破，扰乱严重，残存北部一少部分，墓圹、木棺平面结构不详，打破关系不明确。北部宽1.6、深0.8米，墓底距地表深2.3米。墓内填土为褐色花土，土质较疏松（图六六；图版一八，3）。

土圹内置双棺，木棺平面形状不详。西棺长度不详，宽0.62、高0.4、厚0.06米；东棺长度不详，宽0.6、高0.4、厚0.04米。两棺内均未发现人骨及随葬品。

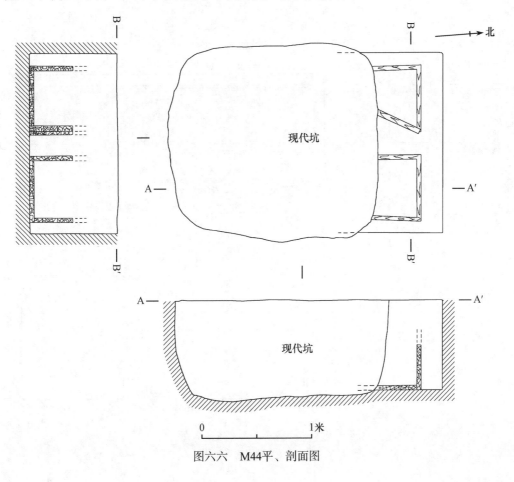

图六六 M44平、剖面图

（三）三棺墓葬

共2座。编号为M3、M21。均为三人合葬，由东、中、西三个墓穴组成，东、西墓穴共同打破中墓穴。

M3　位于发掘区的东南部，南邻M2，开口于第2层下。南北向，方向343°。为一座梯形竖穴土圹三棺墓，土圹西北角呈倭角状。由东、西、中三个墓穴组成，西墓穴、东墓穴共同打破中墓穴，墓壁较直，底部较平坦。墓圹长2.4～2.8、宽1.8～2.3、深1.1～1.2米，墓底距地表深2.7～2.8米。墓内填花土，土质较疏松（图六七；图版二四，1）。

土圹内置三棺，西棺和东棺平面呈梯形，中棺平面呈长方形。西墓穴长2.4～2.8、宽0.9～1.1、深1.1米。棺木已朽。现存棺痕长1.7、宽0.5～0.6、残高0.2米，木板痕厚0.02米。头向东，面向下，仰身直肢。为女性，40岁左右，为本地人，患牙周炎。东墓穴长2.8、宽0.6～0.7、深1.1米。棺木已朽。现存棺痕长1.8、宽0.46～0.56、残高0.2米，木板痕厚0.02米。头

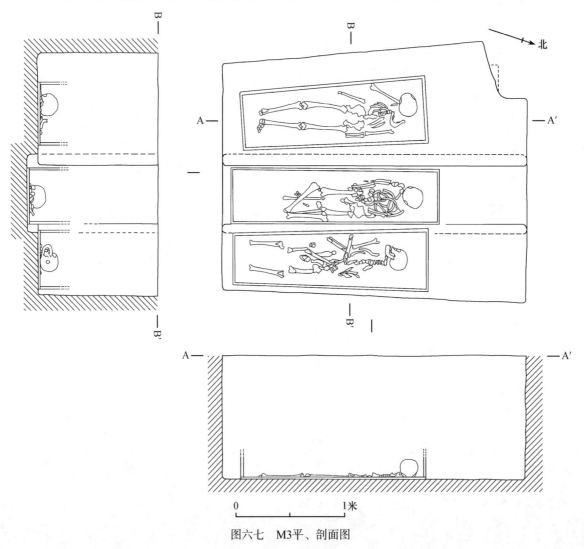

图六七　M3平、剖面图

向北，面向西，仰身直肢。为男性，45岁左右，有骑马的痕迹，身材矮小。中墓穴长2.8、宽0.7、深1.2米。棺木已朽。现存棺痕长1.9、宽0.5、残高0.3米，木板痕厚0.02米。头向北，面向西，葬式不详。为女性，20～25岁。未发现随葬品。

M21　位于发掘区中北部，西北邻M42、M43，开口于第2层下。方向15°。为一座梯形竖穴土圹三棺墓，由东、中、西三个墓穴组成，其中西墓穴、东墓穴共同打破中墓穴，墓壁较直，底部较平坦。墓圹长2.5～2.6、宽2.6～3.1、深0.8～1米，墓底距地表深2.3～2.5米。墓内填花土，土质较疏松（图六八；图版二四，2）。

土圹内置三棺，木棺平面呈梯形。西墓穴长2.5、宽1.02～1.3、深1米。棺木已朽。现存棺痕长1.8、宽0.5～0.62、残高0.4米，木板痕厚0.02米。棺内骨架保存较差，头向北，面向西。

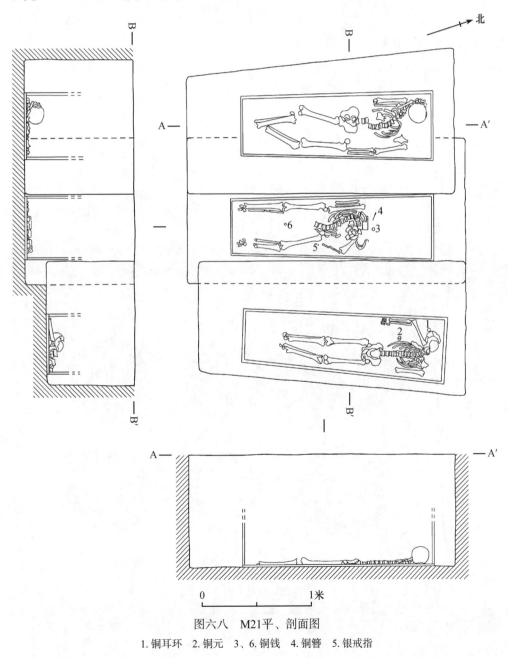

图六八　M21平、剖面图

1.铜耳环　2.铜元　3、6.铜钱　4.铜簪　5.银戒指

仰身直肢。为中年男性，45岁左右，应为本地人，有严重腰椎增生现象，弥漫性特发性骨肥厚病变，骶髂融合，并患有严重牙周炎。中墓穴长2.6、宽1.3、深1米。棺木已朽。现存棺痕长1.9、宽0.48～0.6、残高0.4米，木板痕厚0.02米。棺内骨架保存较差，头骨破碎，头向、面向不详，仰身直肢。为中年女性，45～50岁，患有牙周炎，有腰椎增生现象。铜钱3枚，头骨北侧1枚，胸腹部人骨下2枚；铜簪1件，位于头骨下部；银戒指1枚，位于左侧尺骨前端下部。东墓穴长2.5、宽1～1.2、深0.8米。棺木已朽。现存棺痕长1.9、宽0.48～0.6、残高0.2米，木板痕厚0.02米。棺内骨架保存较差，头向北，面向不详，仰身直肢。为中年女性，30岁左右，患有盆腔炎。东棺头骨左侧出土铜耳环1枚，肋骨左侧出土铜元2枚。

银戒指　1件。M21：5，整体呈圆环形，戒面呈椭圆形，外缘一周凸棱，内饰一周联珠纹，内铸"如意"二字，从右向左读，戒圈以鱼子纹为地饰花草纹，围底重叠，但未闭合。外径2厘米，戒面长1.25、宽1厘米（图六九，3；图版二五，2）。

铜耳环　1件。M21：1，锈蚀严重。整体呈"C"形，一端渐细呈圆锥状，尽头弯折呈勾形，另一端呈扁体长方形，錾刻纹饰不清楚。外径1.45～1.6厘米（图六九，2；图版二五，1）。

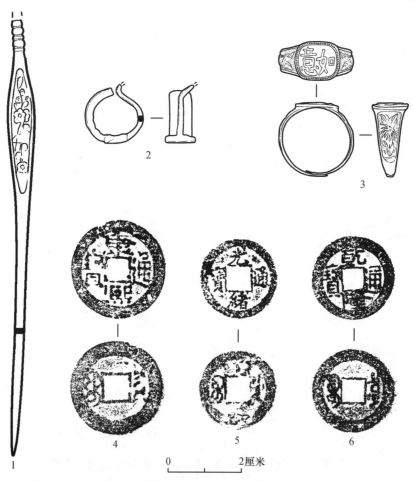

0　　　　　　2厘米

图六九　M21出土器物

1. 铜簪（M21：4）　2. 铜耳环（M21：1）　3. 银戒指（M21：5）　4. 康熙通宝（M21：3）　5. 光绪通宝（M21：6-1）

6. 乾隆通宝（M21：6-2）

铜簪　1件。M21：4，顶部残断，整体呈扁长条锥状，首部上端较细，饰三道凸弦纹，间饰2个圆饼纹，首部呈宽叶形，边缘有凸棱，内錾刻缠枝花纹，体呈锥状，横截面呈长方形，尾端尖锐。残长11.6厘米（图六九，1；图版二五，3）。

铜元　2枚。M21：2，平面呈圆形，锈残严重，无法辨识。

铜钱　3枚。

康熙通宝　1枚。M21：3，圆形，方穿，内外有郭，正面楷书"康熙通宝"四字，对读；背穿左右两侧为满文"宝泉"纪局名。钱径2.5、穿径0.7、郭厚0.11厘米，重2.4克（图六九，4）。

乾隆通宝　1枚。M21：6-2，圆形，方穿，内外有郭，正面楷书"乾隆通宝"四字，对读；背穿左右两侧为满文"宝泉"纪局名。钱径2.3、穿径0.5、郭厚0.15厘米，重3.6克（图六九，6）。

光绪通宝　1枚。M21：6-1，圆形，方穿，内外有郭，正面楷书"光绪通宝"四字，对读；背穿左右两侧为满文"宝源"纪局名。钱径2.1、穿径0.6、郭厚0.12厘米，重1.2克（图六九，5）。

五、结　语

本次发掘的46座墓葬中，除M20为魏晋时期墓葬外，其余45座皆为明清墓葬。

从M20出土器物看，M20：3、M20：4这2件双耳陶罐在北京地区已发现的魏晋墓资料中并不多见。仅在北京亦庄X10号地M37[1]、房山窦店镇M12[2]出土过器形、陶质完全相同的双耳罐。4件陶罐仅肩部纹饰略有区别，X10号地M37：1与房山窦店镇M12：1肩部皆饰水波纹，而M20：4肩部饰凹弦纹，M20：3素面无纹饰。北京顺义大营村西晋墓M8：7[3]也出土过同类器物，有共同特征但形制略有区别，M8：7颈部略长，溜肩，且口沿下有戳印点纹。从器表装饰看，戳点纹是早期拓跋鲜卑常用的，水波纹和暗纹则是匈奴陶器上的代表性装饰，而弦纹是使用最为普及、文化标记最不明显的纹饰[4]。同类陶罐在北方地区也有发现，如山西朔州[5]，内蒙古科左中旗六家子[6]、包头召湾（M60、M62、M64）[7]、察右后旗三道湾（M2、M5、M11、

---

① 北京市文物研究所：《北京亦庄X10号地》，科学出版社，2010年，第44～46页。

② 北京市文物研究所、北京市房山区文化和旅游局：《北京房山区窦店镇东汉至西晋砖椁墓发掘简报》，《北方文物》2021年第4期。

③ 北京市文物工作队：《北京市顺义县大营村西晋墓葬发掘简报》，《文物》1983年第10期。

④ 倪润安：《北魏平城时代平城墓葬的文化转型》，《考古学报》2014年第1期。

⑤ 平朔考古队：《山西朔县秦汉墓发掘简报》，《文物》1987年第6期。

⑥ 张柏忠：《内蒙古科左中旗六家子鲜卑墓群》，《考古》1989年第5期。

⑦ 魏坚：《内蒙古中南部汉代墓葬》，中国大百科全书出版社，1998年，第230、231页，第三编"包头汉墓"第三章"召湾59～89号墓葬"。

M113）①、三道湾百灵庙沙凹地M113②、扎赉诺尔古墓群③、土默特旗美岱村④、沙金套海墓葬M28⑤、青海上孙家寨汉晋墓M14⑥等地都能见到与这类器形大体相似的双耳陶罐，年代自东汉中期至魏晋时期。其中，内蒙古包头召湾、科左中旗六家子、察右后旗三道湾、扎赉诺尔古墓群、三道湾百灵庙沙凹地、土默特旗美岱村这六处墓地被大多数研究者认为是鲜卑民族或具有明显鲜卑文化因素的墓地⑦。M20出土的这2件双耳陶罐可能与东汉中期至西晋时期的鲜卑民族有密切关系，具备了这一时期的鲜卑民族文化特征。值得注意的是，从材质上看，M20：3、M20：4质地均为夹粗砂陶器，而汉式风格的陶器往往是质地更为精细一些的泥质陶，两者存在较明显的风格差异，这种由陶器质地所反映的变化很可能意味着产品来源或制作人群的差异。M20：3陶双耳罐口沿处出土时有明显残损，疑与鲜卑族"毁器"葬俗有关⑧。墓主人族属问题值得进一步探讨。

M20：1六乳六禽鸟纹铜镜不见于北京地区以往发表的魏晋墓资料中，而与湖南耒阳白洋渡汉墓M24：5⑨和江西九江蔡家洼东晋墓地⑩出土铜镜的题材、形制比较相似，均为六乳六禽鸟纹，但具体纹饰有一定区别，本镜可能为多次脱模后的产品，镜背花纹漶漫不清，禽鸟纹笔画更少，更抽象。北京顺义大营村西晋墓⑪也出土过2件纹饰、形制相似的四乳禽鸟纹和多乳禽兽纹镜。值得注意的是，内蒙古乌兰察布卓资县石家沟墓群⑫出土过一枚类似的四乳四禽镜，察右后旗三道湾墓地也曾发现与本镜形制、题材都非常相似的3枚四乳四禽镜（M16：1、

① 杜承武、李兴盛：《察右后旗三道湾墓地》，科学出版社，2004年，第23、24页，第二章"内蒙古地区鲜卑墓葬的发现与研究"。
② 孙危、魏坚：《内蒙古地区鲜卑墓葬的初步研究》，科学出版社，2004年，第226页，第十一章"内蒙古地区鲜卑墓葬的发现与研究"。
③ 郑隆：《内蒙古扎赉诺尔古墓群调查记》，《文物》1961年第9期。
④ 李逸友：《关于内蒙古土默特旗出土文物情况的补正：兼答静宜同志》，《考古通讯》1957年第1期。
⑤ 魏坚：《内蒙古中南部汉代墓葬》，中国大百科全书出版社，1998年，第86、87页，第一编"巴彦淖尔汉墓"第四章"沙金套海墓葬"。
⑥ 青海省文物考古研究所：《上孙家寨汉晋墓》，文物出版社，1993年，第99、100页。
⑦ 韦正：《鲜卑墓葬研究》，《考古学报》2009年第3期；孙危：《内蒙古地区鲜卑墓葬的初步研究》，《内蒙古文物考古》2001年第1期；张柏忠：《内蒙古科左中旗六家子鲜卑墓群》，《考古》1989年第5期；孙危：《鲜卑考古学文化研究》，科学出版社，2007年；宿白：《盛乐、平城一带的拓跋鲜卑—北魏遗迹——鲜卑遗迹辑录之二》，《文物》1977年第11期。
⑧ 孙危：《鲜卑"毁器"葬俗研究》，《边疆考古研究》（第8辑），科学出版社，2009年，第139～147页；〔韩〕金成淑：《慕容鲜卑随葬习俗考》，《草原文化研究资料选编》（第七辑），内蒙古教育出版社，2012年，第526～537页。
⑨ 衡阳市文物处、耒阳市文物局：《湖南耒阳白洋渡汉晋南朝墓》，《考古学报》2008年第4期。
⑩ 刘晓祥：《江西九江县清理一座东晋墓》，《南方文物》1990年第1期。
⑪ 北京市文物工作队：《北京市顺义县大营村西晋墓葬发掘简报》，《文物》1983年第10期。
⑫ 内蒙古博物馆：《卓资县石家沟墓群出土资料》，《草原文物》1998年第2期。

M22：1、M113：4）[①]。乳钉禽纹镜是两汉时期广泛流行的镜类之一，在河北等中原地区发现较多，其种类繁杂，延续时间长。这类铜镜出现时代较早，最早流行于西汉中期，至西晋时期仍有出土。蔡家洼墓为东晋墓，顺义大营村墓为西晋墓，耒阳白洋渡汉墓属东汉时期墓葬，察右后旗三道湾墓和石家沟墓群均属东汉晚期墓葬，是鲜卑族墓地。可推测M20应与此五墓年代接近。

M20出土的2枚五铢钱"五"字交笔弯曲，上下两横笔不出头或略出头，"朱"字头方折，与烧沟汉墓五铢钱第三型[②]特征相吻合，这2枚五铢钱的时代应大致在东汉中晚期至魏晋时期。

从墓葬形制看，M20为小型砖椁墓，无墓道，平面呈梯形，南北向，南宽北窄。《北京考古史·汉代卷》在墓葬形制分析中，根据构筑形式不同，将此类归为A型，即长方形单砖壁砖椁墓[③]。特点是椁室壁以单行砖错缝砌筑，椁壁较薄。本墓形制与北京亦庄X10地块M37、M14[④]、亦庄X11地块M11[⑤]、亦庄博兴路M5[⑥]、亦庄博兴七路M2[⑦]、房山窦店M11～M13[⑧]砖椁形制相似，根据考古报告分期，这9座墓葬的年代为东汉至西晋时期。

从大小规模看，M20的规模小于亦庄X10地块M37、亦庄X11地块M11、亦庄博兴路M5，而与亦庄博兴七路M2、亦庄X10地块M14、房山窦店M11～M13大小规模相似。其中M20、亦庄X10地块M14与房山窦店M11～M13椁内无棺痕，亦庄X10地块M37和亦庄X11地块M11椁室内有棺痕。

椁室内是否放置木棺，一方面可能与椁室规模有关系，另一方面可能与墓主人族属相关。在西汉末年至东汉初年的鲜卑族墓葬中，墓葬形制多为竖穴土圹墓，有葬具者均有头宽尾窄的梯形木棺，木棺大部分无底，即使有椁和棺床这样的葬具，也会在棺床之上放置木棺，如位于内蒙古东北部的扎赉诺尔墓地[⑨]等；部分无葬具的土坑墓也会使用头宽尾窄的土坑形制，如拉布达林古墓群[⑩]等。这些墓葬都保持了鲜卑人习惯使用的早期就流行的梯形形制，而汉族则较少使用[⑪]。但从东汉中晚期至魏晋时期，鲜卑族墓葬形制开始多样化，出现土洞墓、土坑侧穴

① 魏坚：《内蒙古地区鲜卑墓葬的发现与研究》，科学出版社，2004年，第36、37页，第二章"察右后旗三道湾墓地"。

② 洛阳区考古发掘队、中国科学院考古研究所：《洛阳烧沟汉墓》，科学出版社，1959年，第225页。

③ 胡传耸：《北京考古史·汉代卷》，上海古籍出版社，2012年，第142、143页。

④ 北京市文物研究所：《北京亦庄X10号地》，科学出版社，2010年，第40、44、45页。

⑤ 北京市文物研究所：《北京亦庄X11号地考古发掘报告》，科学出版社，2012年，第28～31页。

⑥ 北京市文物研究所：《北京亦庄考古发掘报告：2003～2005年》，科学出版社，2009年，第95、96页。

⑦ 北京市文物研究所：《京沪高铁北京段与北京新少年宫考古发掘报告集》，上海古籍出版社，2014年，第97～99页。

⑧ 北京市文物研究所、北京市房山区文化和旅游局：《北京房山窦店镇东汉至西晋砖椁墓发掘简报》，《北方文物》2021年第4期。

⑨ 郑隆：《内蒙古扎赉诺尔古墓群调查记》，《文物》1961年第9期。

⑩ 赵越：《内蒙古额右旗拉布达林发现鲜卑墓》，《考古》1990年第10期。

⑪ 吴松岩：《盛乐、平城地区北魏鲜卑、汉人墓葬比较分析》，《北方文物》2008年第4期。

墓和砖室墓等多种形制，用棺的墓葬数量急剧减少[①]，但不论采用何种葬制，多数依然保留了梯形葬具的元素，如平城地区大同南郊北魏墓群[②]，167座墓中有122座墓葬形制为梯形[③]，96座墓的葬具为一头高宽一头低窄的素面棺[④]，梯形葬具的使用占到了整个墓群的57%以上；雁北师院北魏墓群M24[⑤]葬具为一棺一椁，棺、椁均为头宽脚窄的梯形；比较有意思的是山西大同二电厂北魏墓M11[⑥]，虽然墓室主体采用了更接近汉制的方形砖室墓，但砖床形状仍然顽强地使用了梯形，在保守中又有所变通[⑦]，这种做法可能是用梯形砖床代替了梯形木棺作为葬具。可见，梯形葬具几乎贯穿了鲜卑族墓葬的大部分时期。如果M20的墓主人身份为鲜卑族，这种梯形砖椁也很有可能是被用来替代梯形木棺作为葬具的。而此墓的墓葬形制也为墓主人的族属问题提供了一些可参考的线索。此类无墓道、平面呈长方形或梯形的小型砖椁墓在北京地区已发表的汉墓、魏晋墓材料中比较少见，在河北以及盛乐地区、平城地区，如河北任丘东关[⑧]、邢台曹演庄[⑨]、山西大同二电厂[⑩]等地均有所发现。

　　综观以上情况，M20出土的2件双耳陶罐与东汉晚期至西晋时期的鲜卑民族有密切关系，六乳六禽鸟纹铜镜的主题和纹饰属中原文化范畴，但在被推定为鲜卑族墓地的察右后旗三道湾墓地也有发现。从墓葬形制看，这种南北向的墓向特点，与同时期大量东西向、有殉牲的鲜卑民族墓葬存在一定差异，但梯形砖椁的墓葬形制可能与鲜卑族有一定关系。该形制的墓葬在北京地区已发表材料中比较少见，特殊的墓葬形制及出土器物可能有助于我们进一步探讨墓主人的族属问题。此墓葬年代应大致在东汉中晚期至西晋时期。

　　45座明清时期的土坑竖穴墓中，29座墓出土有数量不等的铜钱。16座墓葬中未出土铜钱。从29座墓葬中出土的铜钱来看，这些墓葬的年代跨度范围大致在明代中期至清代末期。16座墓葬中有2座墓葬中出土了铜押发和釉陶罐，M19：1铜押发与石景山商务中心M8：2银押发[⑪]器形相同，M2：1釉陶罐与通州新城0803-015A地块M10：1瓷罐[⑫]器形相同，可推测东坝M19、M2分别与石景山商务中心M8、通州新城0803-015A地块M10年代接近，有学者认为石景山商

① 孙危：《鲜卑考古学文化研究》，科学出版社，2007年，第23、29页。

② 山西省考古研究所、大同市博物馆、山西大学历史文化学院：《大同南郊北魏墓群》，科学出版社，2006年。

③ 山西省考古研究所、大同市博物馆、山西大学历史文化学院：《大同南郊北魏墓群》，科学出版社，2006年，第390～432页附表"墓葬登记表"。

④ 山西省考古研究所、大同市博物馆、山西大学历史文化学院：《大同南郊北魏墓群》，科学出版社，2006年，第480页，表二"各期段墓葬形制数量统计表"。

⑤ 大同市考古研究所：《大同雁北师院北魏墓群》，文物出版社，2008年，第18～20页。

⑥ 大同市考古研究所：《山西大同二电厂北魏墓群发掘简报》，《文物》2019年第8期。

⑦ 韦正、崔嘉宝：《大同北魏平民墓葬浅析》，《西部考古（第19辑）》，科学出版社，2020年。

⑧ 天津市文物局考古发掘队：《河北任邱东关汉墓清理简报》，《考古》1965年第2期。

⑨ 河北省文物研究所、邢台市文物管理处：《邢台曹演庄汉墓群发掘报告》，《文物春秋》1998年第4期。

⑩ 大同市考古研究所：《山西大同二电厂北魏墓群发掘简报》，《文物》2019年第8期。

⑪ 北京市文物研究所：《石景山京西商务中心汉代窑址、清代墓葬发掘简报》，《北京文博文丛》2015年第3期。

⑫ 北京市文物研究所：《通州新城0803-015A地块明清墓葬发掘简报》，《北京文博文丛》2015年第3期。

务中心M8、通州新城0803-015A地块M10为清代墓葬，故东坝M19、M2可推定为清代。其余还有11座墓葬中未出有任何随葬品，难以推断其年代。这些墓葬与上述33座墓葬之间没有叠压打破关系，且从分布规律上来看，似乎为成排分布，这11座墓葬可能与第二期墓葬有着一定的联系，因此将这些墓葬暂视为第二期文化遗存。

部分墓葬中有釉陶罐、铜钱共存，这种共存关系为认识釉陶罐的类型学研究提供了可能，根据釉陶罐与铜钱的共存关系及釉陶罐的演变轨迹，可以将东坝第二期遗存年代进一步划分为四段。

第一段，以M5：2为代表的釉陶罐，鼓肩，多与货泉、弘治通宝、嘉靖通宝和万历通宝共存，属于该段的墓葬有M5、M6、M15、M16、M39，参照铜钱的年代推测应不早于明代中期。

第二段，以M17：1为代表的釉陶罐，肩微鼓，多与顺治通宝和康熙通宝共存，该段墓葬有M12、M13、M17、M22、M24、M35、M36、M43，参照铜钱的年代推测为清代早期。

第三段，以M41：1为代表的釉陶罐，斜直腹，多与乾隆通宝、嘉庆通宝、道光通宝共存，该段墓葬有M1、M7~M9、M18、M25、M26、M33、M34、M37、M41，参照铜钱的年代推测为清代中期。

第四段，不见之前流行的釉陶罐，出土的铜钱多为咸丰重宝、同治重宝、光绪通宝、光绪重宝、宣统通宝及铜元等，该段墓葬有M11、M21、M23、M29、M32、M42、M45，参照铜钱的年代推测为清代晚期。

对东坝墓地的发掘，使我们对于研究东汉至西晋时期墓葬，以及明清时期墓葬及陶器的演变关系有了更清晰的认识，对该地区的人群结构也有了初步认识。丰富了东汉至西晋时期、明清时期的研究资料，为进一步研究该地区的社会发展状况提供了新的实物资料。

第三章　东坝乡驹子房东路清代墓葬

2017年9月，为了配合东坝边缘集团南区22-3地块土地一级开发项目建设，北京市考古研究院根据《中华人民共和国文物保护法》以及《北京市实施〈中华人民共和国文物保护法〉办法》的有关规定，本着既有利于文物保护，又有利于基本建设的"两利"方针，对该项目用地范围内进行了考古发掘清理。发掘区位于北京市朝阳区东坝乡驹子房东路，中部被康各庄路贯通（图七〇）。本次发掘面积总计115平方米，共清理墓葬11座，均为清代墓葬，编号M1～M11，其中双人合葬墓9座，依次为M1～M5、M8～M11，单人墓2座，为M6、M7（图七一）。

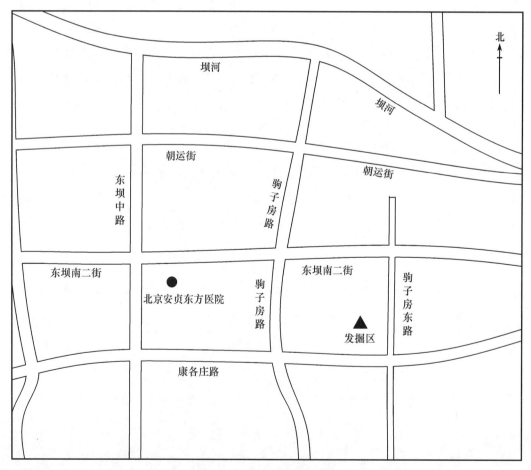

图七〇　发掘区位置示意图

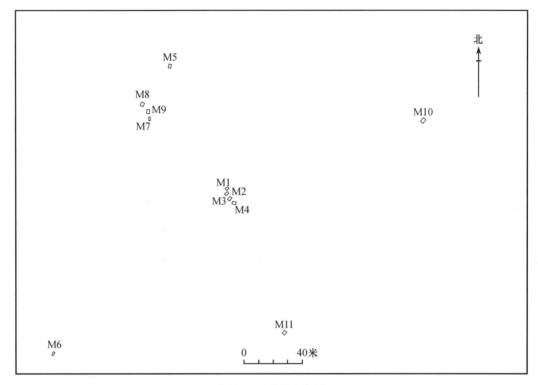

图七一　墓葬分布图

一、地层堆积及遗迹分布

根据M5、M1及M11东壁的土质、土色将地层由上至下划分为2层（图七二）。

第1层：渣土层，深0～0.9米，土质杂乱，内含大量建筑垃圾。

第2层：黄褐色黏土层，深0.9～2.5米，土质稍黏，结构不甚紧密，内含少量粉砂。

第2层以下为生土。

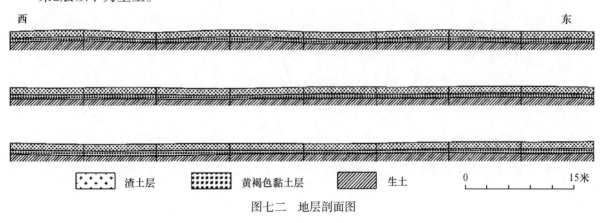

图七二　地层剖面图

二、清代墓葬

（一）单棺墓

M6　位于发掘区西南角，附近无邻墓，开口于第2层下。南北向，方向210°。为一座长方形竖穴土圹单棺墓。土圹长2.3、宽1.2、残深0.28米，墓口距地表深2.5米。墓圹内黄褐色淤泥，积水较多。

土圹内置单棺，木棺保存较好。棺长2、宽0.42～0.48、残高0.22米，厚0.08～0.09米，底板厚0.08米。棺内有骨架一具，人骨保存较差，仅存部分破碎的头骨、几段肢骨，头向西南，葬式、性别不详（图七三；图版二七，3）。未见随葬品。

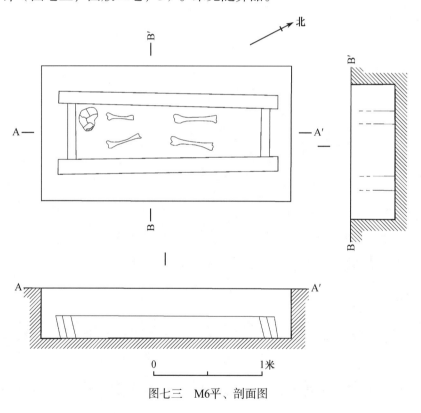

图七三　M6平、剖面图

M7　位于发掘区西北部，北邻M9，开口于第2层下。南北向，方向354°。为一座长方形竖穴土圹单棺墓。土圹长2.4、宽1.1、残深0.1米，墓口距地表深2.5米。内填灰褐沙性土，积水严重。

土圹内置单棺，木棺腐朽严重，仅残存底部棺痕。棺痕长1.76、宽0.54～0.68、残高0.08米，底板痕厚0.02米（图七四）。未见骨架及随葬品。

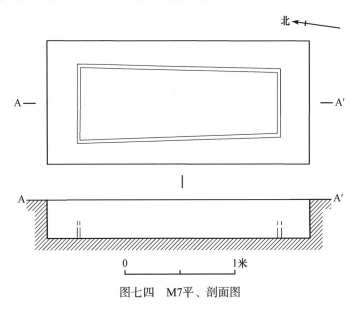

图七四　M7平、剖面图

（二）双棺墓

M1　位于发掘区中部，南邻M2，开口于第2层下。南北向，方向210°。为一座长方形竖穴土圹双棺墓。土圹长2.16、宽1.58、残深0.4米，墓口距地表深2.5米。墓内积水较多，内填黑褐色淤积土。

土圹内置双棺，木棺平面呈梯形。南棺木棺已朽。棺痕长1.95、宽0.45～0.52、残高约0.2米，厚0.04～0.05米，底板厚0.04米。棺内有骨架一具，人骨保存一般，头向西，面向不详，仰身直肢，性别不详。北棺棺木保存较好。棺长1.95、宽0.5～0.55、厚0.04米，底板厚0.05米。棺内有骨架一具，人骨保存极差，仅存几块残碎的头骨、肢骨，头向西，面向、葬式、性别均不详（图七五；图版二六，1）。随葬釉陶罐1件，出于南棺外前方；铜钱2枚，出于南棺左股骨西侧。

釉陶罐　1件。M1：1，直口，圆唇，束颈，斜弧腹，平底。肩部以上及口沿内侧施酱黄釉，釉层较薄，釉面光亮，腹部、底部露胎，胎质较细腻，胎色呈乳白色，外侧见明显修坯痕迹。口径10、腹径9.6、底径7、通高10.4厘米（图七六，1；图版二九，1）。

铜钱　2枚。圆形，方穿，锈蚀严重，文字无法识别。M1：2-1，直径2.5、穿径0.6、郭厚0.15厘米。M1：2-2，直径2.5、穿径0.6、郭厚0.15厘米。

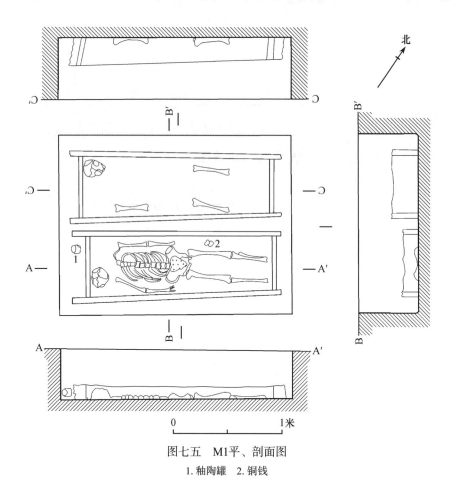

图七五　M1平、剖面图

1. 釉陶罐　2. 铜钱

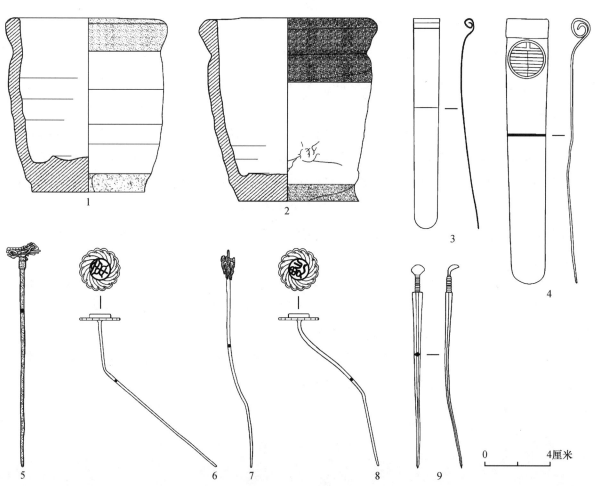

图七六　M1、M8、M10、M11出土器物

1、2. 釉陶罐（M1∶1、M11∶1）　3. 玻璃扁方（M8∶1）　4. 铜扁方（M10∶1）　5～9. 银簪（M10∶2-1、M10∶2-2、

M10∶2-3、M10∶2-4、M11∶4）

　　M2　位于发掘区中部，北邻M1，开口于第1层下。南北向，方向230°。为一座长方形竖穴土圹双棺墓。土圹长2.6、宽1.62、残深0.8米，墓口距地表深2.5米。内填黑褐色淤积土，墓内积水较多。

　　土圹内置双棺，木棺平面呈梯形。两棺棺木保存较好。北棺长2.1、宽0.52～0.63、残高0.4米，厚0.05米，底板厚0.04米。棺内有骨架一具，人骨零乱，头向、面向、葬式、性别均不详。南棺长2.1、宽0.52～0.62、残高0.38米，厚0.05～0.06米，底板厚0.05米。棺内有骨架一具，人骨零乱，头向、面向、葬式、性别均不详（图七七；图版二六，2）。未见随葬品。

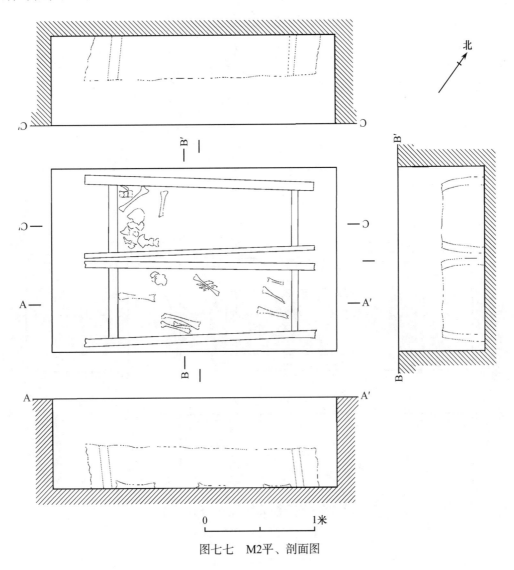

图七七　M2平、剖面图

M3　位于发掘区中部，西北邻M2，东南邻M4，开口于第1层下。南北向，方向235°。为一座长方形竖穴土圹双棺墓，墓口距地表深2.5米，土圹长2.7、宽1.76、残深0.9米。墓内积水较多。

土圹内置双棺，木棺平面呈梯形，棺木保存较好。北棺长2.1、宽0.53~0.62、残高0.5米，厚0.08米，底板厚0.07米。棺内仅存头骨，已破碎，头向西南，面向、葬式、性别、年龄均不详。南棺长2.1、宽0.54~0.6、残高0.45米，厚0.08米，底板厚0.08米。棺内仅存头骨，已破碎，头向西南，面向、葬式、性别、年龄均不详（图七八；图版二六，3）。未见随葬品。

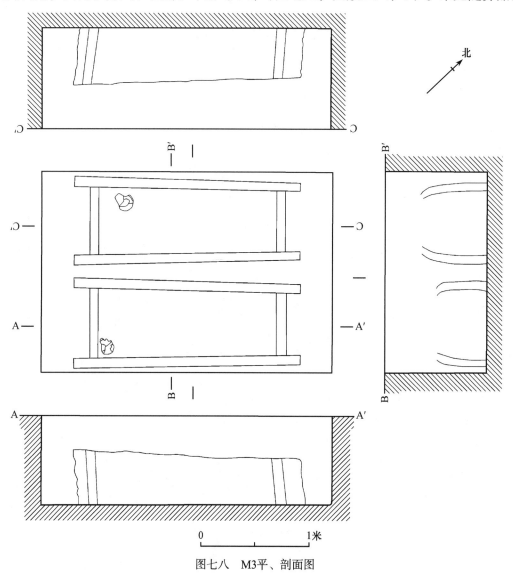

图七八　M3平、剖面图

M4 位于发掘区中部，西北邻M2，开口于第1层下。东西向，方向275°。为一座长方形竖穴土圹双棺墓。土圹长2.6、宽1.8、残深0.9米，墓口距地表深2.5米。墓圹内积水较多。

土圹内置双棺，木棺平面呈梯形，两棺棺木保存较好。南棺长2、宽0.48～0.62、残高0.22米，棺板厚0.04米。棺内仅见2块肢骨，头向、葬式、性别均不详。北棺长2.1、宽0.05～0.61、残高0.5、厚0.08米。棺内有骨架一具，人骨保存极差，头骨破碎，残存部分肢骨，头向西，葬式、性别均不详（图七九；图版二七，1）。未见随葬品。

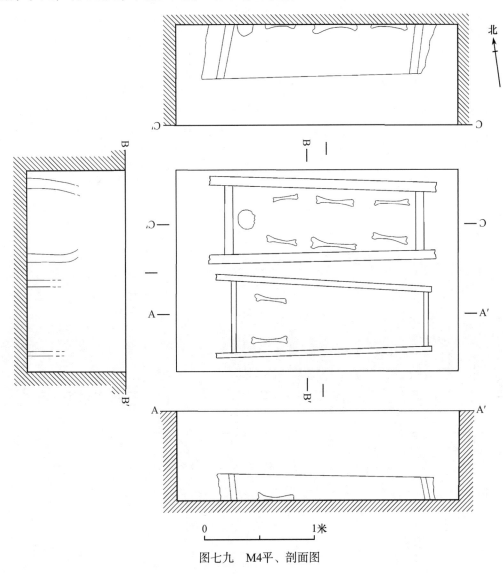

图七九 M4平、剖面图

M5　位于发掘区西北部，附近无邻墓，开口于第1层下。南北向，方向15°。为一座长方形竖穴土圹双棺墓。土圹长2.6、宽1.76、残深1.1米，墓口距地表深2.5米。

土圹内置双棺，木棺平面呈梯形，两棺棺木保存较好。西棺长2.2、宽0.5～0.62、残高0.56米，厚0.05米，底板厚0.05米。棺内有骨架一具，人骨保存较差，头向上，面向南，葬式、性别不详。东棺长2、宽0.48～0.56、残高0.28、厚0.04米，底板厚0.04米。棺内有骨架一具，人骨保存较差，头向北，葬式、性别不详（图八〇；图版二七，2）。未见随葬品。

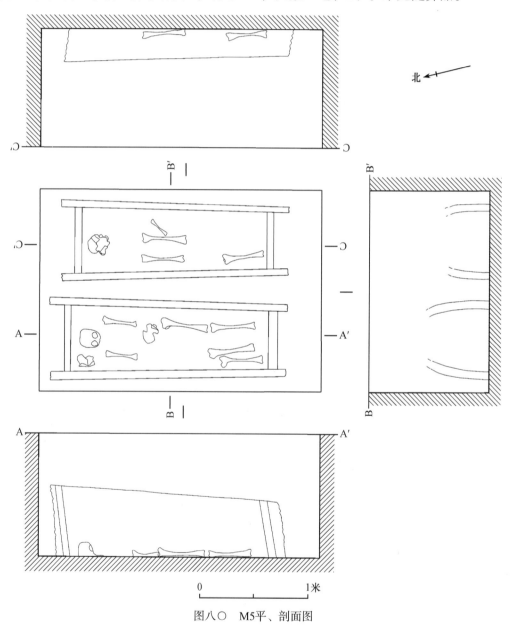

图八〇　M5平、剖面图

　　M8　位于发掘区的西北部，东南邻M9，开口于第1层下。南北向，方向28°。为一座长方形竖穴土圹双棺墓。土圹长2.6、宽2.2、残深0.5米，墓口距地表深2.5米。墓内积水严重。

　　土圹内置双棺，木棺腐朽严重，仅存棺木痕迹。西棺痕长1.95、宽0.6~0.68、残高0.22米，厚0.05米。棺内骨架保存极差，头向、葬式、性别不详。东棺痕长1.95、宽0.6~0.7、残高0.15、厚0.04米。棺内骨架保存极差，头向、葬式、性别不详（图八一）。西棺随葬玻璃扁方1件。

　　玻璃扁方　1件。M8：1，首部呈圆卷状，首下部弯折，体呈长方扁条形，下端呈圆弧状，通体均素面无纹。全长12.5、宽1.4~1.6、厚0.3厘米（图七六，3；图版二九，3）。

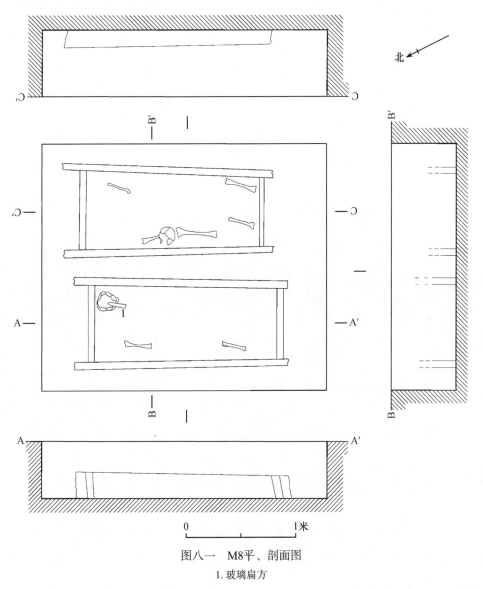

图八一　M8平、剖面图

1.玻璃扁方

　　M9　位于发掘区西北部，西北邻M8，南邻M7，开口于第1层下。南北向，方向355°。为一座长方形竖穴土圹双棺墓。土圹长2.6、宽1.96、残深0.15米，墓口距地表深2.5米。墓内积水较多。

　　土圹内置双棺，木棺腐朽严重，残存棺木痕迹。西棺长2.02、宽0.49~0.58、残高0.14、厚0.04米，底板厚0.05米。棺内骨架保存极差，头向、葬式、性别不详。东棺长2.1、宽0.5~0.56、残高0.16米，底板厚0.04米。棺内骨架保存极差，头向、葬式、性别不详（图八二；图版二八，1）。未见随葬品。

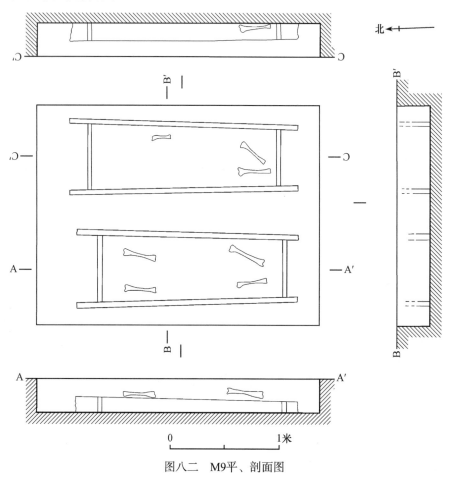

图八二　M9平、剖面图

　　M10　位于发掘区东北部，附近无邻墓，开口于第1层下。西南向，方向219°。为一座长方形竖穴土圹双棺墓。土圹长3.2、宽2.2、残深0.1米，墓口距地表深2.5米。内填灰褐色花土。

　　土圹内置双棺，木棺平面呈梯形，棺木腐朽严重，东棺残存棺痕，西棺朽烂稍轻。东棺痕长1.68、宽0.55~0.62、残高0.1米，厚度不详。棺内骨架保存稍好，头向东北，面向上，仰身直肢，性别、年龄不详。西棺长1.9、宽0.56~0.66、残高0.1、厚0.07米，底板厚0.06米，底部见厚0.01米的白灰颗粒。棺内骨架保存较差，头向西南，面向西北，仰身直肢，性别、年龄不详（图八三；图版二八，2）。随葬器物均出于东棺，有铜扁方1件，银簪4件，位于头骨南侧；铜钱6枚，位于腹部和右侧股骨东侧，其中同治重宝1枚，其余锈蚀严重，字迹不清。

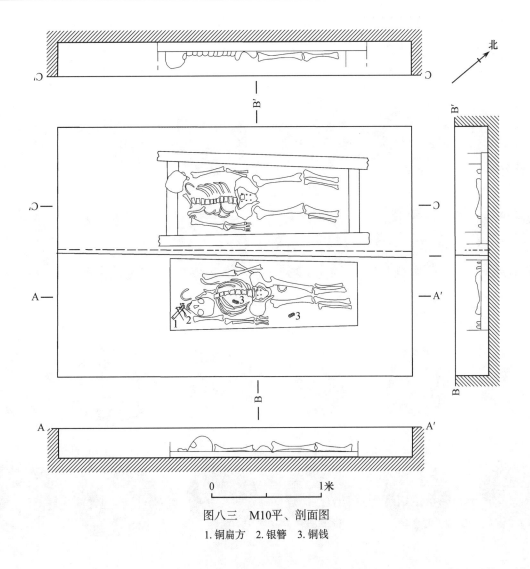

图八三 M10平、剖面图
1.铜扁方 2.银簪 3.铜钱

铜扁方 1件。M10：1，锈蚀。首部圆卷弯曲，体呈长方扁片状，末端圆弧状，横截面呈长方形，首部下方錾刻圆形"寿"字纹，通体鎏金。通长15.8、宽2～2.6、厚0.1～0.2厘米（图七六，4；图版二九，4）。

银簪 4件。M10：2-1，簪首呈梅花状，体呈细长圆锥状，簪首底部焊接柱状圆筒，簪体插入圆筒内，末端尖锐。全长13.3、簪体直径为0.2、簪首宽2.1厘米（图七六，5；图版二九，5）。M10：2-2，簪首为铜质，簪体银质。簪首呈圆形花朵状，中央凸起一圆环，圆环与花边之间锤揲出凹陷的花瓣状，花瓣中央锤揲出花蕊，花瓣边缘錾刻短斜线纹，圆环内掐丝一个"寿"字纹，体呈细长圆锥状，横截面呈圆形。通长9、簪体直径为0.2、簪首宽2.5厘米（图七六，6；图版二九，6）。M10：2-3，残。簪首锈蚀严重，形状不详，簪体呈细长圆柱状，弯折变形，截面呈圆形，末端尖锐。残长13、簪体直径为0.2厘米（图七六，7）。M10：2-4，簪首为铜质，簪体银质。簪首呈圆形花朵状，中央凸起一圆环，圆环与花边之间锤揲出凹陷的花瓣状，花瓣中央锤揲出花蕊，圆环内掐丝一个"福"字纹，体呈细长圆锥状，弯曲变形，横截面呈圆形。通长9、簪体直径0.2、簪首直径2厘米（图七六，8）。

同治重宝　1枚。M10：3，圆形，方穿，正背面郭缘较宽，正面楷书"同治重宝"四字，对读；背穿左右两侧为满文"宝源"纪局名，上下为楷书币值"当十"二字。钱径2.9、穿径0.7、郭厚0.16厘米（图八四，11）。

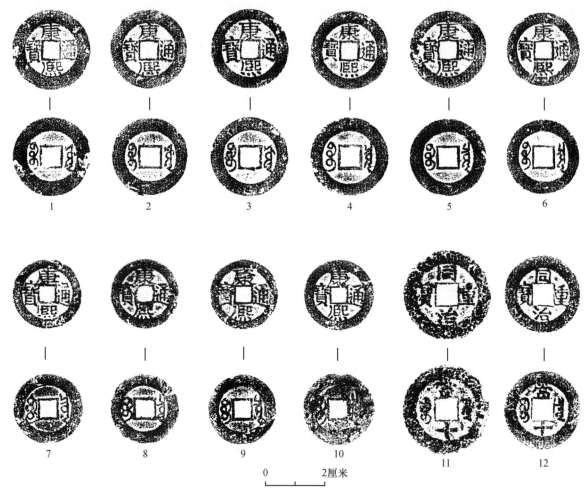

图八四　M10、M11出土铜钱（拓片）

1～10.康熙通宝（M11：2-1、M11：2-2、M11：2-3、M11：2-4、M11：2-5、M11：2-6、M11：2-7　M11：2-8、M11：2-9、
M11：2-10）　11、12.同治重宝（M10：3、M11：3-1）

M11　位于发掘区中部南侧近边缘处，附近无邻墓，开口于第1层下。西南—东北向，方向220°。为一座长方形竖穴土圹双棺墓。土圹长2.6、宽2.18、残高0.09米，墓口距地表深2.5米。内填黄褐花土，土质较致密。

土圹内置双棺，木棺腐朽严重，残存少量朽烂棺木，多为棺痕，两棺棺底铺一层厚0.01～0.02米的白灰。东棺痕长2.1、宽0.6～0.7米，厚度不详。棺内骨架腐朽严重，头向、葬式、性别不详。西棺痕长1.98、宽0.58～0.73米，厚度不详。棺内骨架腐朽严重，头向、葬式、性别不详（图八五；图版二八，3）。东棺外前方随葬釉陶罐1件，棺内西南部随葬铜钱35枚，东南角处随葬银簪1件；西棺中部随葬铜钱13枚。

釉陶罐　1件。M11：1，方圆唇，直口，束颈，斜直腹，平底。肩部以上及口沿内侧施黄

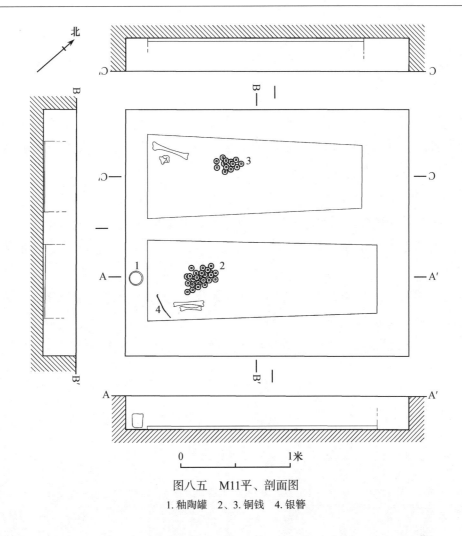

图八五　M11平、剖面图
1.釉陶罐　2、3.铜钱　4.银簪

绿釉，釉层较薄，釉面光亮，有流釉现象，体有轮旋痕迹。口径10.65、腹径10.2、底径7.5、通高10.65厘米（图七六，2；图版二九，2）。

银簪　1件。M11：4，首呈耳挖状，首下方饰数周凹凸弦纹，体呈四棱锥状由粗渐细，末端尖锐，横截面呈菱形。通长12厘米（图七六，9）。

铜钱　48枚。有康熙通宝、同治重宝两种（图八四，1～10、12）。圆形，方穿，内外有郭，多为"宝泉"纪局名，少量"宝源"纪局名。

康熙通宝　共10枚。形制相同。标本M11：2-1，圆形，方穿，正背面郭缘较宽，正面楷书"康熙通宝"四字，对读；背穿左右两侧为满文"宝源"纪局名。钱径2.6、穿径0.55、郭厚0.2厘米（图八四，1）。标本M11：2-4，圆形，方穿，正背面郭缘较宽，正面楷书"康熙通宝"四字，对读，背穿左右两侧为满文"宝泉"纪局名。钱径2.6、穿径0.55、郭厚0.2厘米（图八四，4）。

同治重宝　38枚。标本M11：3-1，圆形，方穿，正背面郭缘较宽，正面楷书"同治重宝"四字，对读；背穿形制相同。左右两侧为满文"宝泉"纪局名，上下为楷书币值"当十"二字。钱径2.6、穿径0.65、郭厚0.2厘米（图八四，12）。

三、结　语

此次共发掘墓葬11座。均为竖穴土圹墓，可分为单棺墓及双棺合葬墓，墓葬葬具均为木棺。多数墓葬积水严重导致人骨错位，葬式大多难以判定，目前可判定的几例均为仰身直肢葬。头向以南向为主，还有少数为北向、西向。

本次共出土各类器物9件，釉陶罐2件，银簪5件，铜扁方1件，玻璃扁方1件。另外，出土铜钱共56枚，康熙通宝10枚，同治重宝39枚，其余7枚锈蚀严重，无法识别。

根据墓葬开口层位、形制、墓葬之间位置关系以及出土器物，初步确定这批墓葬年代为清代。

在考古发掘过程中未出土墓志、墓碑等有明确文字记载的遗物，因而这批墓葬性质、归属、族属不明。根据墓葬的形制及出土器物推断，这批墓葬属平民墓葬，且有部分墓葬遭到近现代破坏。这批墓葬的发掘，为研究清代平民墓的分布、形制及当时的丧葬习俗提供了新的资料。

第四章 三间房乡西柳巷北朝、明清墓葬

一、概 述

2020年9~12月，为配合基础建设工程的开展，北京市考古研究院对三间房乡南区棚改项目部分区域进行了考古调查、勘探和发掘。本次的考古发掘区域位于北京市朝阳区三间房乡双桥西柳巷地区，北距通惠河约500米。地理坐标为北纬39°54′40.44″、东经116°36′17.10″，北至北花园街，南至北双桥路，东临双桥路，西临北双桥村路（图八六）。此次共发掘清理墓葬23座（其中北朝墓葬1座，明清时期墓葬22座）、坑1处（图八七），现将本次发掘情况简报如下。

二、地层堆积情况

根据土质、土色将地层由上至下划分为3层：

第1层：厚0.6~1米，为渣土层，土质疏松，内含砖渣、植物根系等。初步判断为扰土层。

第2层：厚1~1.9米，为黄褐色土层，土质致密，含大量砂粒、水分及水锈等。局部地区可见浅黄色黄砂土层，厚0.6~1.7米，土质疏松，含大量砂及水锈等。

第2层及2层以下均未见人类活动痕迹，判断为生土（图八八）。

三、北 朝 墓 葬

M24 砖室墓。开口于1层下，方向352°，呈南北方向的"中"字形结构。由墓道、封门墙1、甬道、封门墙2、前室、后室组成（图八九；图版三〇）。墓口距地表深约0.5米，破坏严重，墓顶已不存。墓葬总长9.9、宽0.96~3.6、距地表0.46~1.1米。该墓所用青砖正面为素面，背面为细绳纹（图九〇），尺寸为29厘米×14厘米×5.5厘米。

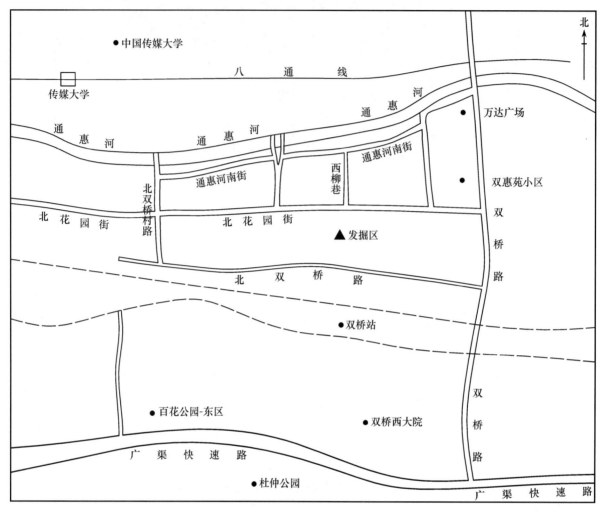

图八六　发掘区位置示意图

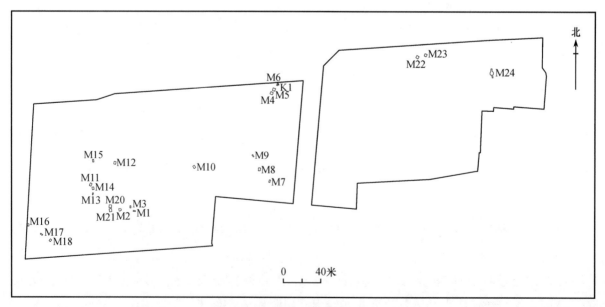

图八七　墓葬分布图

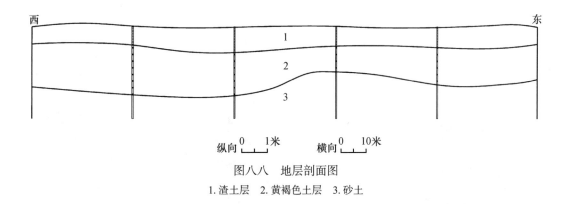

图八八 地层剖面图
1.渣土层 2.黄褐色土层 3.砂土

墓道 位于墓室的南侧偏东，为土圹墓道，平面略呈南北向的梯形，底部呈斜坡状。墓道南北长2.48、南宽0.96、北宽1.05、深1.1米，坡长2.54米。墓道壁竖直较规整，内填花土，土质松软。

封门墙1 位于墓道与甬道之间。东西长1.05、南北宽0.3、残高0.94米。上部已破坏，现存部分用青砖自下而上以一丁一顺、四丁二横向上砌筑。

甬道 位于墓室的南侧，南端和墓道相接，北端和前室相接，平面呈长方形。甬道南北长0.38、东西宽1.06、残高0.92米。东西两壁为一丁一竖砌筑，在距墓底深0.86米处起券，墙厚0.15米，上部不存。

封门墙2 位于甬道与前室之间。东西长1.06、南北宽0.3、残高0.36米，现存两层丁砖一层横砖。

前室 位于墓葬的中部，南端和甬道相接，北端和后室相接，上部毁坏严重。平面呈弧方形。南北长2.58、东西宽2.66、残高0.92米。墓壁在距墓底0.8米处起券，墓壁为一顺一丁式砌成，壁厚0.3米。墓底横向错缝平铺。前室偏东部有人骨一具，未见葬具，人骨破坏严重。为男性，约45岁。另有兽骨一块，疑似牛骨。在前室西南角放置1件陶碗，靠近墓门放置1件陶碗和1件陶罐。在前室东北角清理出陶碗、陶罐和陶盆各1件（图版三一，1）。

后室 位于墓葬北部，南端和前室相接，平面呈南北向的梯形，墓壁按一顺一丁式砌成，顶部用"丁砖"起券砌筑，券顶南高北低。南北长3.14、东西宽0.46~0.9、高0.58~0.88米。后室中部砌有南北方向的"一"字形棺床。棺床南北长2.34、东西宽0.3、残高0.36米。为横向平铺而成，中间高，东西两侧砖呈斜坡形，剖面呈梯形。棺床上放置人骨一具，已乱，经鉴定为女性，约25岁（图版三一，2）。在后室的南部清理出陶片及铜饰（带銙）各1件。

出土器物7件，陶器6件，铜器1件。

陶碗 3件。均为泥质红陶，轮制。M24：1，直口，圆唇，弧腹内收，饼形足，足壁外撇，足内底微凹。近口沿处有一道内凹弦纹。口径13.5、底径5.8、高7厘米（图九一，2；图版三三，1）。M24：2，直口，圆唇，弧腹内收，圈足外撇。口径13.8、底径5.3、高8.2厘米（图九一，3；图版三三，2）。M24：6，直口，尖圆唇，弧腹内收，饼形足，足墙外撇，足底微凹。近口沿处有一道内凹弦纹。口径13.5、底径5.8、高7厘米（图九一，5；图版三三，3）。

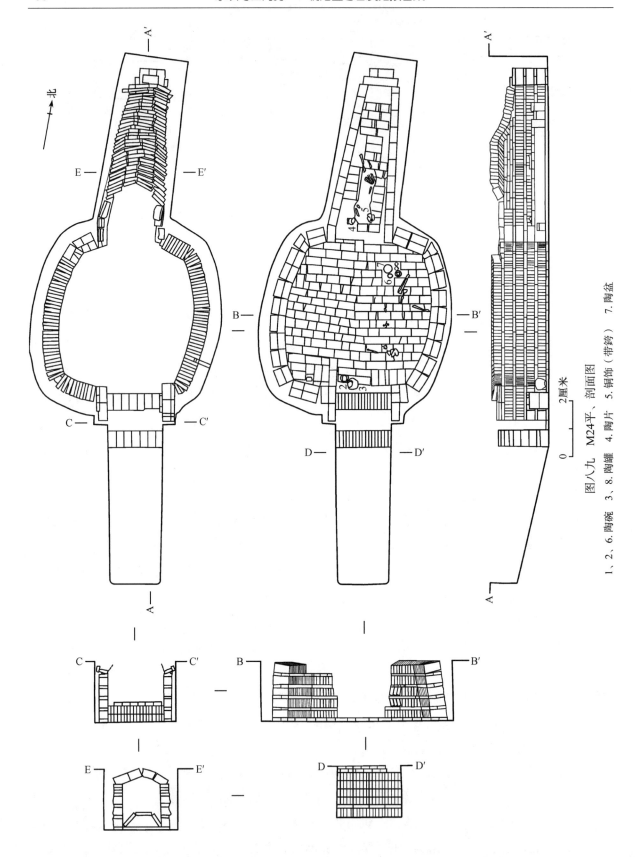

图八九　M24平、剖面图

1、2、6. 陶碗　3、8. 陶罐　4. 陶片　5. 铜饰（带钩）　7. 陶盆

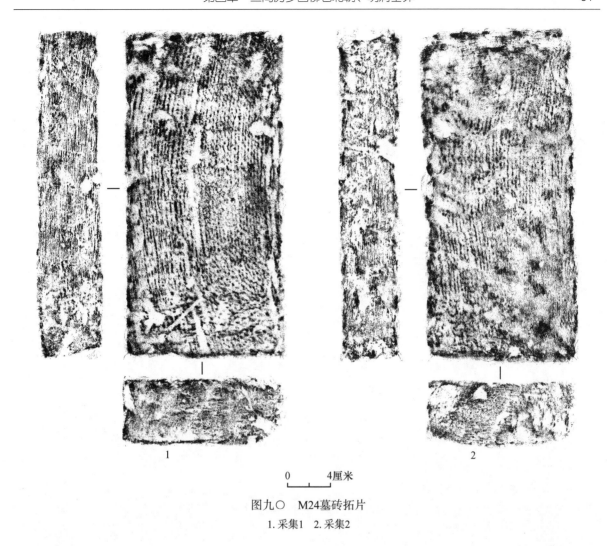

0 ├───┤ 4厘米

图九〇　M24墓砖拓片
1. 采集1　2. 采集2

　　陶罐　2件。M24：3，平沿，圆唇，短束颈，丰肩，鼓腹斜收至底，平底。下腹饰一道凹弦纹。口径11.9、腹径22.5、底径11.5、高21.4厘米（图九一，4；图版三二，2）。M24：8，方唇，侈口，矮束颈，溜肩，鼓腹，下腹斜直内收，平底。肩部饰弦纹。口径8.6、腹径17.5、底径8.4、高17.3厘米（图九一，1；图版三二，1）。

　　陶盆　1件。M24：7，泥质灰陶，轮制。圆唇，敞口，斜折沿，沿面饰一道凹弦纹，斜直腹，平底。口径28、底径11.7、高11厘米（图九一，6；图版三二，3）。

　　铜带銙　1件。M24：5，平面呈椭圆形，主板边缘向内弯折，背板与主板等大，两板中部各有一等大的长方形穿孔，穿孔外有四枚销钉呈菱形分布与主板铆合，两板间距0.2厘米。长1.8、宽1.57、厚0.45厘米（图九一，7；图版三三，4）。

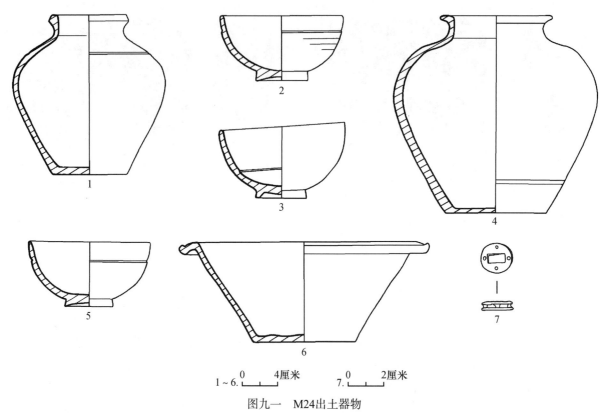

图九一　M24出土器物

1、4.陶罐（M24：8、M24：3）　　2、3、5.陶碗（M24：1、M24：2、M24：6）　　6.陶盆（M24：7）

7.铜带銙（M24：5）

四、明清墓葬

明清墓葬共发掘22座，编号分别为M1～M18、M20～M23。共出土随葬品74件（不含铜钱）。有陶器8件，瓷器1件，金器2件，银器24件，铜器35组，骨器1件，玻璃器2件，符文板瓦1件，器形为罐、碗、瓦、簪、耳环等；另出土铜钱26组，共188枚。墓葬依其形制可为单棺墓、双棺墓、三棺墓，其中单棺墓8座，双棺墓12座，三棺墓2座（表二），下面分类介绍。

表二　墓葬分类表

分类	单棺墓	双棺墓	三棺墓
数量/座	8	12	2

（一）单棺墓

共8座，编号为M1、M3、M6、M7、M9、M13、M15、M17。

M1　位于发掘区西南部，西邻M2，西北邻M3，开口于第1层下。东西向，方向275°。为一座梯形竖穴土圹单棺墓，墓壁竖直，底部较平。墓圹东西长2.3、南北宽0.96～1.16、深0.3米。墓口距地表0.5米，墓底距地表0.8米（图九二；图版三四，1）。

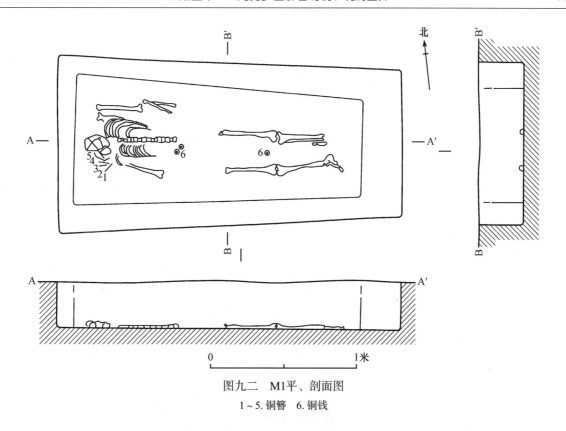

图九二　M1平、剖面图

1~5.铜簪　6.铜钱

土圹内置单棺，木棺呈梯形，棺木已朽。棺痕长1.94、宽0.65~0.86、残深0.22米。棺内有骨架一具，人骨保存较差，头西足东，头骨已破，面向不明，部分肢骨缺失移位，仰身直肢，性别为女。棺底可见少量白灰。随葬铜簪5件，位于头骨南部；铜钱3枚，腹部2枚，两股骨之间1枚。

铜簪　5件。3件簪首呈蘑菇头状，体呈扁条形锥状，上宽下窄。M1：1，残。残长8.2厘米（图九三，2；图版四一，1）。M1：2，残长5.5厘米（图九三，3；图版四一，2）。M1：3，残长5.4厘米（图九三，4；图版四一，3）。M1：4，残，首呈圆弧状，体呈扁条状，上宽下窄，残长9.5厘米（图九三，1；图版四一，4）。M1：5，首残，体呈扁条形锥状，上宽下窄，中部以下弯折。残长3厘米（图九三，5；图版四一，5）。

铜钱　3枚。锈蚀严重，无法辨认。

M3　位于发掘区西南部，东南邻M1，开口于第1层下。南北向，方向356°。为一座梯形竖穴土圹单棺墓，墓壁竖直，较规整，墓底横向对缝铺设一层青砖，在铺地砖上放置一具木棺。墓圹东西长2.36、南北宽1.08~1.12、深0.3米。墓口距地表0.5米，墓底距地表0.8米（图九四；图版三四，2）。

土圹内置单棺，木棺平面呈长方形，棺木已朽。棺痕长1.68、宽0.6、残深0.24米。棺内有骨架一具，人骨保存较差，头北足南，面向西，部分肢骨缺失移位，仰身直肢，为女性。随葬铜镜1件，银碗1件，出于墓主人胸部。

银碗　1件。M3：2，残。圆唇，直口，上腹直，下腹弧收，平底。碗内底一周饰联珠纹内錾刻折枝花卉纹，外壁口沿下方上下两道联珠纹之间饰联珠状忍冬纹。口径9.7、底径6.4、

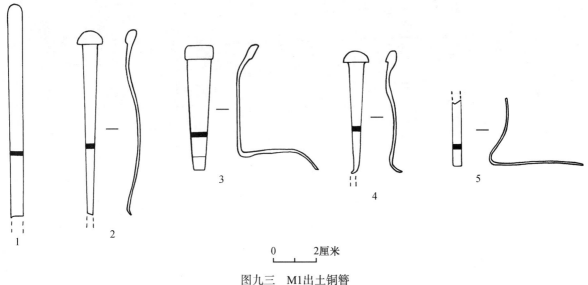

0　　　2厘米

图九三　M1出土铜簪
1. M1：4　2. M1：1　3. M1：2　4. M1：3　5. M1：5

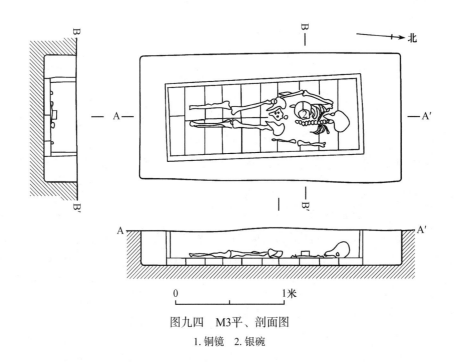

北

0　　　　　1米

图九四　M3平、剖面图
1. 铜镜　2. 银碗

高3厘米（图九五，1；图版四三，2）。

铜镜　1件。M3：1，圆形，素面，半球形纽，纽下有方形穿孔，以两道浅刻弦纹表示纽座，近沿处一道凸起弦纹与缘形成一道内凹的郭。直径14.7厘米（图九五，2；图版四三，1）。

M6　位于发掘区中部偏北，东侧中部被K1打破，开口于第1层下。南北向，方向27°。为一座长方形竖穴土圹单棺墓。墓圹南北长2.8、东西宽1.2、深0.6米。墓口距地表0.5米，墓底距地表0.88～1.1米（图九六；图版三四，3）。

土圹内置单棺，葬具为木棺，棺木已朽。棺痕南北长1.98、东西宽0.52～0.58、残高0.42米。棺内有骨架一具，人骨保存较差，头北足南，面向上，仰身直肢，残高1.54米，为女性。

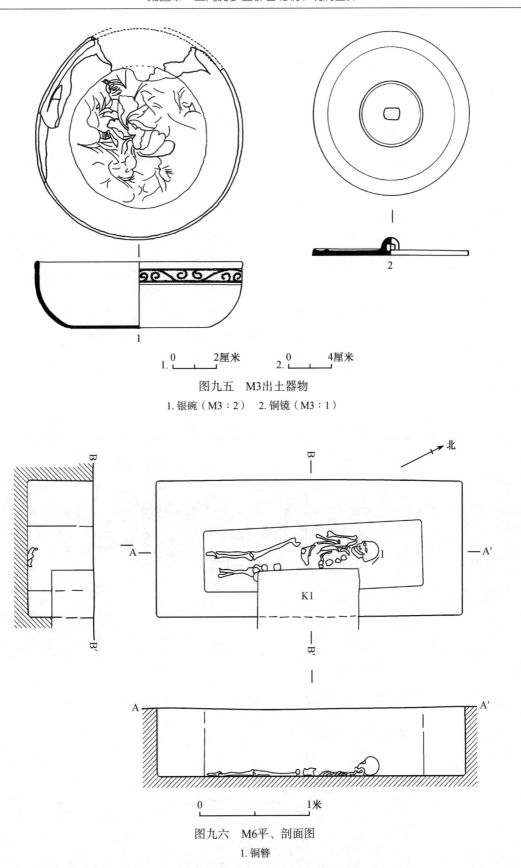

图九五 M3出土器物

1. 银碗（M3∶2） 2. 铜镜（M3∶1）

图九六 M6平、剖面图

1. 铜簪

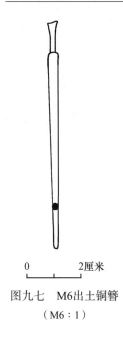

图九七　M6出土铜簪
（M6：1）

头骨东侧出土铜簪1件。

铜簪　1件。M6：1，簪首缺失，颈部较细，体呈圆锥状，截面呈圆形。残长8.1厘米（图九七；图版四二，1）。

M7　位于发掘区中部，西北邻M8，开口于第1层下。南北向，方向195°。为一座长方形竖穴土圹单棺墓，直壁平底。墓圹东西长2.68、南北宽1.36、深1.38米。墓口距地表0.25米，墓底距地表1.63米（图九八；图版三五，1）。

土圹内置单棺，木棺平面呈长方形，棺木朽烂较重。南北长1.75、东西宽0.82、残高0.4、厚0.1米。棺内有骨架一具，人骨保存较差，头南足北，面向上，仰身直肢，残高1.52米，为女性。头骨西侧出土银簪3件。

银簪　3件。M7：1，残，簪首呈如意形，錾刻瑞蚨纹，簪体呈扁条状，上宽下窄。残长14.5厘米（图九九，1；图版四二，2）。M7：2，残，簪首呈如意形，錾刻瑞蚨纹，簪体呈扁条状，上宽下窄。残长15.5厘米（图版四二，3）。M7：3，簪首向后翻折，两侧为卷曲梅花状，簪体呈扁条状，上宽下窄。末端

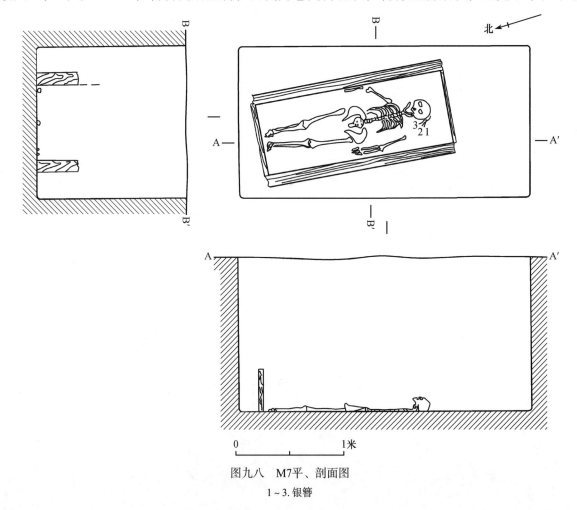

图九八　M7平、剖面图
1～3.银簪

呈圆弧状。长16.3、宽0.9厘米（图九九，3；图版四二，4）。

M9　位于发掘区中部，东南邻M8，开口于第1层下。南北向，方向330°。为一座梯形竖穴土圹单棺墓，墓壁竖直，较规整，平底。墓圹南北长2.6、东西宽0.92～1.04、深0.68米，墓口距地表0.4米，墓底距地表1.08米（图一〇〇；图版三五，2）。

土圹内置单棺，木棺平面呈梯形，棺木朽烂较轻。棺南北长2.16、东西宽0.74～0.83、残

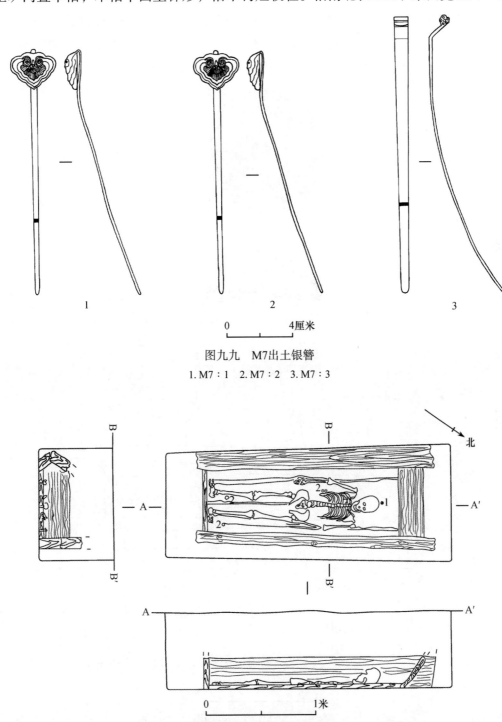

0　　　　　　4厘米

图九九　M7出土银簪

1. M7∶1　2. M7∶2　3. M7∶3

0　　　　　　1米

图一〇〇　M9平、剖面图

1. 铜帽饰　2. 铜钱

高0.38米，木棺厚0.1米，底板厚0.04米。棺内有骨架一具，人骨保存较好，头向北，面向上，仰身直肢，残高1.54米，为男性。头骨北侧出土铜帽饰1件；腹部右侧出土铜钱2枚，锈蚀严重，无法辨识。

铜帽饰　1件。M9：1，残，仅存帽顶底座，上部残缺，体呈半圆形，表面镂刻暗八仙。直径2.6厘米（图一〇一；图版四一，6）。

M13　位于发掘区西南部，北邻M14，开口于第1层下。南北向，方向10°。为一座长方形竖穴土圹单棺墓，墓壁竖直，较规整，平底。墓圹东西长2.24、南北宽0.84~0.92、深0.46米，墓口距地表0.4米，墓底距地表0.86米（图一〇二；图版三六，1）。

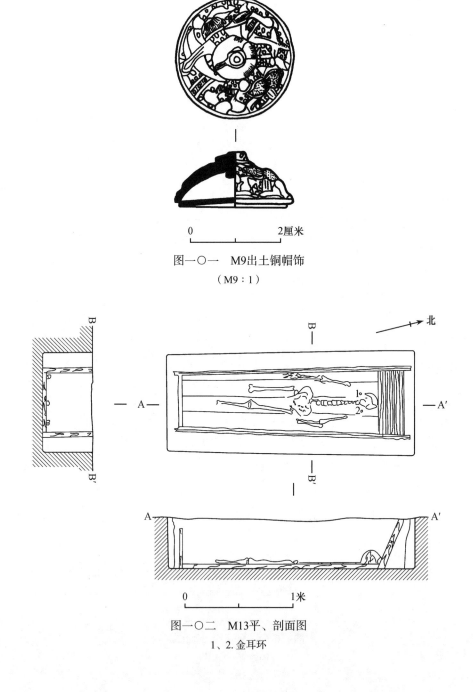

图一〇一　M9出土铜帽饰

（M9：1）

图一〇二　M13平、剖面图

1、2.金耳环

土圹内置单棺，木棺平面呈梯形，棺木朽烂较重。棺南北长2.12、东西宽0.52～0.64、残高0.46米，木棺厚0.04、底板厚0.04米。棺内有骨架一具，人骨保存较差，头骨破碎，头向北，面向不明，仰身直肢，残高1.46米，为女性。随葬金耳环2件，出于颈部两侧。

金耳环　2件。体呈环形，由素面圆锥形金条弯曲而成，截面呈圆形，尾端尖锐，内侧錾刻"北京金节店"。M13∶1，直径1.5厘米（图一〇三，1；图版四三，5）。M13∶2，直径1.5厘米（图一〇三，2；图版四三，5）。

M15　位于发掘区中西部，东南邻M12，开口于第1层下。南北向，方向352°。为一座长方形竖穴土圹单棺墓，墓壁竖直。墓圹南北长2.74、东西宽1.32～1.4、深0.5米。墓口距地表0.4米，墓底距地表0.9米（图一〇四；图版三五，3）。

土圹内置单棺，木棺平面呈梯形，棺木已朽。棺痕南北长2.12、东西宽0.47～0.66、残高0.5米。棺内有骨架一具，人骨保存较差，部分肢骨缺失移位，头北足南，面向上，仰身直肢，人骨残高1.56米，为女性。出土银扁方1件，银簪5件，出于头骨东侧；铜耳坠2件，出于

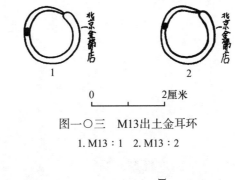

图一〇三　M13出土金耳环
1. M13∶1　2. M13∶2

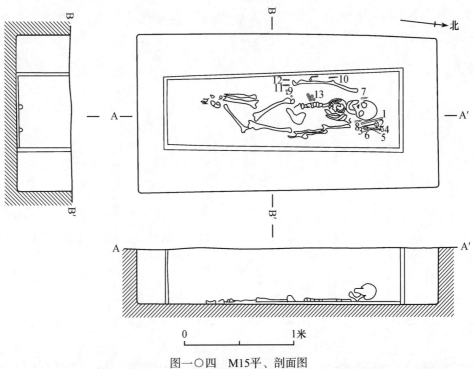

图一〇四　M15平、剖面图
1. 银扁方　2～6. 银簪　7、8. 铜耳坠　9. 银耳环　10. 铜烟袋　11、12. 银护甲　13. 铜钱

头骨两侧；银耳环3件，银护甲2件，都出于右侧指骨处；铜烟袋1件，出于右臂骨西侧；铜钱5枚，出于右腹部。

银扁方　1件。M15：1，首部圆卷弯曲，上錾刻草叶纹，体宽扁呈长条形，两端錾刻花果纹，中部錾刻鸟纹，尾端呈圆弧形。首部和簪体花纹鎏白金，背面簪体上部錾刻"天德"二字。长19.9、宽1.5厘米（图一〇五，1；图版四四，1）。

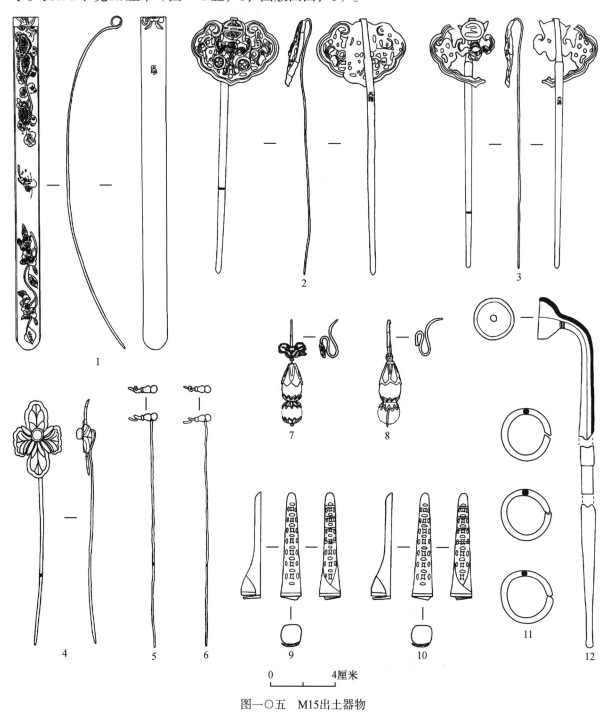

0　　　　　4厘米

图一〇五　M15出土器物

1. 银扁方（M15：1）　2~6. 银簪（M15：2、M15：4、M15：3、M15：5、M15：6）　7、8. 铜耳坠（M15：7、M15：8）
9、10. 银护甲（M15：11、M15：12）　11. 银耳环（M15：9）　12. 铜烟袋（M15：10）

银簪　5件。M15：2，首呈如意状，镂刻蝙蝠捧寿纹，簪体为扁条状，背面上部錾刻"天锦"二字。长15.3厘米（图一〇五，2；图版四四，2）。M15：3，首呈四叶形，錾刻花草纹，花芯为半球形，体呈细长扁条状。长14.5厘米（图一〇五，4；图版四四，3）。M15：4，首呈如意状，镂刻蝙蝠捧寿纹，簪体为扁条状，背面上部錾刻"天锦"二字。长15.5厘米（图一〇五，3；图版四四，4）。M15：5，首呈带藤蔓的白色葫芦状，体呈细长圆柱状，末端尖锐。长14厘米（图一〇五，5；图版四五，1）。M15：6，首呈带藤蔓的白色葫芦状，体呈细长圆柱状，末端尖锐。长13.9厘米（图一〇五，6；图版四五，2）。

银耳环　3件。体呈不近规整的圆环形，由素面银圆条弯曲而成，横截面呈圆形，表面鎏金。M15：9-1，两端切口斜切，未闭合。外径1.52～1.55、内径1.1～1.2厘米。M15：9-2，一端切口略平，另一端斜切，接口闭合。外径1.56、内径1.07～1.2厘米。M15：9-3，两端切口略圆钝，接口闭合。外径1.5～1.6、内径1.2厘米（图一〇五，11；图版四三，6）。

银护甲　2件。M15：11，残。体呈锥形，镂刻金钱纹饰。残长6.2厘米（图一〇五，9；图版四五，4）。M15：12，体呈锥形，镂刻金钱纹饰。长6.1厘米（图一〇五，10；图版四五，5）。

铜耳坠　2件。M15：7，残。上部呈如意形，背面焊接"S"形坠挂，下部坠一球形和一扁片形珍珠，珍珠上下用铜质花托包裹，通长6.4厘米（图一〇五，7；图版四三，3）。M15：8，残。上部坠挂呈"S"形，下部坠一球形珍珠，珍珠上下用铜质花托包裹，再下端残断缺失。残长6.4厘米（图一〇五，8；图版四三，4）。

铜烟袋　1件。M15：10，残。铜质烟锅，平面呈圆形，后部铜质烟嘴，圆锥形，中孔，末端呈圆帽形，内部残留木质烟杆。残长21厘米（图一〇五，12；图版四五，3）。

铜钱　5枚。乾隆通宝4枚，另1枚锈蚀严重钱文不清。

乾隆通宝　4枚。圆形，方穿，内外有郭，正面楷书"乾隆通宝"四字，对读，背用满文纪局名。M15：13-1，背穿左右两侧为满文"宝源"纪局名。钱径2.2、穿径0.53、郭厚0.15厘米，重3.22克（图一〇六，1）。M15：13-2，背穿两侧满文不清晰，钱径2.25、穿径0.59、郭

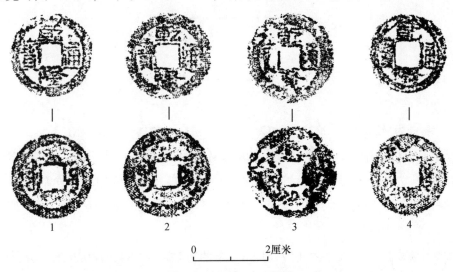

图一〇六　M15出土铜钱

1～4.乾隆通宝（M15：13-1、M15：13-2、M15：13-3、M15：13-4）

厚0.1厘米，重2.69克（图一〇六，2）。M15：13-3，背穿两侧满文不清晰，钱径2.35、穿径0.53、郭厚0.1厘米，重2.46克（图一〇六，3）。M15：13-4，背穿两侧满文不清晰。钱径2.1、穿径0.69、郭厚0.1厘米，重3.74克（图一〇六，4）。

M17　位于发掘区西南角，西北邻M16，东南邻M18，开口于第1层下。东南—西北向，方向306°。为一座长方形竖穴土圹单棺墓，墓壁竖直，较规整，墓底较平。墓圹南北长2.48、东西宽1.08、深1.12米，墓口距地表0.8米，墓底距地表1.92米（图一〇七；图版三六，2）。

土圹内置单棺，木棺平面呈梯形，棺木保存较好。木棺长2.06、宽0.36～0.47、残高0.46米，棺木厚0.08米，底板厚0.03米。棺内人骨已经迁出。无随葬品。

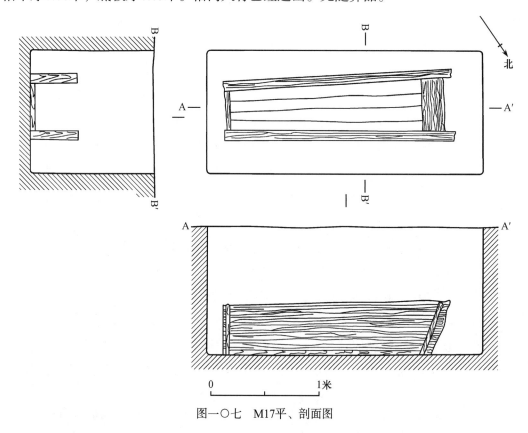

图一〇七　M17平、剖面图

（二）双棺墓

共12座，编号为M2、M8、M10～M12、M14、M16、M18、M20～M23。

M2　位于发掘区西南部，西邻M21，东北邻M3，北部被现代沟打破，开口于第1层下。南北向，方向350°。为一座梯形竖穴土圹双棺墓。由东墓穴、西墓穴组成，西墓穴打破东墓穴。墓室较直，平底，墓圹南北残长1.6～2.54、宽2.42～2.46、深0.16～0.23米。墓口距地表0.5米（图一〇八；图版三六，3）。

东墓穴北部被现代沟打破。南北残长1.98、东西宽1.06～1.24、深0.24米。葬具为木棺，平面呈梯形，已朽为棺痕。棺痕南北长1.68、东西宽0.47～0.66、残高0.24米。棺内有骨架一具，人骨保存较差，头向西北，面向西南，仰身直肢，残高1.52米，为女性。随葬釉陶罐1件，位

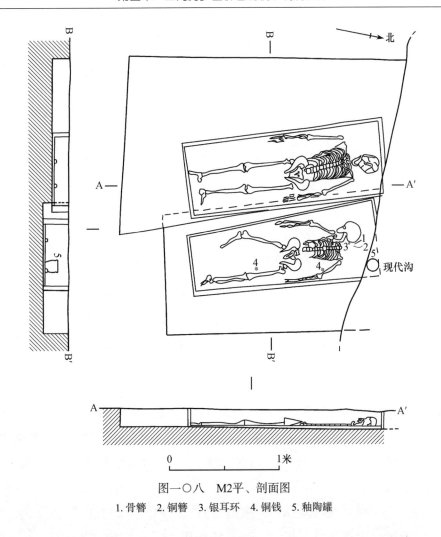

图一〇八　M2平、剖面图

1. 骨簪　2. 铜簪　3. 银耳环　4. 铜钱　5. 釉陶罐

于东棺内前方东北角；银耳环1件，铜簪1件，骨簪1件，位于头骨东侧；铜钱2枚，左肱骨西侧1枚，左股骨西侧1枚。西墓穴北部被现代沟打破，残存的墓穴平面呈梯形。南北残长2.56、东西宽1.2~1.6、深0.16米。葬具为木棺，已朽为棺痕。棺痕南北长1.76、东西宽0.6~0.66、残高0.16米。棺内有骨架一具，人骨保存较好，头北足南，头骨破碎，面向不详，仰身直肢，残高1.7米，为男性。

釉陶罐　1件。M2：5，圆唇，侈口，束颈，腹微弧内收，平底。肩腹部以上及口沿内侧施酱黄釉，釉层较薄，釉面光亮，有流釉现象。口径9.8、腹径11.1、底径8、高11.5厘米（图一〇九，1；图版四六，1）。

银耳环　1件。M2：3，体呈环形，由素面银条弯曲而成，两端接口平齐，截面为圆形。直径1.5厘米（图一〇九，4；图版四六，2）。

铜簪　1件。M2：2，锈残。首为耳挖状，体呈四棱锥状，截面为菱形，残长8.4厘米（图一〇九，3；图版四六，4）。

骨簪　1件。M2：1，残。体呈圆锥状，截面为圆形，表面光滑，簪首为正方体，连接处束收。残长7.3厘米（图一〇九，2；图版四六，3）。

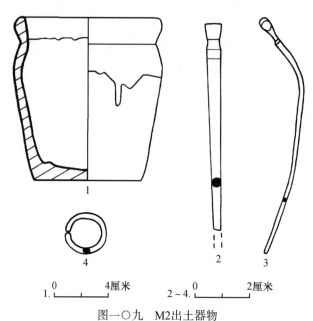

图一〇九　M2出土器物

1. 釉陶罐（M2：5）　2. 骨簪（M2：1）　3. 铜簪（M2：2）　4. 银耳环（M2：3）

康熙通宝　2枚。M2：4-1，圆形，方穿，正背面均有圆郭，正面楷书"康熙通宝"四字，对读；背穿左右两侧为满文"宝泉"纪局名。钱径2.2、穿径0.49、郭厚0.1厘米，重2.62克（图一一〇，1）。M2：4-2，圆形，方穿，正背面均有圆郭，正面楷书"康熙通宝"四字，对读；背穿左右两侧为满文"宝源"纪局名。钱径2.7、穿径0.55、郭厚0.1厘米，重4.05克（图一一〇，2）。

M8　位于发掘区中部，西北邻M9，东南邻M7，开口于第1层下。南北向，方向8°。为一座长方形竖穴土圹双棺墓，由东墓穴、西墓穴组成，且东墓穴打破西墓穴。墓室直壁，平

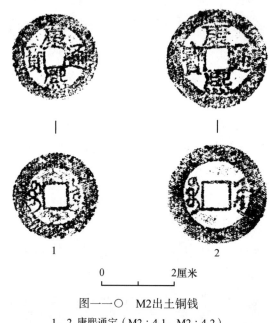

图一一〇　M2出土铜钱

1、2. 康熙通宝（M2：4-1、M2：4-2）

底。土圹南北长2.85~3.2、东西宽2.2~2.4、深1~1.1米。墓口距地表0.35米，墓底距地表1.35~1.43米（图一一一；图版三七，1）。

东墓穴平面呈梯形。土圹南北长2.88、东西宽0.88~1.13、深1米。葬具为木棺，平面呈长方形，已朽为棺痕。棺痕南北长2.04、东西宽0.62~0.64、残高0.3米。棺内有骨架一具，人骨保存较差，头北足南，面向上，仰身直肢，残高1.48米，为女性。西墓穴平面呈长方形。土圹南北长3.1~3.2、东西宽1.44~1.48、深1.08米。葬具为木棺，平面呈梯形，已朽为棺痕。棺痕南北长2.12、东西宽0.58~0.64、残高0.38米。棺内有骨架一具，人骨保存较差，头骨已移至胸骨处，头向北，面向西，仰身直肢，残高1.58米，为男性。无随葬品。

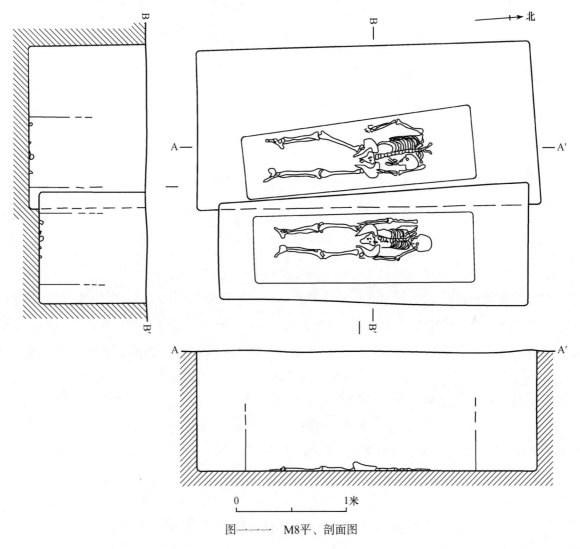

图一一一　M8平、剖面图

M10　位于发掘区中部，附近无邻墓，开口于第1层下。南北向，方向330°。为一座长方形竖穴土圹双棺墓，由东墓穴、西墓穴组成，且东墓穴打破西墓穴。墓室直壁，平底，土圹南北长2.9、东西宽2~2.28、深0.36~0.6米。墓口距地表0.5米，墓底距地表0.88~1.1米（图一一二；图版三七，2）。

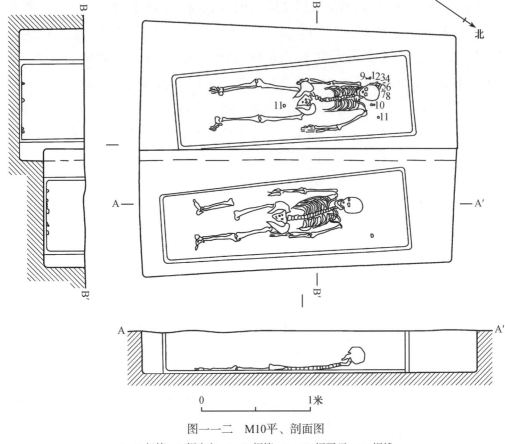

图一一二　M10平、剖面图

1、2.银簪　3.铜扁方　4~8.铜簪　9、10.铜耳环　11.铜钱

东墓穴平面呈梯形。南北长2.86~2.9、东西宽1.1~1.24、深0.4米。葬具为木棺，平面呈梯形，已朽为棺痕。棺痕南北长2.26、东西宽0.6~0.72、残高0.52米。棺内有骨架一具，人骨保存较好，头向北，面向上，仰身直肢，残高1.52米，为女性。西墓穴平面呈梯形。南北长2.9、东西宽1~1.15、深0.6米。葬具为木棺，平面呈梯形，已朽为棺痕。棺痕南北长2.16、东西宽0.67~0.76、残高0.6米。棺内有骨架一具，人骨保存较好，头向北，面向上，仰身直肢，残高1.52米，为男性。西棺出土银簪2件，铜簪5件，铜扁方1件，铜耳环6件，都位于头骨两侧及头顶部位；铜钱2枚，1枚位于左肩处，1枚位于两股骨之间。

银簪　2件。形制相同，簪首为圆形白色珍珠，体呈细长圆锥形，尾端尖锐。M10：1，长11.4厘米（图一一三，2；图版四六，5）。M10：2，长10.8厘米（图一一三，3；图版四六，6）。

铜簪　5件。其中4件形制相同，簪首呈蘑菇头状，簪体扁平，上宽下窄，横截面呈长方形。M10：4，尾端残断。残长10.9厘米（图一一三，5；图版四七，2）。M10：5，尾端残断。残长9.2厘米（图一一三，6；图版四七，3）。M10：6，尾端残断。残长8.2厘米（图一一三，7；图版四七，4）。M10：7，长11.7厘米（图一一三，4；图版四七，5）。另1件仅存簪首和一段簪体，锈蚀严重，整体形状不明确，表面可见鎏金。M10：8，残长4厘米（图一一三，8；图版四七，6）。

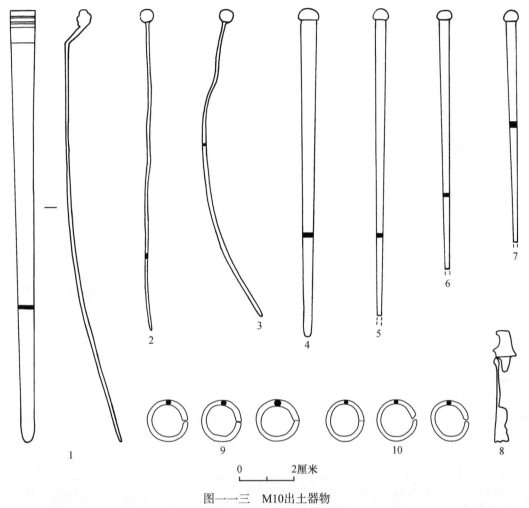

图一一三　M10出土器物

1. 铜扁方（M10：3）　　2、3. 银簪（M10：1、M10：2）　　4～8. 铜簪（M10：7、M10：4、M10：5、M10：6、M10：8）
9、10. 铜耳环（M10：9、M10：10）

　　铜扁方　1件。M10：3，首呈五棱锥状，截面为梅面形，向后翻折，体呈扁条状，上宽下窄，末端呈圆弧状。长15.4、宽0.9厘米（图一一三，1；图版四七，1）。

　　铜耳环　6件。形制相同，体呈环形，由素面铜条弯曲而成，截面呈圆形，表面鎏金。M10：9-1，接口不规整，未闭合。外径1.5、内径1～1.1厘米。M10：9-2，接口平齐，未闭合。外径1.5、内径1.08厘米。M10：9-3，接口平齐，两端闭合。外径1.5～1.6、内径1.07～1.17厘米（图一一三，9；图版四八，1）。M10：10-1，两端平齐，接口闭合。外径1.45～1.5、内径1.04～1.14厘米。M10：10-2，接口不规整，两端未闭合。外径1.5、内径1.17厘米。M10：10-3，接口不规整，两端未闭合。外径1.43～1.47、内径1.06～1.1厘米（图一一三，10；图版四八，2）。

　　铜钱　2枚，其中1枚无法辨认。

　　乾隆通宝　1枚。M10：11-1，圆形，方穿，正背面有圆郭，正面楷书"乾隆通宝"四字，对读；背穿左右两侧为满文"宝源"纪局名。钱径2.2、穿径0.49、郭厚0.15厘米，重3.15克（图一一四）。

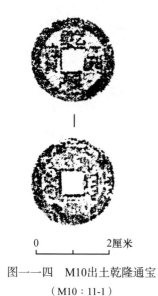

图一一四　M10出土乾隆通宝
（M10∶11-1）

M11　位于发掘区中西部，东南邻M14，开口于第1层下。南北向，方向23°，为一座长方形竖穴土圹双棺墓。由东墓穴、西墓穴组成，且东墓穴打破西墓穴。墓室直壁，平底。土圹南北长2.8~3、东西宽1.9~2、深0.12~0.26米。墓口距地表0.4米，墓底距地表0.52~0.66米（图一一五；图版三七，3）。

东墓穴平面呈梯形。南北长2.8~2.91、东西宽1.05~1.12、深0.12米。葬具为木棺，木棺平面呈梯形，已朽为棺痕。棺痕南北长2.04、东西宽0.48~0.67、残高0.12米。棺内人骨已迁出。西墓穴平面呈梯形。南北长2.94~3、东西宽1.02~1.12、深0.26米。葬具为木棺，木棺平面呈梯形，已朽为棺痕。棺痕南北长1.94、东西宽0.45~0.6、残高0.26米。棺内有骨架一具，人骨保存极差，仅存头骨和几段肢骨、肋骨，葬式不明，为女性。西棺随葬铜簪4件，银簪1件，位于头骨西侧；铜烟锅1件，位于棺内中部西侧；铜钱2枚，位于棺内中部。

银簪　1件。M11∶5，簪首扁平，呈钉帽形，体呈圆锥状，横截面呈圆形。长6.9厘米（图一一六，5；图版四九，1）。

铜簪　4件。有3件形制相同，簪首呈蘑菇头状，簪体扁平，上宽下窄，横截面呈长方形。M11∶1，长12.7厘米（图一一六，1；图版四八，3）。M11∶2，残断。残长

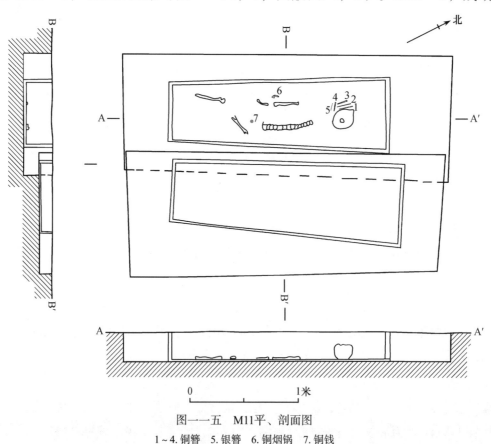

图一一五　M11平、剖面图
1~4.铜簪　5.银簪　6.铜烟锅　7.铜钱

9.3厘米（图一一六，3；图版四八，4）。M11：4，长12.7厘米（图一一六，2；图版四八，6）。M11：3，簪首圆卷弯曲，簪体扁平，上宽下窄，尾端略显尖锐。长8.2厘米（图一一六，4；图版四八，5）。

铜烟锅　1件。M11：6，残。烟锅呈圆形，与烟杆连接处残留部分木质烟杆。残长5.8厘米，烟锅直径2.3厘米（图一一六，6；图版四九，2）。

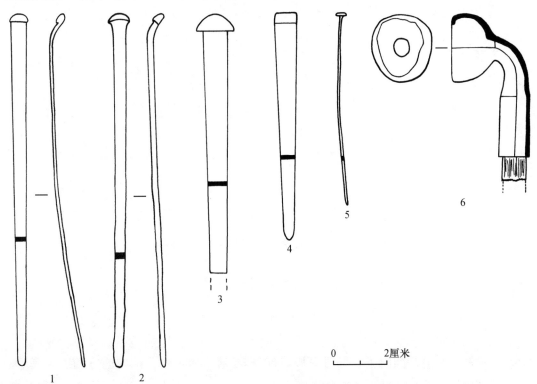

图一一六　M11出土器物

1～4.铜簪（M11：1、M11：4、M11：2、M11：3）　5.银簪（M11：5）　6.铜烟锅（M11：6）

铜钱　2枚，1枚锈蚀严重，钱文不辨。

乾隆通宝　M11：7-1，圆形，方穿，正背有圆郭，正面楷书"乾隆通宝"四字，对读；背穿左右两侧为满文"宝泉"纪局名。钱径2.3、穿径0.6、郭厚0.1厘米，重2.77克（图一一七）。

M12　位于发掘区西部，西与M15相邻，开口于第1层下。南北向，方向10°。为一座长方形竖穴土圹双棺墓，由东墓穴、西墓穴组成，且东墓穴打破西墓穴。墓室直壁，平底。土圹南北长2.8、东西宽2.14、深0.32～0.44米。墓口距地表0.4米，墓底距地表0.72～0.84米（图一一八；图版三八，1）。

东墓穴平面呈梯形。南北长2.8、东西宽0.96～1.1、深0.32米。葬具为木棺，木棺平面呈梯形，已朽为棺痕。棺痕南北长2、东西宽0.5～0.6、残高0.32米。棺内有骨架一具，人骨保存较差，头骨已

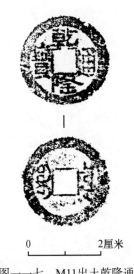

图一一七　M11出土乾隆通宝

（M11：7-1）

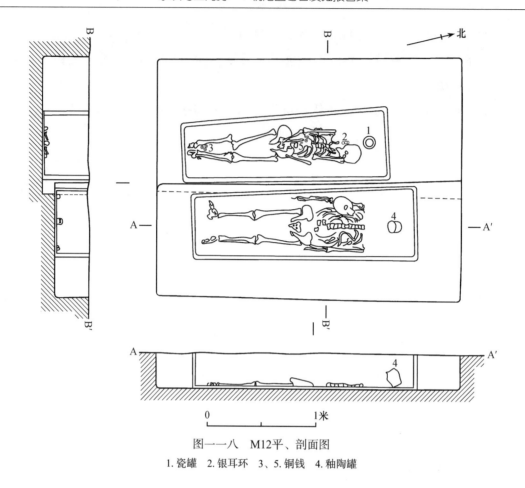

图一一八　M12平、剖面图

1.瓷罐　2.银耳环　3、5.铜钱　4.釉陶罐

移至右臂处，头向西南，面向下，仰身直肢，残高1.5米，为男性。棺内前方随葬釉陶罐1件。西墓穴平面呈梯形。南北长2.8、东西宽1.18～1.26、深0.44米。葬具为木棺，木棺平面呈梯形，已朽为棺痕。棺痕南北长1.82、东西宽0.44～0.6、残高0.44米。棺内有骨架一具，人骨保存较差，头北足南，面向上，仰身直肢，残高1.56米，为女性。棺内前方随葬瓷罐1件；银耳环3件，位于头骨西侧；铜钱8枚，位于右腹部和两胫骨之间。

釉陶罐　1件。M12：4，直口，方唇，短领，束颈，溜肩，腹部微弧内收，平底微凹。中腹部以上及口沿内侧施酱黄釉，釉层较薄，釉面光亮，有流釉现象。肩腹部有烧制粘连痕迹。口径9.7、腹径11.9、底径7.7、高12.5厘米（图一一九，2；图版四九，4）。

瓷罐　1件。M12：1，残。直口，圆唇，溜肩，鼓腹弧收至底部，平底内凹。口、肩部安一对称环形系，口部至肩以上及内壁施酱色釉，口沿、腹部以下露胎。口径7.9、腹径11.1、底径5.8、高11厘米（图一一九，1；图版四九，3）。

银耳环　3件。体呈圆环形，由素面银条弯曲而成，截面呈圆形。两端切口都不规整，接口未闭合。M12：2-1，外径1.73～1.78、内径1.1～1.3厘米。M12：2-2，外径1.7～1.8、内径1.1～1.3厘米。M12：2-3，外径1.77、内径1.3厘米（图一一九，3；图版四九，5）。

铜钱　8枚，其中5枚锈蚀严重，无法辨认。

康熙通宝　3枚。M12：3-1，圆形，方穿，正背面有圆郭，正面楷书"康熙通宝"四字，对读；背穿左右两侧为满文，不清晰。钱径2.8、穿径0.51、郭厚0.15厘米，重4.54克（图一二〇，1）。M12∶3-2，圆形，方穿，正背面有圆郭，正面楷书"康熙通宝"四字，对读；背穿左右两侧为满文，不清晰。钱径2.8、穿径0.5、郭厚0.15厘米，重4.28克（图一二〇，2）。M12∶5-1，圆形，方穿，正背面有圆郭，正面楷书"康熙通宝"四字，对读；背穿左右两侧为满文"宝泉"纪局名。钱径2.85、穿径0.58、郭厚0.15厘米，重4.62克（图一二〇，3）。

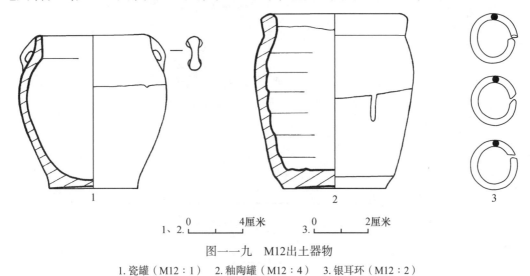

图一一九　M12出土器物

1. 瓷罐（M12∶1）　2. 釉陶罐（M12∶4）　3. 银耳环（M12∶2）

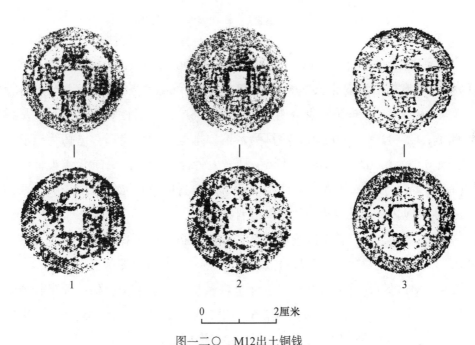

图一二〇　M12出土铜钱

1~3. 康熙通宝（M12∶3-1、M12∶3-2、M12∶5-1）

　　M14　位于发掘区中西部，西北邻M11，南邻M13，开口第1层下。南北向，方向350°。为一座长方形竖穴土圹双棺墓，由东墓穴、西墓穴组成，且东墓穴打破西墓穴。墓圹南北长2.88、东西宽1.92~2.04、深0.12~0.2米，墓口距地表深0.4、墓底距地表0.52~0.6米（图一二一；图版三八，2）。

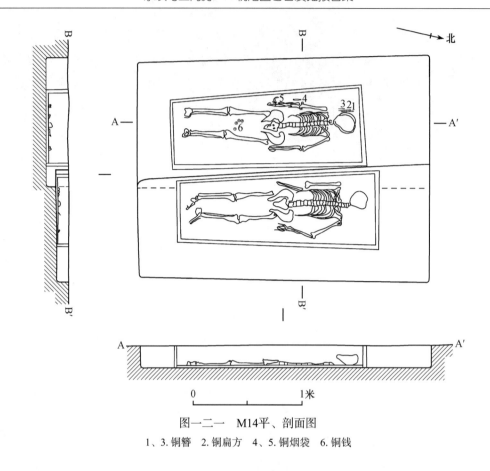

图一二一　M14平、剖面图
1、3.铜簪　2.铜扁方　4、5.铜烟袋　6.铜钱

　　东墓穴平面呈梯形。南北长2.88、东西宽0.88～1.06、深0.12米。葬具为木棺,木棺平面呈梯形,已朽为棺痕。棺痕南北长1.96、东西宽0.48～0.64、残高0.12米。棺内有骨架一具,人骨保存较好,头向北,面向下,仰身直肢,残高1.66米,为男性。西墓穴平面呈梯形。南北长2.88、东西宽1.12～1.18、深0.2米。葬具为木棺,木棺平面呈梯形,已朽为棺痕。棺痕南北长1.67、东西宽0.51～0.66米。棺内有骨架一具,人骨保存较好,头向北,头骨已破,面向不详,仰身直肢,残高1.52米,为女性。西棺随葬铜扁方1件,铜簪2件,位于头骨西侧;铜烟袋1件,位于右上肢骨西侧;铜钱4枚,位于两股骨之间。

　　铜扁方　1件。M14：2,首部圆卷呈筒状,向后弯折,体呈扁条状,上宽下窄,横截面呈长方形,錾刻花草纹,尾端残断。残长11.5厘米(图一二二,1;图版五〇,1)。

　　铜簪　2件。M14：1,首呈蘑菇头状,体呈扁条状,上宽下窄,横截面呈长方形,尾端圆钝。长11.1厘米(图一二二,2;图版四九,6)。M14：3,首残,体呈扁条状,上宽下窄,横截面呈长方形,素面。残长5.8厘米(图一二二,3;图版五〇,2)。

　　铜烟袋　1件。M14：4、M14：5,残。铜质烟锅,平面呈圆形。烟杆为木质,已朽烂,在烟嘴部分残留少许,后部铜质烟嘴,前部呈圆形,向后呈圆锥形,中孔,末端圆形。烟锅直径2.2、残长5厘米,烟嘴残长7.5、直径1厘米(图一二二,4;图版五〇,3、4)。

　　铜钱　4枚。

　　乾隆通宝　4枚。M14：6-1,圆形,方穿,正背面有圆郭,正面楷书"乾隆通宝"四字,

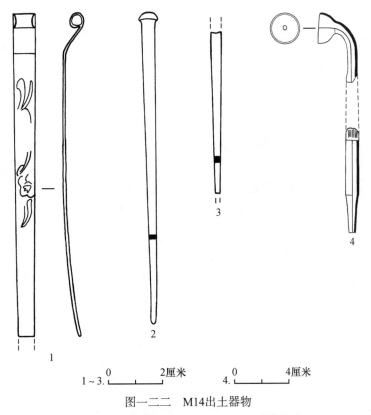

1 ~ 3. |—————| 0　2厘米　　 4. |—————| 0　4厘米

图一二二　M14出土器物

1. 铜扁方（M14：2）　 2、3. 铜簪（M14：1、M14：3）　 4. 铜烟袋（M14：4、M14：5）

对读；背穿左右两侧为满文"宝源"纪局名。钱径2.2、穿径0.5、郭厚0.15厘米，重3.83克（图一二三，1）。M14：6-2，圆形，方穿，正背面有圆郭，正面楷书"乾隆通宝"四字，对读；背穿左右两侧为满文"宝源"纪局名。钱径2.2、穿径0.53、郭厚0.15厘米，重3.97克（图一二三，2）。M14：6-3，圆形，方穿，正背面有圆郭，正面楷书"乾隆通宝"四字，对读；背穿左右两侧为满文"宝源"纪局名。钱径2.2、穿径0.52、郭厚0.15厘米，重4.16克（图一二三，3）。M14：6-4，圆形，方穿，正背面有圆郭，正面楷书"乾隆通宝"四字，对读；背穿左右两侧为满文"宝泉"纪局名。钱径2.1、穿径0.53、郭厚0.15厘米，重2.95克（图一二三，4）。

　　M16　位于发掘区西南角，东南邻M17，开口于第1层下。南北向，方向356°。为一座梯形竖穴土圹双棺墓，由东墓穴、西墓穴组成，其中西墓穴打破东墓穴，墓壁竖直，较规整，西墓底部高于东墓。墓圹南北长2.4、东西宽1.63 ~ 1.87、深0.44 ~ 0.5米，墓口距地表0.4米，墓底距地表0.84 ~ 0.9米（图一二四；图版三八，3）。

　　东墓穴平面呈梯形。南北长2.4、东西宽0.94 ~ 1.1、深0.5米。葬具为木棺，平面呈梯形。棺痕南北长1.98、东西宽0.49 ~ 0.6、残高0.5米。棺内有骨架一具，人骨保存较好，头向北，面向上，仰身直肢，残高1.64米，为男性。随葬铜钱2枚，出于两胫骨之间。西墓穴平面呈梯形。南北长2.4、东西宽0.86 ~ 1.02、深0.44米。葬具为木棺，平面呈梯形。棺痕南北长1.94、东西宽0.48 ~ 0.68、残高0.44米。棺内有骨架一具，人骨保存较差，头骨错位，头向东南，面向上，仰身直肢，残高1.52米，为女性。随葬银簪2件，位于头骨东部；铜钱7枚，出于右上肢

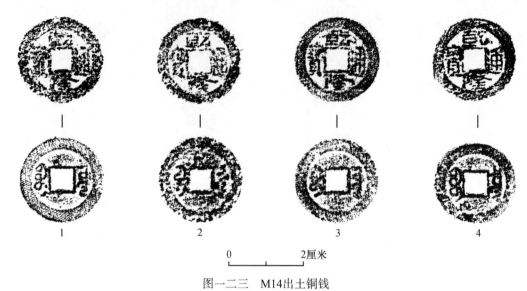

图一二三　M14出土铜钱

1~4.乾隆通宝（M14：6-1、M14：6-2、M14：6-3、M14：6-4）

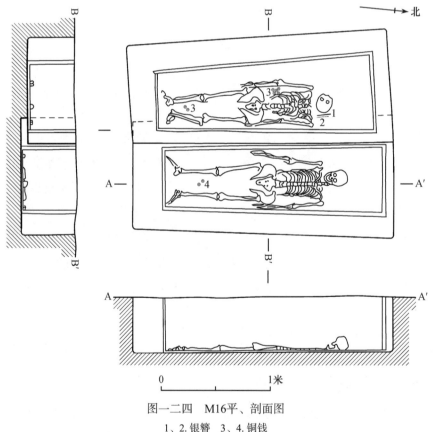

图一二四　M16平、剖面图

1、2.银簪　3、4.铜钱

骨东侧、两胫骨之间。

银簪 2件。M16：1，残。簪首缺失，仅存上下两层花托，体呈细长圆锥状，尾端尖锐。长11厘米（图一二五，2；图版五〇，5）。M16：2，簪首錾刻竹节纹，体呈扁条形，上宽下窄，簪体上部錾刻竹叶纹，下端錾刻草叶纹，背面錾刻"瑞贝"二字，尾端圆尖。长12.8厘米（图一二五，1；图版五〇，6）。

铜钱 9枚，其中3枚无法辨认。

康熙通宝 1枚。M16：4-1，圆形，方穿，正背面有圆郭，正面楷书"康熙通宝"四字，对读；背面穿左右两侧为满文"宝源"纪局名。钱径2.55、穿径0.6、郭厚0.1厘米，重3.74克（图一二六，1）。

雍正通宝 1枚。M16：4-2，圆形，方穿，正背面有圆郭，正面楷书"雍正通宝"四字，对读；背穿左右两侧为满文"宝泉"纪局名。钱径2.65、穿径0.56、郭厚0.1厘米，重3.74克（图一二六，2）。

乾隆通宝 4枚。M16：3-1，圆形，方穿，正背面有圆郭，正面楷书"乾隆通宝"四字，对读；背穿左右两侧满文不清晰。钱径2.25、穿径0.55、郭厚0.1厘米，重3.25克（图一二六，3）。M16：3-2，

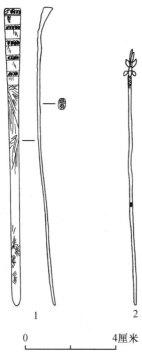

图一二五 M16出土银簪
1. M16：2 2. M16：1

圆形，方穿，正背面有圆郭，正面楷书"乾隆通宝"四字，对读；背穿左右两侧为满文"宝源"纪局名。钱径2.25、穿径0.53、郭厚0.1厘米，重3.64克（图一二六，4）。M16：3-3，圆形，方穿，正背面有圆郭，正面楷书"乾隆通宝"四字，对读；背穿左右两侧为满文"宝泉"纪局名。钱径2.15、穿径0.51、郭厚0.1厘米，重3.22克（图一二六，5）。M16：3-4，圆形，方穿，正背面有圆郭，正面楷书"乾隆通宝"四字，对读；背穿左右两侧满文不清晰。钱径2.25、穿径0.5、郭厚0.1厘米，重2.03克（图一二六，6）。

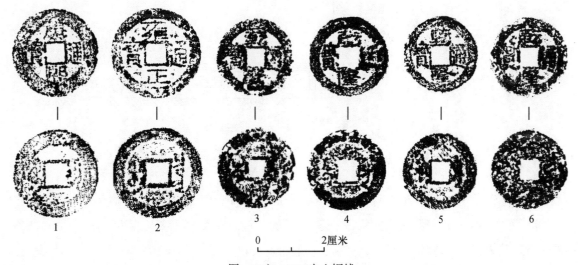

图一二六 M16出土铜钱
1. 康熙通宝（M16：4-1） 2. 雍正通宝（M16：4-2） 3～6. 乾隆通宝（M16：3-1、M16：3-2、M16：3-3、M16：3-4）

M18　位于发掘区的西南角，西北邻M17，开口位于第1层下。东北—西南向，方向30°。为一座长方形竖穴土圹双棺墓，由东墓穴、西墓穴组成，其中东墓穴打破西墓穴，墓壁竖直，较规整，东墓穴底部高于西墓穴底部。墓圹长2.35～2.38、宽1.72～1.84、深1～1.1米，墓口距地表0.8米，墓地距地表1.8～1.9米（图一二七；图版三九，1）。

东墓穴平面呈长方形。长2.35～2.38、宽0.84～0.86、深1.1米。葬具为木棺，木棺平面呈梯形，棺木保存较好。棺长2.1、宽0.54～0.66、残高0.44米，棺板厚0.1米，底板厚0.04米。棺内人骨已经迁出。西墓穴平面呈长方形。长2.36、宽1.02～1.04、深1.1米。葬具为木棺，木棺平面呈梯形，棺木保存较好。棺长1.92、宽0.51～0.68、残高0.43米，棺板厚0.1米，底板厚0.04米。棺内人骨已经迁出。无随葬品。

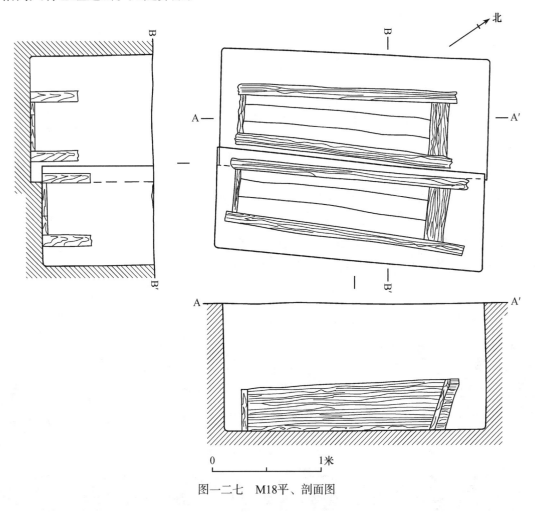

图一二七　M18平、剖面图

M20　位于发掘区西南部，南邻M21，开口于第1层下。南北向，方向7°。为一座梯形竖穴土圹双棺葬墓，由东墓穴、西墓穴组成，其中西墓穴打破东墓穴，墓壁竖直，较规整，西墓穴底部高于东墓穴底部。墓圹南北长2.98～3、东西宽2.42～2.8、深0.36～0.4米，墓口距地表0.5米，墓底距地表0.86～0.9米（图一二八；图版三九，2）。

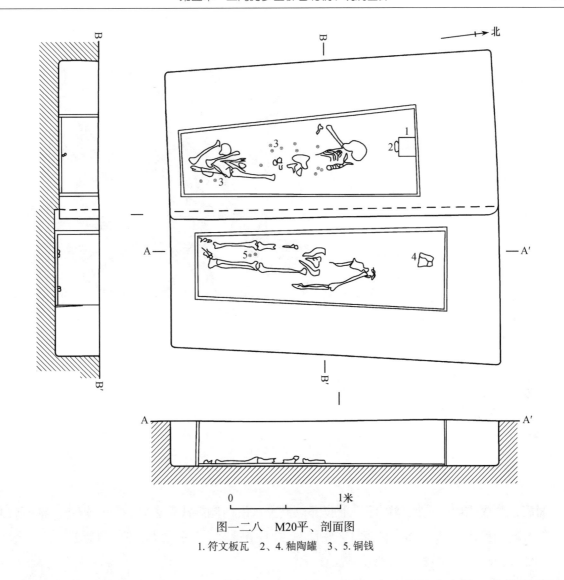

图一二八　M20平、剖面图
1. 符文板瓦　2、4. 釉陶罐　3、5. 铜钱

东墓穴平面呈梯形。南北长3、东西宽1.19～1.4、深0.4米。葬具为木棺，木棺平面呈梯形，已朽烂。棺痕南北长2.34、东西宽0.54～0.7、残高0.4米。棺内有骨架一具，人骨保存较差，部分肢骨缺失移位，未见头骨，足向南，仰身直肢，性别不明。西墓穴平面呈梯形。南北长2.98、东西宽1.3～1.46、深0.36米。葬具为木棺，木棺平面呈梯形，已朽烂。棺痕南北长2.16、东西宽0.54～0.76、残高0.36米。棺内有骨架一具，人骨保存极差，已扰乱，头北足南，面向西，葬式不明，人骨残高1.58米，为女性。两棺内前方各放置釉陶罐1件；西棺内前方放置符文板瓦1件，棺内中部以南散放铜钱19枚；东棺两膝之间放置铜钱2枚。

符文板瓦　1件。M20∶1，青灰色，火候较高。凸面光滑，上有朱砂书写的符咒，凹面饰细布纹。长19.2、宽17.7～19.6厘米（图一二九，3；图版五一，5）。

釉陶罐　2件。M20∶2，圆唇，侈口，束颈，溜肩，斜弧腹内收，平底微内凹。肩部以上及口沿内侧施浅黄色釉，釉层较薄，釉面光亮，有流釉现象。体有轮制痕迹。口径9.8、腹径12、底径8.2、高12.7厘米（图一二九，1；图版五一，1）。M20∶4，残。圆唇，直口，束

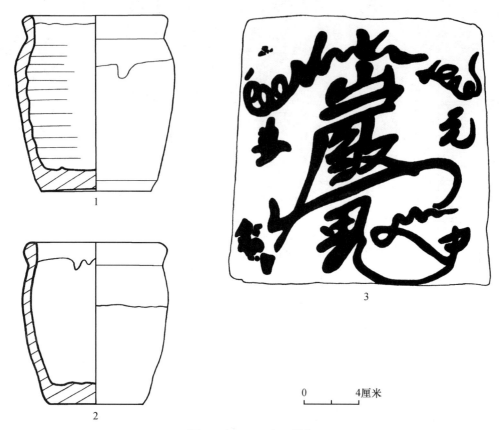

图一二九　M20出土器物

1、2.釉陶罐（M20：2、M20：4）　　3.符文板瓦（M20：1）

颈，溜肩，弧腹内收，平底微内凹。上腹部以上及口沿内侧施浅黄色釉，釉层较薄，釉面较光亮。体有轮制痕迹。口径9.5、腹径11、底径7、高11.6厘米（图一二九，2；图版五一，2）。

铜钱　21枚，其中1枚无法辨认。

顺治通宝　3枚。M20：3-1，圆形，方穿，正背面有圆郭，正面楷书"顺治通宝"四字，对读；背穿左右两侧为满文"宝泉"纪局名。钱径2.75、穿径0.59、郭厚0.1厘米，重4.14克（图一三〇，1）。M20：3-2，圆形，方穿，正背面有圆郭，正面楷书"顺治通宝"四字，对读；背穿左右两侧为满文"宝源"纪局名。钱径2.7、穿径0.51、郭厚0.1厘米，重3.65克（图一三〇，2）。M20：3-3，圆形，方穿，正背面有圆郭，正面楷书"顺治通宝"四字，对读，背穿左侧为满文"东"，右侧为汉文楷体"东"。钱径2.75、穿径0.53、郭厚0.1厘米，重4.15克（图一三〇，3）。

康熙通宝　17枚。圆形，方穿，正背面有圆郭，正面楷书"康熙通宝"四字，对读；背穿左右两侧为满文"宝泉"纪局名的有14枚。M20：3-4，钱径2.75、穿径0.53、郭厚0.1厘米，重4.49克（图一三〇，4）。M20：3-5，钱径2.7、穿径0.59、郭厚0.1厘米，重3.18克（图一三〇，5）。M20：3-6，钱径2.75、穿径0.6、郭厚0.1厘米，重3.89克（图一三〇，6）。M20：3-7，钱径2.7、穿径0.6、郭厚0.1厘米，重4.03克（图一三〇，7）。M20：3-8，钱径2.8、穿径0.55、郭厚0.1厘米，重3.92克（图一三〇，8）。M20：3-10，钱径2.75、穿径

图一三〇 M20出土铜钱（拓片）

1～3.顺治通宝（M20：3-1、M20：3-2、M20：3-3） 4～18.康熙通宝（M20：3-4、M20：3-5、M20：3-6、M20：3-7、

M20：3-8、M20：3-9、M20：3-10、M20：3-11、M20：3-12、M20：3-13、M20：3-14、M20：3-15、M20：3-16、

M20：3-17、M20：3-18）

0.57、郭厚0.1厘米，重3.61克（图一三〇，10）。M20：3-11，钱径2.8、穿径0.58、郭厚0.1厘米，重4.28克（图一三〇，11）。M20：3-12，钱径2.8、穿径0.6、郭厚0.1厘米，重4.23克（图一三〇，12）。M20：3-13，钱径2.8、穿径0.51、郭厚0.1厘米，重4.49克（图一三〇，13）。M20：3-14，钱径2.75、穿径0.6、郭厚0.1厘米，重3.94克（图一三〇，14）。M20：3-15，钱径2.8、穿径0.59、郭厚0.1厘米，重4.79克（图一三〇，15）。M20：3-16，钱径2.7、穿径0.55、郭厚0.1厘米，重3.99克（图一三〇，16）。M20：3-17，钱径2.8、穿径0.6、郭厚0.1厘米，重4.67克（图一三〇，17）。M20：5-1，钱径2.2、穿径0.5、郭厚0.1厘米，重2.18克。背穿左右两侧为满文"宝源"纪局名的有1枚，M20：3-9，钱径2.75、穿径0.55、郭厚0.1厘米，重4克（图一三〇，9）。背穿左侧为满文"浙"，右侧为汉文楷书"浙"纪局名的有1枚，M20：3-18，钱径2.65、穿径0.51、郭厚0.1厘米，重4.23克（图一三〇，18）。

　　M21　该墓位于发掘区西南部，北邻M20，开口位于第1层下。南北向，方向174°。为一座长方形竖穴土圹双棺墓，由东墓穴、西墓穴组成，其中西墓穴打破东墓穴，墓壁竖直，墓底较平，墓圹南北长3.04、东西宽2.44～2.64、深0.36米，墓口距地表0.5米，墓底距地表0.86米（图一三一；图版三九，3）。

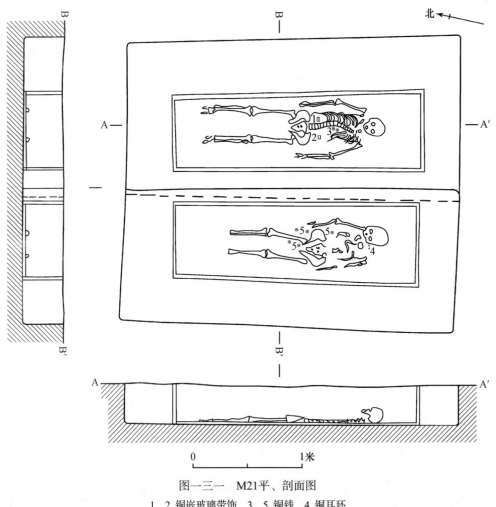

图一三一　M21平、剖面图

1、2. 铜嵌玻璃带饰　3、5. 铜钱　4. 铜耳环

东墓穴平面呈长方形。南北长3.04、东西宽1.36～1.48、深0.36米。葬具为木棺，木棺平呈长方形，棺木已朽为棺痕。棺痕南北长2.25、东西宽0.6～0.66、残高0.36米。棺内有骨架一具，人骨保存较差，头向南，面向上，仰身直肢，残高1.7米，为男性。西墓穴平面呈长方形。南北长3.04、东西宽1.16～1.36、深0.36米。葬具为木棺，木棺平面呈长方形，已朽为棺痕。棺痕南北长2.2、东西宽0.61～0.68、残高0.36米。棺内有骨架一具，保存较差，头南足北，面向上，仰身直肢，残高1.5米，为女性。随葬铜嵌玻璃带饰2件，位于东棺墓主人腹部，铜钱2枚，位于墓主人胸部；铜耳环2枚，位于西棺头骨西侧，铜钱19枚，位于墓主人髋骨两侧。

铜嵌玻璃带饰　2件。M21：1，残。长方形铜框，内镶嵌白色长方体玻璃，框边纹饰不清，短边一侧用铜片卷成圆筒形扣环。长3.9、宽2.9、厚0.9厘米（图一三二，1；图版五一，3）。M21：2，残。长方形铜框，内镶嵌白色长方体玻璃，框边纹饰不清。长3.7、宽2.6、厚0.9厘米（图一三二，2；图版五一，4）。

铜耳环　2件。形制、大小相同。体呈环形，由素面铜圆条弯曲而成，截面呈圆形。M21：4-1，直径1.4厘米（图一三二，3；图版五一，6）。M21：4-2，直径1.4厘米（图一三二，4；图版五一，6）。

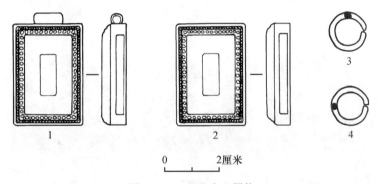

图一三二　M21出土器物

1、2.铜嵌玻璃带饰（M21：1、M21：2）　3、4.铜耳环（M21：4）

铜钱　21枚，其中6枚无法辨认。

康熙通宝　4枚。M21：5-1，圆形，方穿，正背面有圆郭，正面楷书"康熙通宝"四字，对读；背穿左右两侧为满文"宝源"纪局名。钱径2.65、穿径0.56、郭厚0.1厘米，重3.9克（图一三三，1）。其余3件形制相同，圆形，方穿，正背面有圆郭，正面楷书"康熙通宝"四字，对读；背面穿左右两侧为满文"宝泉"纪局名。M21：5-2，钱径2.5、穿径0.59、郭厚0.1厘米，重4.26克（图一三三，2）。M21：5-3，钱径2.9、穿径0.55、郭厚0.15厘米，重4.32克（图一三三，3）。M21：5-4，钱径2.6、穿径0.53、郭厚0.15厘米，重3.91克（图一三三，4）。

雍正通宝　11枚。圆形，方穿，正背面有圆郭，正面楷书"雍正通宝"四字，对读；背穿左右两侧为满文"宝泉"纪局名。M21：5-5，钱径2.7、穿径0.55、郭厚0.15厘米，重3.87克（图一三三，5）。M21：5-6，钱径2.7、穿径0.57、郭厚0.15厘米，重4.19克（图一三三，6）。M21：5-8，钱径2.6、穿径0.5、郭厚0.15厘米，重3.9克（图一三三，8）。M21：5-9，钱

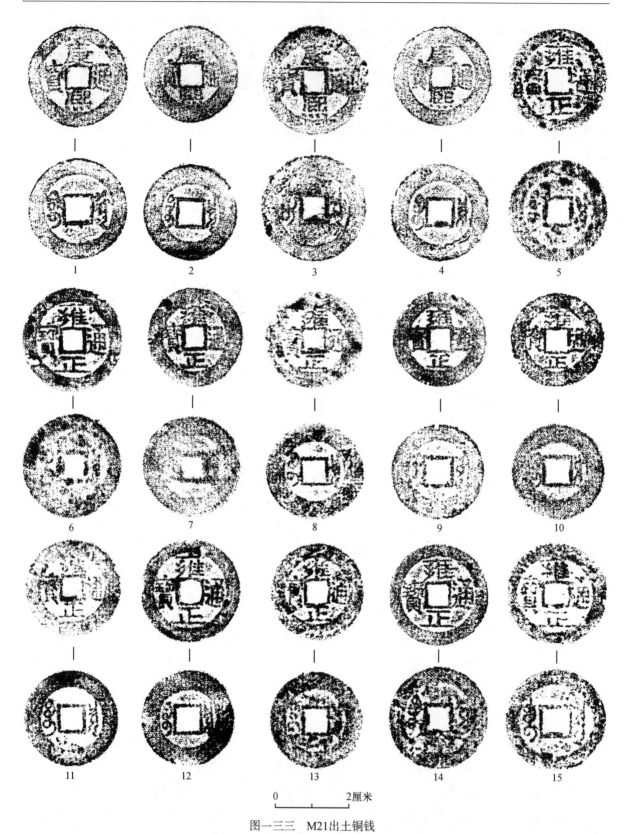

图一三三　M21出土铜钱

1～4.康熙通宝（M21：5-1、M21：5-2、M21：5-3、M21：5-4）　　5～15.雍正通宝（M21：5-5、M21：5-6、M21：5-7、M21：5-8、M21：5-9、M21：5-10、M21：5-11、M21：5-12、M21：5-13、M21：5-14、M21：5-15）

径2.55、穿径0.55、郭厚0.15厘米，重3.91克（图一三三，9）。M21：5-10，钱径2.45、穿径0.55、郭厚0.1厘米，重3.87克（图一三三，10）。M21：5-11，钱径2.55、穿径0.55、郭厚0.1厘米，重3.83克（图一三三，11）。M21：5-12，钱径2.7、穿径0.6、郭厚0.15厘米，重3.8克（图一三三，12）。M21：5-13，钱径2.55、穿径0.55、郭厚0.15厘米，重3.64克（图一三三，13）。M21：5-14，钱径2.65、穿径0.55、郭厚0.1厘米，重4.12克（图一三三，14）。M21：5-15，钱径2.7、穿径0.61、郭厚0.15厘米，重4.18克（图一三三，15）。M21：5-7，背穿满文不清晰，钱径2.55、穿径0.51、郭厚0.1厘米，重4.53克（图一三三，7）。

M22　位于发掘区东北部，东北邻M23，开口于第1层下。南北向，方向15°。为一座梯形竖穴土圹双棺墓，由东墓穴、西墓穴组成，其中西墓穴打破东墓穴。墓圹南北长2.54～2.8、东西宽2.6～2.8、深0.26米，墓口距地表0.3米，墓底距地表0.56米（图一三四）。

东墓穴平面呈梯形。南北长2.8、东西宽1.2～1.26、深0.26米。内置单棺，木棺平面呈梯形，棺木已朽。棺痕南北长2、东西宽0.44～0.62、残高0.16米。棺内人骨已经迁出。西墓穴平面呈梯形，南北长2.54～2.64、东西宽1.5～1.58、深0.26米。内置单棺，木棺平面呈梯形，棺木已朽。棺痕南北长1.92、东西宽0.66、残高0.26米。棺内人骨已经迁出。无随葬品。

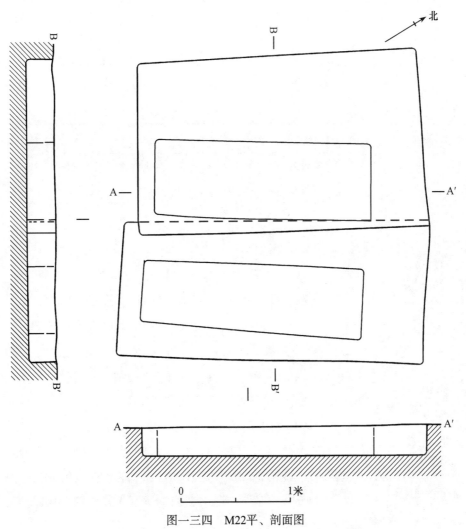

图一三四　M22平、剖面图

M23　位于发掘区东北部，西南邻M22，开口于第1层下。南北向，方向20°。为一座梯形竖穴土圹双棺墓。墓圹南北长2.38～2.78、东西宽2.7～2.9、深0.26米，由东墓穴、西墓穴组成，其中东墓穴打破西墓穴，墓口距地表0.3米，墓底距地表0.56米（图一三五；图版四〇，1）。

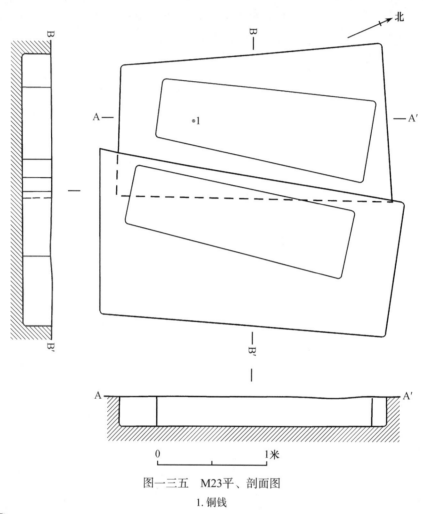

图一三五　M23平、剖面图
1. 铜钱

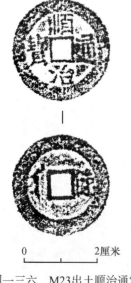

图一三六　M23出土顺治通宝
（M23：1）

东墓穴平面呈梯形。南北长2.6～2.78、东西宽1.2～1.45、深0.26米。葬具为木棺，木棺平面呈梯形，已朽烂。棺痕南北长2、东西宽0.51～0.6、残高0.26米。棺内人骨已经迁出。西墓穴平面呈梯形。南北长2.38～2.5、东西宽1.16～1.38、深0.26米。葬具为木棺，木棺平面呈梯形，已朽烂。棺痕南北长1.9、东西宽0.52～0.7、残高0.26米。棺内人骨已经迁出。西棺出土顺治通宝1枚，位于棺内东南角处。

顺治通宝　1枚。M23：1，圆形，方穿，正背面有圆郭，正面楷书"顺治通宝"四字，对读；背穿左侧为满文"东"，右侧为汉文楷书"东"。钱径2.65、穿径0.52、郭厚0.1厘米，重4.14克（图一三六）。

（三）三棺墓

共2座，编号M4、M5。

M4 位于发掘区中部偏北，北邻M5，开口于第1层下。南北向，方向19°。为一座梯形竖穴土圹三棺墓，由东墓穴、中墓穴、西墓穴组成，其中，中墓穴被东墓穴、西墓穴打破。墓室直壁，平底。土圹南北长2.34～2.58、东西宽2.8～3、深1.1～1.2米。墓口距地表0.5米，墓底距地表1.58～1.6米（图一三七；图版四〇，2）。

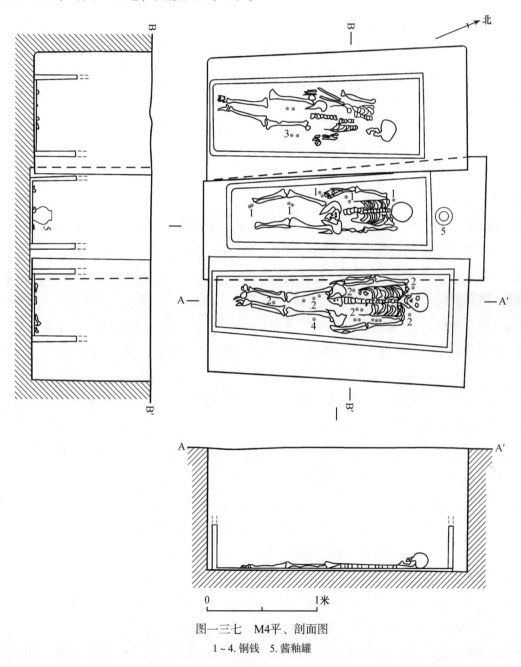

图一三七 M4平、剖面图

1～4.铜钱 5.酱釉罐

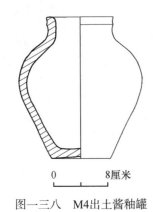

图一三八　M4出土酱釉罐
（M4：5）

东墓穴平面呈梯形。南北长2.34、东西宽1.02~1.13、深1.08米。葬具为木棺，木棺平面呈梯形，已朽为棺痕。棺痕南北长2.08、东西宽0.45~0.65、残高0.38米。棺内有骨架一具，人骨保存较好，头北足南，面向上，仰身直肢，残高1.76米，为男性。中墓穴平面呈梯形。南北长2.58、东西宽0.86~1.1、深1.1米。葬具为木棺，木棺平面呈梯形，已朽为棺痕。棺痕南北长1.78、东西宽0.48~0.6、残高0.4米。棺内有骨架一具，人骨保存较差，肋骨凌乱，头北足南，面向下，仰身直肢，残高1.46米，为女性。西墓穴平面呈长方形。南北长约2.34、东西宽1.1、深1.08米。葬具为木棺，木棺平面呈梯形，已朽为棺痕。棺痕南北长1.86、东西宽0.58~0.66、残高0.38米。棺内有骨架一具，人骨保存较差，头北足南，面向东，仰身直肢，残高1.68米，为女性。随葬酱釉罐1件，出于中棺外前方。铜钱77枚，三棺内均有出土。

酱釉罐　1件。M4：5，直口，方圆唇，短颈，溜肩，鼓腹斜收至底，平底微内凹。口沿下方饰一道凸弦纹，器身有修胚痕迹，表面形成一层柴烧釉。口径8.5、腹径18.1、底径8.7、高20.1厘米（图一三八；图版五二，1）。

铜钱　77枚，其中49枚无法辨认。

开元通宝　1枚。M4：1-1，圆形，方穿，正背面有圆郭，正面隶书"开元通宝"四字，对读；光背。钱径2.3、穿径0.63、郭厚0.1厘米，重2.4克（图一三九，1）。

咸平元宝　7枚。圆形，方穿，正背面有圆郭，正面楷书"咸平元宝"四字，右旋读；光背。M4：1-2，钱径2.25、穿径0.53、郭厚0.1厘米，重2.33克（图一三九，2）。M4：2-1，钱径2.3、穿径0.55、郭厚0.1厘米，重2.75克（图一三九，3）。M4：2-2，钱径2.25、穿径0.53厘米，重2克（图一三九，4）。M4：3-1，钱径2.3、穿径0.55、郭厚0.1厘米，重2.26克（图一三九，5）。M4：3-2，钱径2.25、穿径0.53、郭厚0.1厘米，重2.41克（图一三九，6）。M4：3-3，钱径2.35、穿径0.6、郭厚0.1厘米，重2.7克（图一三九，7）。M4：3-4，钱径2.25、穿径0.5、郭厚0.1厘米，重2.34克（图一三九，8）。

景德元宝　1枚。M4：2-3，圆形，方穿，正背面有圆郭，正面楷书"景德元宝"四字，右旋读；光背。钱径2.3、穿径0.55、郭厚0.1厘米，重2.7克（图一三九，9）。

祥符通宝　2枚。圆形，方穿，正背面有圆郭，正面楷书"祥符通宝"四字，右旋读；光背。M4：2-4，钱径2.4、穿径0.65、郭厚0.1厘米，重2.61克（图一三九，10）。M4：2-5，钱径2.35、穿径0.55、郭厚0.1厘米，重2.98克（图一三九，11）。

祥符元宝　2枚。圆形，方穿，正背面有圆郭，正面楷书"祥符元宝"四字，楷书，右旋读；光背。M4：2-6，钱径2.3、穿径0.59、郭厚0.1厘米，重2克（图一三九，12）。M4：2-7，钱径2.3、穿径0.51、郭厚0.1厘米，重2.48克（图一三九，13）。

天圣元宝　2枚。圆形，方穿，正背面有圆郭，正面楷书"天圣元宝"四字，右旋读；光背。M4：2-8，钱径2.3、穿径0.6、郭厚0.1厘米，重2.42克（图一三九，14）。M4：2-9，钱径

0　　　　　2厘米

图一三九　M4出土铜钱

1. 开元通宝（M4：1-1）　　2～8. 咸平元宝（M4：1-2、M4：2-1、M4：2-2、M4：3-1、M4：3-2、M4：3-3、M4：3-4）

9. 景德元宝（M4：2-3）　　10、11. 祥符通宝（M4：2-4、M4：2-5）　　12、13. 祥符元宝（M4：2-6、M4：2-7）

14、15. 天圣元宝（M4：2-8、M4：2-9）　　16、17. 皇宋通宝（M4：1-3、M4：2-10）

2.3、穿径0.69、郭厚0.1厘米，重1.86克（图一三九，15）。

皇宋通宝　2枚。圆形，方穿，正背面有圆郭，正面楷书"皇宋通宝"四字，对读；光背。M4：1-3，钱径2.3、穿径0.7、郭厚0.15厘米，重4.03克（图一三九，16）。M4：2-10，钱径2.35、穿径0.66、郭厚0.1厘米，重2.6克（图一三九，17）。

熙宁元宝　2枚。圆形，方穿，正背面有圆郭，正面楷书"熙宁元宝"四字，右旋读；光背。M4：2-11，钱径2.2、穿径0.66、郭厚0.1厘米，重2.74克（图一四〇，1）。M4：2-12，钱径2.3、穿径0.62、郭厚0.1厘米，重2克（图一四〇，2）。

治平通宝　1枚。M4：2-13，圆形，方穿，正背面有圆郭，正面楷书"治平通宝"四字，对读；光背。钱径2.3、穿径0.69、郭厚0.1厘米，重2.61克（图一四〇，3）。

治平元宝　1枚。M4：4，圆形，方穿，背面有圆郭，正面篆书"治平元宝"四字，右旋读；光背。钱径2.35、穿径0.65、郭厚0.1厘米，重2.49克（图一四〇，4）。

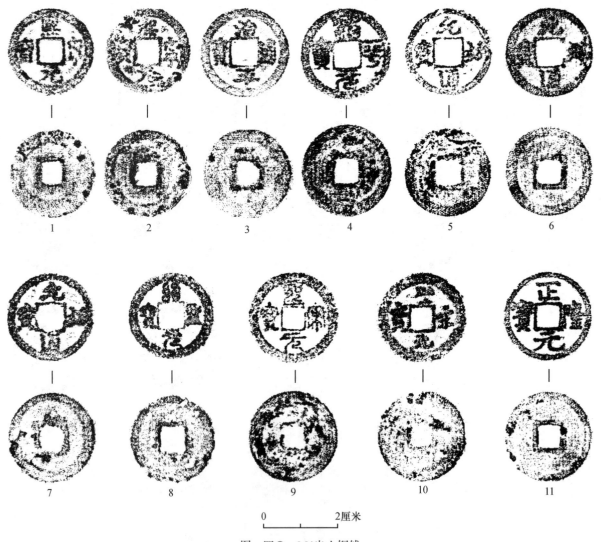

图一四〇　M4出土铜钱

1、2.熙宁元宝（M4：2-11、M4：2-12）　3.治平通宝（M4：2-13）　4.治平元宝（M4：4）　5～7.元祐通宝（M4：1-4、M4：2-14、M4：2-15）　8.绍圣元宝（M4：2-16）　9、10.圣宋元宝（M4：1-5、M4：2-17）　11.正隆元宝（M4：2-18）

元祐通宝　3枚。圆形，方穿，正背面有圆郭，正面行书"元祐通宝"四字，右旋读；光背。M4：1-4，钱径2.2、穿径0.67、郭厚0.1厘米，重2.15克（图一四〇，5）。M4：2-14，钱径2.25、穿径0.6、郭厚0.1厘米，重2.52克（图一四〇，6）。M4：2-15，钱径2.25、穿径0.69、郭厚0.1厘米，重2.56克（图一四〇，7）。

绍圣元宝　1枚。M4：2-16，圆形，方穿，正背面有圆郭，正面篆书"绍圣元宝"四字，右旋读；光背。钱径2.25、穿径0.6、郭厚0.1厘米，重2.66克（图一四〇，8）。

圣宋元宝　2枚。M4：1-5，圆形，方穿，正背面有圆郭，正面篆书"圣宋元宝"四字，右旋读；光背。钱径2.35、穿径0.58、郭厚0.1厘米，重2.9克（图一四〇，9）。M4：2-17，圆形，方穿，正背面有圆郭，正面行书"圣宋元宝"四字，右旋读；光背。钱径2.3、穿径0.52厘米，重2.42克（图一四〇，10）。

正隆元宝　1枚。M4：2-18，圆形，方穿，正背面有圆郭，正面楷书"正隆元宝"四字，右旋读；光背。钱径2.25、穿径0.6、郭厚0.1厘米，重2.9克（图一四〇，11）。

M5　位于发掘区中北部，东北邻M6，西南邻M4，开口于第1层下。南北向，方向5°。为一座梯形竖穴土圹三棺墓，由东墓穴、中墓穴、西墓穴组成，中墓穴被东墓穴、西墓穴打破。墓室直壁，平底。土圹南北长2.8～2.9、东西宽2.6～2.8、深0.4米。墓口距地表深0.5米，墓底距地表深0.88～0.92米（图一四一；图版四〇，3）。

东墓穴平面呈梯形。南北长2.82～2.86、东西宽0.96～1.04、深0.42米。葬具为木棺，木棺平面呈梯形，已朽为棺痕。木棺痕南北长2.3、东西宽0.6～0.64、残高0.42米。棺内有骨架一具，人骨保存较好，头北足南，面向上，仰身直肢，残高1.56米，为男性。中墓穴平面形状不明确。南北长2.9、东西宽1～1.1、深0.4米。葬具为木棺，木棺平面呈梯形，已朽为棺痕。棺痕南北长2.18、东西宽0.46～0.6、残高0.4米。棺内有骨架一具，人骨保存较差，头北足南，面向、葬式、性别不明。西墓穴平面呈梯形。南北长2.9、东西宽约0.88～0.92、深0.38米。葬具为木棺，平面呈梯形，已朽为棺痕。棺痕南北长1.98、东西宽0.48～0.68、残高0.38米，棺内有骨架一具，人骨保存极差，头北足南，面向西，葬式、性别不详。三棺内前方各随葬陶罐1件，棺内共有铜钱33枚。

陶罐　3件。泥质红陶，轮制。M5：1，直口，方圆唇，高领，溜肩，鼓腹，下腹斜收，浅圈足。体有轮旋痕迹。口径11.2、腹径13.1、底径6.2、高12.5厘米（图一四二，1；图版五二，2）。M5：3，侈口，方唇，矮领，束颈，溜肩，鼓腹，下腹斜收，圈足。器表有修胚痕迹。口径10.8、腹径13.8、底径6.1、高13.5厘米（图一四二，2；图版五二，3）。M5：5，残。直口，方圆唇，溜肩，鼓腹，下腹弧收，浅圈足。器表有修胚痕迹。口径10.8、腹径12.9、底径6.6、高12.4厘米（图一四二，3；图版五二，4）。

铜钱　33枚，其中16枚无法辨认。

开元通宝　1枚。M5：4-1，圆形，方穿，正背面有圆郭，正面隶书"开元通宝"四字，对读；光背。钱径2.15、穿径0.6、郭厚0.1厘米，重1.87克（图一四三，1）。

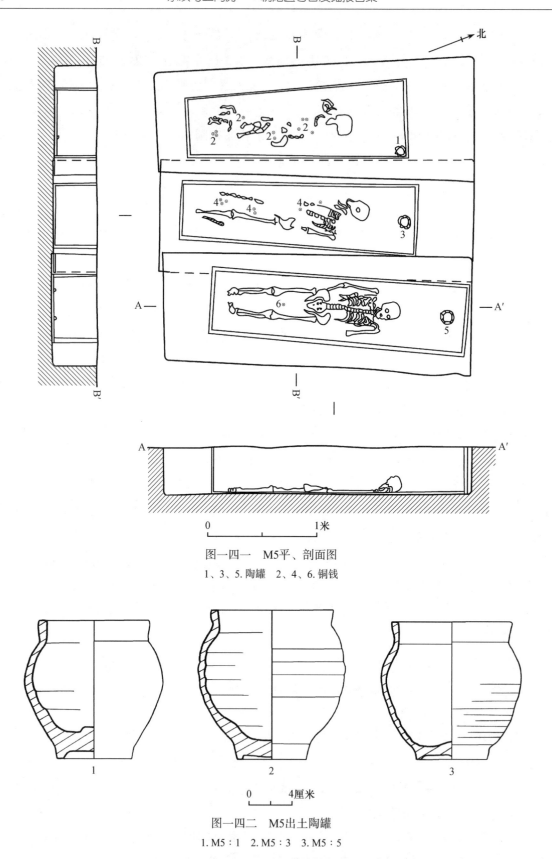

图一四一　M5平、剖面图

1、3、5.陶罐　2、4、6.铜钱

图一四二　M5出土陶罐

1.M5：1　2.M5：3　3.M5：5

通正元宝　1枚。M5：4-2，圆形，方穿，正背面有圆郭，正面隶书"通正元宝"四字，右旋读；光背。钱径2.2、穿径0.61、郭厚0.1厘米，重3.3克（图一四三，2）。

宋元通宝　1枚。M5：2-1，圆形，方穿，正背面有圆郭，正面楷书"宋元通宝"四字，对读；光背。钱径2.4、穿径0.6、郭厚0.1厘米，重量2.29克（图一四三，3）。

至道元宝　1枚。M5：2-2，圆形，方穿，正背面有圆郭，正面行书"至道元宝"四字，右旋读；光背。钱径2.3、穿径0.58、郭厚0.1厘米，重2.8克（图一四三，4）。

咸平元宝　1枚。M5：2-3，圆形，方穿，正背面有圆郭，正面楷书"咸平元宝"四字，右旋读；光背。钱径2.25、穿径0.51、郭厚0.1厘米，重2克（图一四三，5）。

景德元宝　2枚。圆形，方穿，正背面有圆郭，正面楷书"景德元宝"四字，右旋读；光背。M5：4-3，钱径2.35、穿径0.6、郭厚0.1厘米，重2.32克（图一四三，6）。M5：4-4，钱径2.25、穿径0.58、郭厚0.1厘米，重2.66克（图一四三，7）。

祥符通宝　3枚。圆形，方穿，正背面有圆郭，正面楷书"祥符通宝"四字，右旋读；光背。M5：2-4，钱径2.3、穿径0.6、郭厚0.1厘米，重2.1克（图一四三，8）。M5：2-5，钱径2.35、穿径0.68、郭厚0.1厘米，重2.49克（图一四三，9）。M5：4-5，钱径2.4、穿径0.65、郭厚0.1厘米，重2.27克（图一四三，10）。

祥符元宝　1枚。M5：2-6，圆形，方穿，正背面有圆郭，正面楷书"祥符元宝"四字，右旋读；光背。钱径2.3、穿径0.55、郭厚0.1厘米，重2.63克（图一四三，11）。

天禧通宝　1枚。M5：2-7，圆形，方穿，正背面有圆郭，正面楷书"天禧通宝"四字，右旋读；光背。钱径2.35、穿径0.6、郭厚0.1厘米，重3.24克（图一四三，12）。

天圣元宝　1枚。M5：4-6，圆形，方穿，正背面有圆郭，正面篆书"天圣元宝"四字，右旋读；光背。钱径2.4、穿径0.61、郭厚0.1厘米，重2.75克（图一四三，13）。

皇宋通宝　1枚。M5：2-8，圆形，方穿，正背面有圆郭，正面楷书"皇宋通宝"四字，对读；光背。钱径2.4、穿径0.7、郭厚0.1厘米，重2.92克（图一四三，14）。

嘉祐元宝　1枚。M5：4-7，圆形，方穿，正背面有圆郭，正面楷书"嘉祐元宝"四字，右旋读；光背。钱径2.2、穿径0.69、郭厚0.1厘米，重2.54克（图一四三，15）。

元符通宝　1枚。M5：6，圆形，方穿，正背面有圆郭，正面行书"元符通宝"四字，右旋读；光背。钱径2.25、穿径0.58、郭厚0.1厘米，重2.77克（图一四三，16）。

圣宋元宝　1枚。M5：2-9，圆形，方穿，正背面有圆郭，正面行书"圣宋元宝"四字，右旋读；光背。钱径2.25、穿径0.69、郭厚0.1厘米，重1.91克（图一四三，17）。

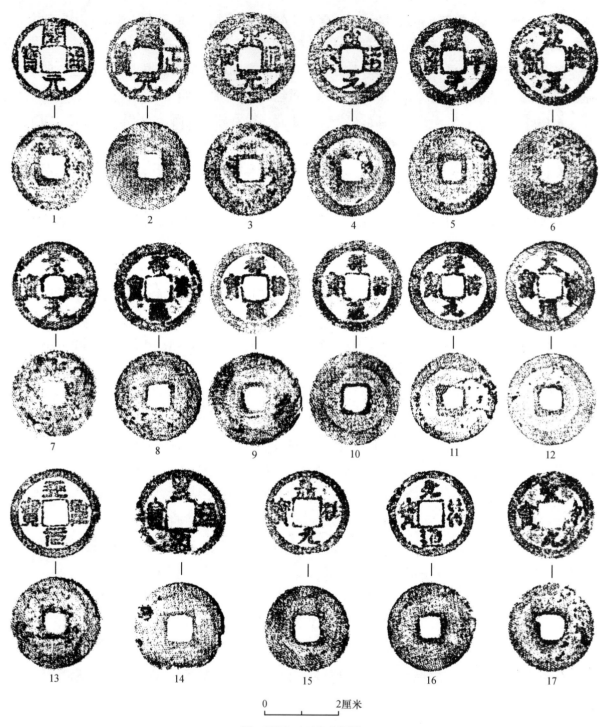

图一四三　M5出土铜钱

1. 开元通宝（M5：4-1）　2. 通正元宝（M5：4-2）　3. 宋元通宝（M5：2-1）　4. 至道元宝（M5：2-2）　5. 咸平元宝（M5：2-3）
6、7. 景德元宝（M5：4-3、M5：4-4）　8～10. 祥符通宝（M5：2-4、M5：2-5、M5：4-5）　11. 祥符元宝（M5：2-6）
12. 天禧通宝（M5：2-7）　13. 天圣元宝（M5：4-6）　14. 皇宋通宝（M5：2-8）　15. 嘉祐元宝（M5：4-7）
16. 元符通宝（M5：6）　17. 圣宋元宝（M5：2-9）

五、坑

坑共1处，编号为K1。

K1　位于发掘区中部偏北，打破M6，西南与M5相邻，开口于第1层下。南北向，方向27°。平面呈长方形，坑壁竖直，底部呈二级台阶状。南北长0.92、东西宽0.68、深0.38米，坑口距地表0.5米，坑底距地表0.88米（图一四四；图版三四，3）。

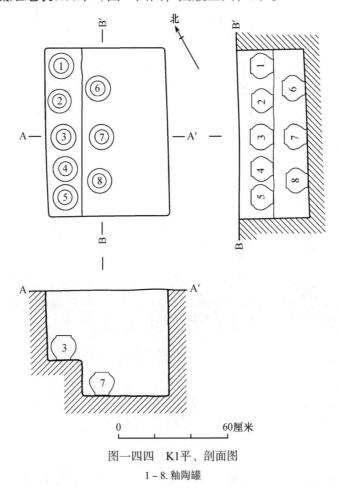

图一四四　K1平、剖面图

1~8.釉陶罐

釉陶罐　8件。形制相同。直口，圆唇，短颈，溜肩，鼓腹弧收至圈足。器表有修胚痕迹，肩腹部以上及口沿内侧施黄绿釉。釉层稀薄，部分有流釉现象。K1：1，口径7.5、腹径13.8、底径6.2、高12.6厘米（图一四五，1；图版五二，5）。K1：2，口径7.3、腹径13.4、底径6.1、高11.8厘米（图一四五，2；图版五二，6）。K1：3，口径7.7、腹径14.2、底径6.8、高12.9厘米（图一四五，3；图版五三，1）。K1：4，口径7.4、腹径13.6、底径6.5、高12.4厘米（图一四五，4；图版五三，2）。K1：5，口径8、腹径13.7、底径6.1、高12.4厘米（图一四五，5；图版五三，3）。K1：6，口径7.7、腹径14.1、底径6.5、高12.7厘米（图一四五，6；图版五三，4）。K1：7，口径7.5、腹径13.8、底径6.7、高12.4厘米（图一四五，7；图版五三，5）。K1：8，口径7.5、腹径13.7、底径6.5、高12.1厘米（图一四五，8；图版五三，6）。

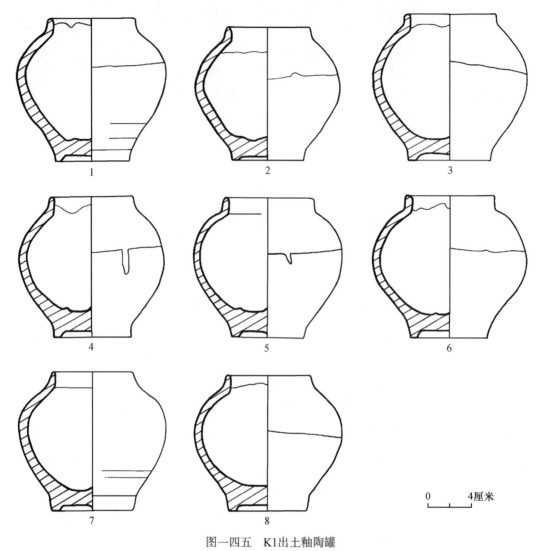

图一四五　K1出土釉陶罐

1. K1∶1　2. K1∶2　3. K1∶3　4. K1∶4　5. K1∶5　6. K1∶6　7. K1∶7　8. K1∶8

六、结　　语

　　此次发掘清理的M24，没有发现明确的纪年标志，随葬器物简单。M24为弧壁砖墓，由墓道、两道封门墙、甬道，以及前、后两室构成。该墓墓葬形制与河北衡水景县王瞳镇野林庄村高雅夫妇子女合葬墓[①]（东魏天平四年，537年）相近，与密云大唐庄[②]M106形制相似，为北朝时期华北地区的典型墓葬形制[③]。前后两室的埋葬方式，可能是由于魏晋以来重视士族谱系而

① 河北省文管处：《河北景县北魏高氏墓发掘简报》，《文物》1979年第3期。

② 北京市文物研究所：《密云大唐庄：白河流域古代墓葬发掘报告》，上海古籍出版社，2010年，第95～97页。

③ 李梅田：《魏晋南北朝墓葬中的弧壁砖室现象研究》，《中国国家博物馆馆刊》2012年第7期。

采用了家族衬葬的习俗①。有学者将北朝晚期墓葬划分为三个等级②，依据M24的体量和材质推断，该墓墓主应为北朝晚期中、低等级官吏。

随葬器物中，出土陶器带有北朝晚期风格。泥质红陶碗M24∶1、M24∶6与河北磁县东魏茹茹公主墓③出土陶碗（标本610），以及太原南坪头北朝墓葬④出土M2∶3形制相似。陶罐M24∶8、M24∶3与北京王府仓北齐墓出土陶罐相似。陶盆M24∶7与河北磁县东魏茹茹公主墓出土陶盆（标本696）器形一致。铜饰（M24∶5）应为带銙，属于腰带饰的组成部分，其平面呈椭圆形，与唐代带銙一边圆形一边平直略有不同。根据墓葬形制及其随葬器物判断，M24为北朝晚期墓葬。

此次共清理明清时期墓葬22座，坑1处。其中单人墓葬8座，双人合葬墓12座，三人合葬墓2座。出土的随葬品有陶罐、瓷罐、金耳环、银耳环、银簪、铜簪、铜镜、铜烟锅、铜烟嘴、玻璃器、铜钱等。根据墓葬形制和随葬品判断，均为明清时期墓葬。

其中M3出土折枝纹银碗、素面铜镜带有明代风格；红陶罐M5∶3、M5∶5与北京射击场工程明代墓葬中C型素面泥质红陶罐M2∶1、M8∶1、M9∶5⑤一致。北方地区明墓普遍有使用唐宋旧钱的现象⑥，M4、M5出土"开元通宝"和大量宋代"祥符通宝""皇宋通宝"等铜钱，因此推断M4、M5为明代墓葬。K1出土釉陶罐标本K1∶1~K1∶8，与顺义区高丽营镇于庄明代墓葬M14∶3⑦器形相近。结合K1和M6的层位关系，K1打破M6，推断M6、K1亦为明代遗迹。综上，M3~M6、K1应为明代遗迹。

其余墓葬出土器物中，釉陶罐M20∶2、M20∶4与大兴采育西组团清代墓葬M71∶1一致，并出土"康熙通宝"；花草纹扁簪M15∶3与奥运一期工程清代墓葬M202∶3⑧一致；蝙蝠捧寿纹如意簪M15∶2、M15∶4与大兴采育西组团清代墓葬M9∶1相似⑨；出土铜烟袋M14∶4、M14∶5与中关村电子城西区E5研发中心三期地块M8∶12-1⑩等相近。其余出土器物均为北京地区清代墓葬常见器物，推断M1、M2、M7~M18、M20~M23年代为清代。

此次发掘的北朝晚期墓葬M24，在北京地区发现此类形制墓葬较少，发掘的明清时期墓葬形制典型，出土器物丰富。为研究北京地区北朝和清代的墓葬形制与丧葬习俗提供了新的实物资料。

---

① 大同市考古研究所：《山西大同七里村北魏墓群发掘简报》，《文物》2006年第10期。

② 李梅田：《北齐墓葬文化因素分析——以邺城、晋阳为中心》，《中原文物》2004年第4期。

③ 磁县文化馆：《河北磁县东魏茹茹公主墓发掘简报》，《文物》1984年第4期。

④ 太原市文物考古研究所、山西省彩塑壁画保护中心：《太原南坪头北朝墓葬发掘简报》，《文物鉴定与鉴赏》2019年第14期。

⑤ 北京市文物研究所、北京市文物局：《北京奥运场馆考古发掘报告》，科学出版社，2007年，第617页。

⑥ 夏寒：《浅议明墓中的古钱》，《四川文物》2006年第2期。

⑦ 北京市文物研究所：《北京顺义区高丽营镇于庄明清墓葬发掘简报》，《北京文博文丛》2015年第1期。

⑧ 北京市文物研究所、北京市文物局：《北京奥运场馆考古发掘报告》，科学出版社，2007年，第244页。

⑨ 北京市文物研究所：《大兴古墓葬考古发掘报告集》，科学出版社，2020年，第34页。

⑩ 北京市文物研究所：《单店与黑庄户：朝阳区考古发掘报告集》，上海古籍出版社，2021年，第69页。

第五章　金盏乡金盏西村元代、清代墓葬

一、概　　述

2021年12月，为配合基本建设工程的开展，北京市考古研究院对北京市朝阳区金盏乡金盏西村部分区域进行了考古勘探、发掘工作。发掘区位于朝阳区东北部，北邻金盏路，东邻机场第二高速，南邻平谷线，西邻东苇路。地理坐标为东经116°34′8.47″，北纬40°0′3.81″（图一四六）。此次共发掘墓葬7座，编号M1～M7，其中元代墓葬1座，为砖室墓，编号M7；清代墓葬6座，均为竖穴土圹墓，编号M1～M6（图一四七）。现将发掘情况报告如下。

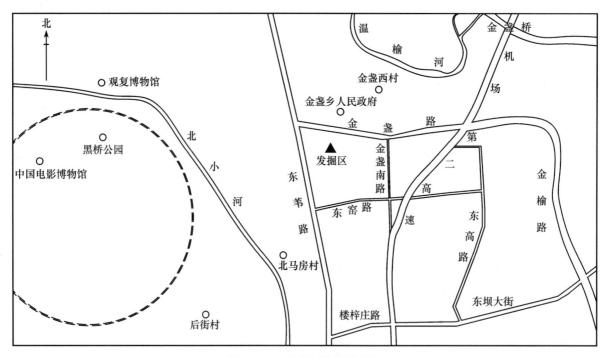

图一四六　发掘区位置示意图

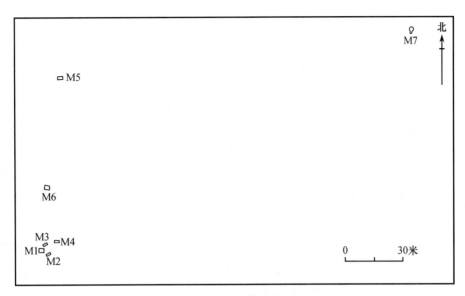

图一四七 墓葬分布图

二、地层堆积情况

此次发掘区域地层堆积基本一致，大致可分2层：

第1层：呈黄褐色，土质较硬，无包含物，厚0.25～0.5米，分布整个区域，为现代人类活动层。此次发现的墓葬均开口在该层下。

第2层：呈浅褐色，土质较疏松，无包含物，距现地表0.5～0.7米，分布于整个区域。

第2层下为生土。

三、元 代 墓 葬

此次发掘元代墓葬1座，编号为M7。

M7 位于发掘区东北部，附近无邻墓，与西部、西南部清代墓葬相距约200米，开口于第1层下，打破第2层和生土。南北向，方向188°。墓葬平面呈"甲"字形，为竖穴土圹单室砖室（图一四八；图版五四，1）。墓圹南北长3.4、东西宽0.87～2.16米，墓口距地表深0.5米，墓底距地表深1.05米。由墓道、墓门和墓室三部分组成。用砖为泥质青砖，素面，规格为0.36米×0.18米×0.05米（图一四九）。

墓道 位于墓圹南部正中，平面呈纵长方形，直壁，底呈斜坡式，坡度30°。南北长0.96、东西宽0.87、深0～0.55米，坡长1.12米。内填黄褐色花土，土质较疏松。

墓门 连接墓道和墓室，平面呈横长方形。由于破坏严重，上部大部分已无存。东西宽0.82、残高0.42、进深0.37米。两侧砖墙以三平一丁叠砌向上。封门用青砖以一平一立向上砌筑。宽0.4、残高0.42、进深0.18米。

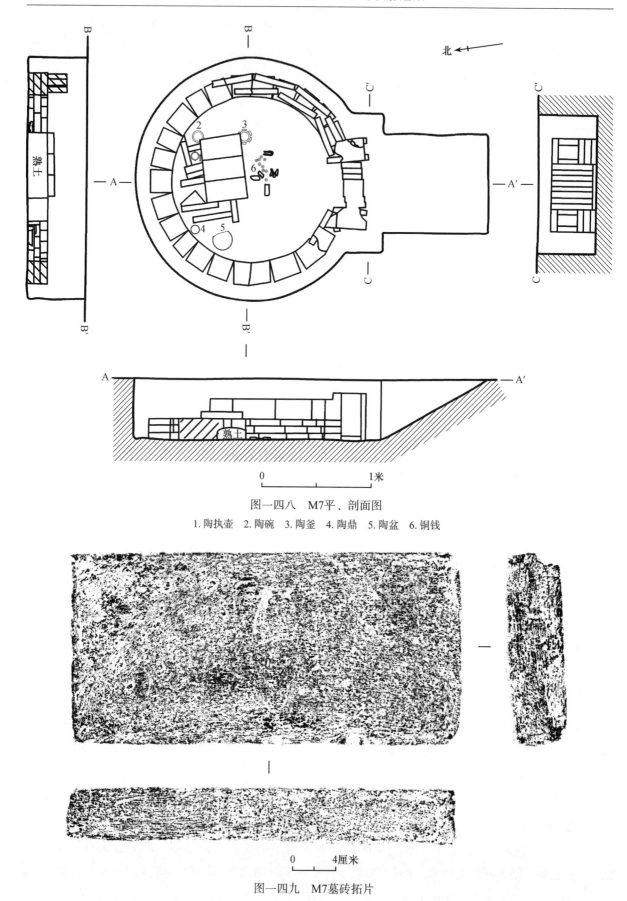

图一四八　M7平、剖面图

1.陶执壶　2.陶碗　3.陶釜　4.陶鼎　5.陶盆　6.铜钱

图一四九　M7墓砖拓片

墓室　位于墓门北部，平面近圆形。由于破坏严重，上部已无存。南北长径2、东西短径2.16、深0.55米。砖墙以三平一丁向上砌筑。墓室北部砌有棺床，平面呈横长方形。长0.7、宽0.76、残高0.26米。以一丁一平向上砌筑，内填熟土。未见铺地砖。墓室内未见葬具，仅存部分烧骨散落于墓室（图版五四，2）。

随葬陶釜1件，位于棺床东南部；陶盆1件、陶鼎1件，位于棺床西部、西北部；陶执壶1件，陶碗1件，位于棺床东北部；铜钱9枚，位于棺床南部。

陶釜　1件。M7：3，泥质灰陶，轮制。圆唇，敛口，口部呈子口状，肩腹部有两两相对的坡形鋬耳六个，耳内高外低，上腹缓折，下腹弧收，平底，底部边缘存有外卷泥条。素面。口径6.6、底径4.2、高4.6~4.8厘米（图一五〇，1；图版五五，1、2）。

陶碗　1件。M7：2，泥质灰陶，轮制。尖圆唇，外折沿，沿面外高内低，敛口，折腹，平底微内凹。碗的一侧有柄，残断，口沿和折腹处存有痕迹。口径8.1、底径5.1、高3.2厘米（图一五〇，2；图版五五，3）。

陶执壶　1件。M7：1，泥质灰陶，轮制。侈口，厚圆唇，深弧腹，近底部略外展，饼形平底，肩腹结合部一侧有一斜向上的流，流口略向下弯曲，对应一侧安一竖向半环形执把。肩腹结合处有一周明显的接胎痕。口径4.6、底径3.1、高7.9厘米（图一五〇，5；图版五五，4）。

陶鼎　1件。M7：4，泥质灰陶，轮制。方圆唇，侈口，沿缘外折，深弧腹，平底，鸭嘴状三足。口径8.5、底径4.4、高7.2厘米（图一五〇，4；图版五五，5）。

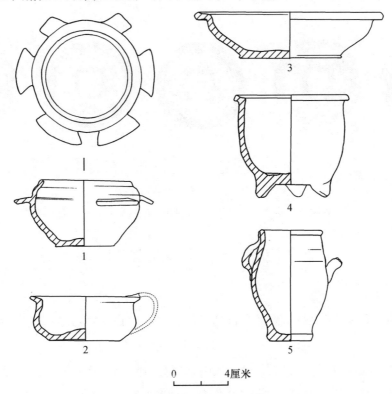

图一五〇　M7出土器物

1.陶釜（M7：3）　2.陶碗（M7：2）　3.陶盆（M7：5）　4.陶鼎（M7：4）　5.陶执壶（M7：1）

陶盆　1件。M7∶5，泥质灰陶，轮制。圆唇，敞口，折沿，沿面内凹，浅弧腹，平底。素面，器表有轮旋痕。口径14、底径7.5、高3.3厘米（图一五〇，3；图版五五，6）。

铜钱　9枚，有开元通宝、皇宋通宝、元丰通宝、元符通宝，4枚锈蚀严重，钱文不清。

开元通宝　1枚。M7∶6-4，小平钱，圆形，方穿，正、背面外郭缘较窄，正面隶书"开元通宝"四字，对读；光背。钱径2.3、穿径0.7、郭厚0.15厘米（图一五一，1）。

皇宋通宝　1枚。M7∶6-2，小平钱，圆形，方穿，正、背面外郭缘较宽，正面篆书"皇宋通宝"四字，对读；光背。钱径2.3、穿径0.7、郭厚0.15厘米（图一五一，2）。

元丰通宝　2枚。M7∶6-1，小平钱，圆形，方穿，正、背面郭缘略宽，正面篆书"元丰通宝"四字，右旋读；光背。钱径2.3、穿径0.7、郭厚0.15厘米（图一五一，3）。M7∶6-3，小平钱，圆形，方穿，正、背面郭缘略宽，正面行书"元丰通宝"四字，右旋读；光背。钱径2.3、穿径0.7、郭厚0.15厘米（图一五一，4）。

元符通宝　1枚。M7∶6-5，小平钱，圆形，方穿，正、背面郭缘略宽，正面篆书"元符通宝"四字，右旋读；光背。钱径2.3、穿径0.7、郭厚0.15厘米（图一五一，5）。

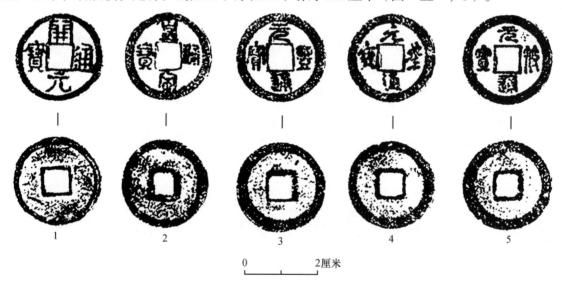

0　　　　　2厘米

图一五一　M7出土铜钱拓片

1. 开元通宝（M7∶6-4）　2. 皇宋通宝（M7∶6-2）　3、4.元丰通宝（M7∶6-1、M7∶6-3）　5. 元符通宝（M7∶6-5）

四、清代墓葬

本次发掘的7座墓葬中，M1～M6为清代竖穴土圹墓，M1～M4头向基本一致，埋葬集中，呈昭穆制度排列，应为一小型家族墓地，M5为空墓，在此不做介绍。

M1　位于发掘区西南部，东北邻M3，东南邻M2，开口于第1层下，打破第2层至生土。东西向，方向270°。为一座长方形竖穴土圹双棺墓，北室打破南室，直壁规整，平底。墓圹东西长2.6、南北宽2.1、深1.6米，墓口距地表深0.5米，墓底距地表深2.1米。内填黄褐色花土，土质较疏松。

土圹内置双棺，皆为木质，由于腐朽严重，仅存棺痕。北棺平面呈长方形。棺痕东西长1.82、南北宽0.54、残高0.25米。内置骨架一具，保存较差，头向西南，面向上，仰身直肢，为男性。墓主多个腰椎、胸椎生有骨刺；第一臼齿（M1）齿质暴露、第二臼齿（M2）髓腔暴露，牙齿唇侧磨耗严重，依据牙齿磨耗情况，推断其年龄为60岁左右。南棺平面呈长方形。棺痕东西长1.78、南北宽0.62、残高0.3米。内置骨架一具，保存较差，头骨破碎，头向、面向不详，仰身直肢，为女性。依据牙齿磨耗情况，推断其年龄为60岁左右（图一五二；图版五六，1）。南棺随葬银簪1件、银扁方1件，出于头骨西侧；银戒指1件，出于右侧肱骨南侧；铜钱1枚，出于胸部；北棺随葬铜钱1枚，出于头骨东北部。

银簪　1件。M1：3，簪首呈圆形片状，上部錾刻"寿"字，簪体呈圆锥状，背面对称錾刻"万华"字样。通长8.2、簪首直径1.9厘米（图一五三，4；图版五八，1）。

银戒指　1枚。M1：4，圆形，戒面锤揲成桃形，饰折枝花卉纹，背面錾刻"万华"字样，两端呈扁条锥形。直径1.9厘米（图一五三，6；图版五八，2）。

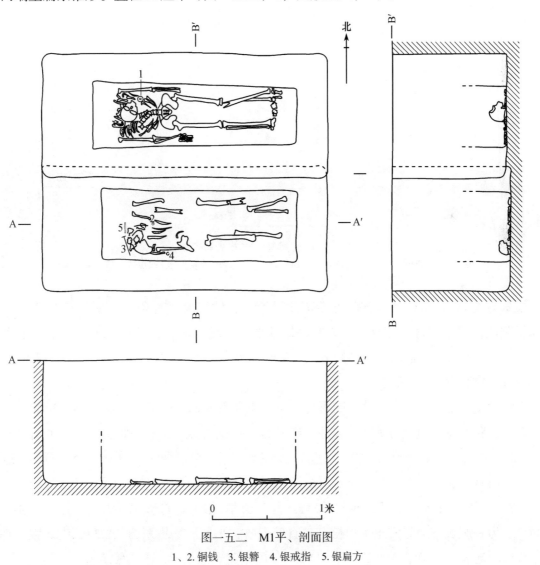

图一五二　M1平、剖面图

1、2.铜钱　3.银簪　4.银戒指　5.银扁方

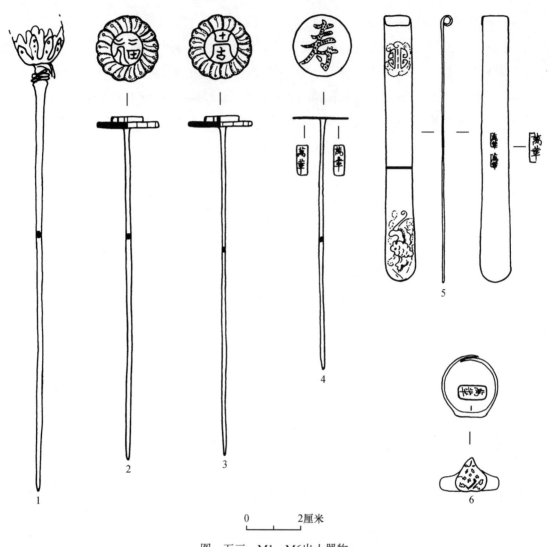

图一五三　M1、M6出土器物
1~4.银簪（M6：1、M6：2、M6：3、M1：3）　5.银扁方（M1：5）　6.银戒指（M1：4）

银扁方　1件。M1：5，首部圆卷弯曲呈筒状，体宽扁呈长条形，末端呈圆弧形。簪体上部錾刻圆形篆书"寿"字纹，下方錾刻蝙蝠纹，背面中部竖款楷书两个"万华"字样。长9.2、宽0.9厘米（图一五三，5；图版五八，3）。

铜钱　2枚，均为光绪通宝。

光绪通宝　M1：1，小平钱，圆形，方穿，正背面外郭缘略宽，正面楷书"光绪通宝"四字，对读；背穿左右两侧为满文"宝源"纪局名。钱径2、穿径0.6、郭厚0.1厘米（图一五四，1）。M1：2，小平钱，圆形，方穿，正背面外郭缘略宽，正面楷书"光绪通宝"四字，对读；背穿左右两侧为满文"宝泉"纪局名。钱径2.1、穿径0.6、郭厚0.1厘米（图一五四，2）。

M2　位于发掘区西南部，西北邻M1。开口于第1层下，打破第2层至生土。东西向，方向241°。为一座长方形竖穴土圹单棺墓，直壁规整，平底。墓圹东西长2.34、南北宽1、深0.8米，墓口距地表深0.5米，墓底距地表深1.3米。内填黄褐色花土，土质较疏松。

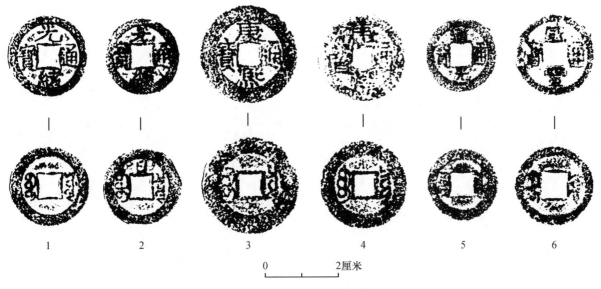

图一五四　M1、M2、M6铜钱拓片

1、2.光绪通宝（M1：1、M1：2）　3、4.康熙通宝（M2：1-2、M2：1-1）　5.道光通宝（M6：5）　6.咸丰通宝（M6：4）

土圹墓内置单棺，木棺平面呈长方形，腐朽严重。棺痕东西长1.9、南北宽0.6~0.64、残高0.2米。棺内有骨架一具，人骨保存较差，头骨移位到左腹部，头向北，面向东，仰身直肢，为男性。墓主胸椎生有骨刺，前部牙齿唇侧磨耗严重。依据耻骨联合面形态，结合牙齿磨耗，推断年龄为27~30岁（图一五五；图版五六，2）。随葬铜钱2枚，位于腹部。

铜钱　2枚，均为康熙通宝。

康熙通宝　小平钱，圆形，方穿，正背面外郭缘较宽，正面楷书"康熙通宝"四字，对读；背穿左右两侧为满文"宝泉"纪局名。M2：1-1，钱径2.3、穿径0.6、郭厚0.1厘米（图一五四，4）。M2：1-2，钱径2.6、穿径0.6、郭厚0.1厘米（图一五四，3）。

M3　位于发掘区西南部，南邻M1，东邻M4，开口于第1层下，打破第2层至生土。呈西南—东北向，方向244°。为一座长方形竖穴土圹单棺墓，直壁规整，平底。墓圹东西长2.32、南北宽1、深0.78米，墓口距地表深0.5米，墓底距地表深1.28米。内填黄褐色花土，土质较疏松。

土圹内置单棺，木棺平面呈长方形，东西两挡板朽烂严重。棺东西长2.1、南北宽0.63~0.7、残高0.12~0.28米，板厚0.03~0.07米。棺内有骨架一具，人骨保存较差，肋骨凌乱，头骨移位，头向东，面向北，仰身直肢，为男性。依据牙齿磨耗和骨缝愈合情况，推断年龄为30~35岁（图一五六；图版五七，1）。未出土随葬品。

M4　位于发掘区西南部，西南邻M3，开口于第1层下，打破第2层至生土。东西向，方向270°。为一座长方形竖穴土圹单棺墓，直壁规整，平底。墓圹东西长2.5、南北宽1米、深1.05米，墓口距地表深0.5米，墓底距地表深1.55米。内填黄褐色花土，土质较疏松。

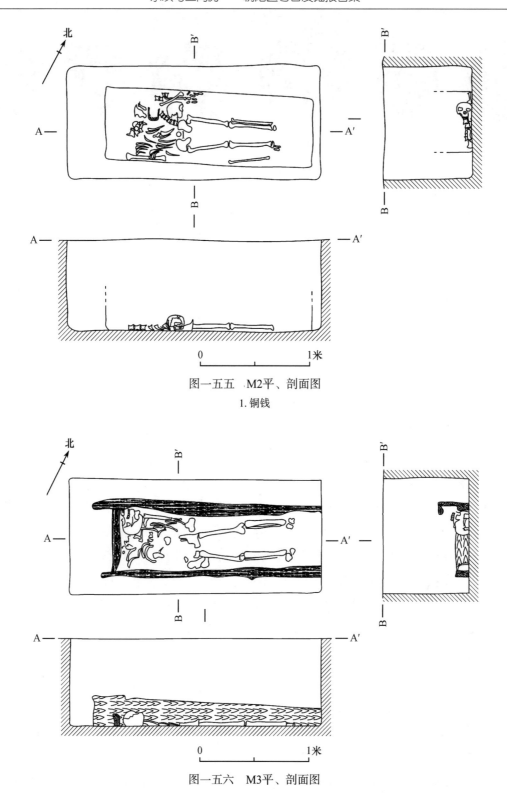

图一五五　M2平、剖面图
1. 铜钱

图一五六　M3平、剖面图

　　土圹内置单棺，木棺平面呈梯形，保存完整。棺东西长2.1、南北宽0.65～0.81、高0.66～0.75米，西高东低，板厚0.06～0.1米。棺内有骨架一具，人骨保存较差，骨架零乱，头骨移位，头向东，面向南，葬式不详，为男性。依据耻骨联合面形态接近4级、第一臼齿（M1）磨耗为2级，鉴定年龄为24～26岁（图一五七；图版五七，2）。未出土随葬品。

　　M6　位于发掘区西南部，附近无邻墓。开口于第1层下，打破第2层至生土。东西向，方向280°。为一座梯形竖穴土圹双棺墓，直壁规整，平底。墓圹东西长2.45～2.71、南北宽1.9～2.14、深0.64米，墓口距地表深0.5米，墓底距地表深1.15米。内填黄褐色花土，土质较疏松。

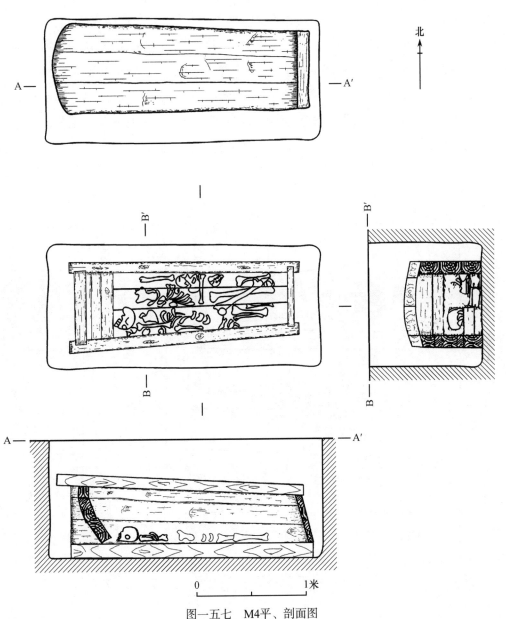

图一五七　M4平、剖面图

　　土圹内置双棺，北墓打破南墓。葬具为木棺，木棺平面呈梯形，腐朽严重。南棺痕东西长1.76、南北宽0.45～0.62、残高0.16米。内置骨架一具，人骨保存较好，头向西，面向下，仰身直肢，为男性。下颌左右M3先天缺失，依据牙齿磨耗，鉴定年龄为40岁左右。北棺痕东西长1.9、南北宽0.46～0.64、残高0.16米。内置骨架一具，人骨保存一般，头向西，面向北，仰身直肢，为女性。右侧第一臼齿（M1）根尖脓肿，牙齿生前已脱落；犬齿牙釉质发育不良，依据牙齿磨耗，推断年龄为30～35岁（图一五八；图版五七，3）。南棺头骨西南部随葬银簪3件；铜钱2枚，位于两股骨之间；铭文砖4块，出于棺外四角处。北棺未出土随葬品。

　　银簪　3件。M6：1，残。簪首为铜质，簪体为银质。簪首呈莲花包珠状，莲花形簪托，内镶嵌珠子缺失，簪体细长圆锥状。残长17.2厘米（图一五三，1；图版五八，4）。M6：2，首呈圆形花朵状，中央凸起一圆环，圆环与花边之间锤揲出凹陷的花瓣状，花瓣中央锤揲出花蕊，花瓣边缘錾刻短斜线纹，圆环内掐丝一个篆书"福"字纹，簪体呈细长圆锥状，簪首鎏金。通长12.4、簪首直径2.3厘米（图一五三，2；图版五八，5）。M6：3，首呈圆形花朵状，中央凸起一圆环，圆环与花边之间锤揲出凹陷的花瓣状，花瓣中央锤揲出花蕊，花瓣边缘錾刻短斜线纹，圆环内掐丝一个篆书"寿"字纹，簪体呈细长圆锥状，簪首鎏金。通长12.3、簪首直径2.3厘米（图一五三，3；图版五八，6）。

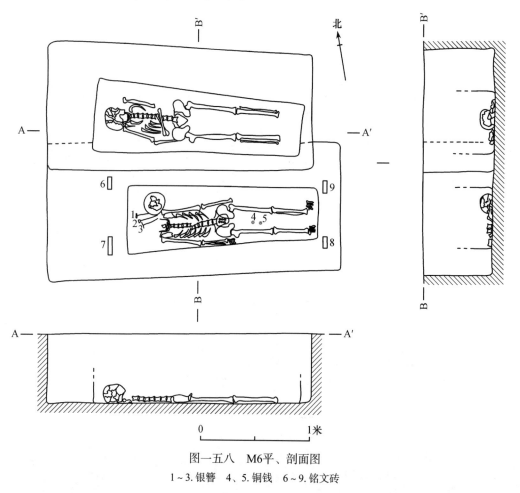

图一五八　M6平、剖面图

1～3.银簪　4、5.铜钱　6～9.铭文砖

铜钱　2枚。

道光通宝　1枚。M6∶5，小平钱，圆形，方穿，正、背面外郭缘较宽，正面楷书"道光通宝"四字，对读；背穿左右两侧为满文"宝泉"纪局名。钱径1.9、穿径0.6、郭厚0.2厘米（图一五四，5）。

咸丰通宝　1枚。M6∶4，小平钱，圆形，方穿，正、背面外郭缘略宽，正面楷书"咸丰通宝"四字，对读；背穿左右为满文"宝泉"纪局名。钱径2.2、穿径0.6、郭厚0.1厘米（图一五四，6）。

铭文砖　4块。形制相同，长24、宽12、厚4厘米。M6∶6，上用朱砂书写"乾天图（圆）"，放置于南棺西北角（图一五九，1；图版五九，1）。M6∶7，上用朱砂书写"坤地方"，放置于墓葬南棺西南角（图一五九，2；图版五九，2）。M6∶8，上用朱砂书写"巽律令"，放置于南棺东南角（图一五九，3；图版五九，3）。M6∶9，上用朱砂书写"艮九章"，放置于南棺东北角（图一五九，4；图版五九，4）。

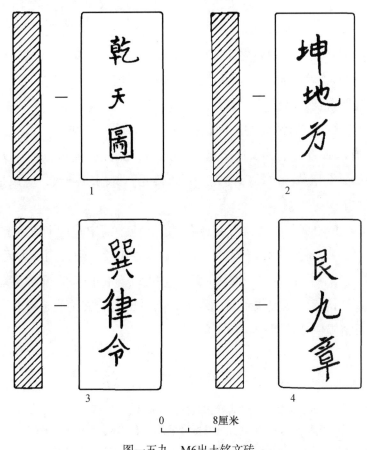

0　　8厘米

图一五九　M6出土铭文砖

1. M6∶6　2. M6∶7　3. M6∶8　4. M6∶9

五、结　　语

　　根据此前学者对北京地区元代墓葬形制结构的类型学研究[①]，将其分为带墓道砖室墓、无墓道砖室（框）墓、带墓道石椁墓、无墓道石椁（棺）墓、土圹墓五大类，其下又分为数个型和亚型。此次发掘的墓葬M7为带墓道的圆形单室砖室墓。此前此类型墓葬多发现于平谷区马坊镇河北村[②]，本次发掘的M7与该遗址的M2～M4、M8形制相似，亦与北京大兴医学科学院墓葬[③]M6，徐水西黑山M9、M10、M17[④]形制相似。

　　六錾陶釜（M7：3）与大兴医学科学院元代墓葬M5：5相似[⑤]，陶碗（M7：2）与五棵松篮球馆工程M1：13相近，陶盆（M7：5）与大兴医学科学院元代墓葬M6：14相似[⑥]。

　　综上，判断该墓葬年代为元代。

　　其余M1～M6均为竖穴土圹墓，规模较小，有单人葬以及双人合葬，葬具均木棺。随葬品有铜簪、银戒指等，寿桃形银戒指（M1：4）与大兴首创机务队清代墓葬M2：1、M2：2[⑦]一致。蝙蝠纹银扁方（M1：5）、福寿簪（M6：2、M6：3）、莲花包珠簪（M6：1）与大兴黄村双高花园清代墓葬M10：1～M10：4[⑧]一致。这些墓还出土"康熙通宝""光绪通宝"等。随葬器物有清代中晚期特征。

　　其中M6出土的铭文砖带有浓厚的民间信仰色彩，"乾""坤""巽""艮"都是八卦中的方位，并且将写有八卦方位的铭文砖分置棺外四角，铭文相连可读作"天圆地方，律令九章"，与《三元总录》中记载的"压镇神咒""斩桑咒"等内容一致，应该是下葬时为祈祷免除灾祸、保佑平安所用。

　　综上，根据M1～M6的墓葬形制及出土器物判断，应为清中晚期平民墓葬。

　　此次发掘的7座墓葬，地层关系清晰、形制典型、时代较明确，判断为元代墓1座，清代墓6座。对上述遗迹的发掘，以及对这一地区地下文物的妥善保护，为了解该地区元代、清代不同时期遗迹的形制、结构、特点提供了新的线索，同时出土的文物为进一步了解该地区当时社会发展状况、丧葬习俗提供了珍贵的实物资料。

---

①　孙勐：《北京考古史·元代卷》，上海古籍出版社，2012年，第72页。

②　北京市文物研究所：《北京平谷河北村元墓发掘简报》，《文物》2012年第7期。

③　北京市文物研究所：《大兴古墓葬考古发掘报告集》，科学出版社，2020年。

④　南水北调中线干线工程建设管理局、河北省南水北调工程建设委员会办公室、河北省文物局：《徐水西黑山金元时期墓地发掘报告》，文物出版社，2007年。

⑤　北京市文物研究所：《大兴古墓葬考古发掘报告集》，科学出版社，2020年，第221页。

⑥　北京市文物研究所：《大兴古墓葬考古发掘报告集》，科学出版社，2020年，第221页。

⑦　北京市文物研究所：《大兴古墓葬考古发掘报告集》，科学出版社，2020年，第156页。

⑧　北京市文物研究所：《大兴古墓葬考古发掘报告集》，科学出版社，2020年，第156页。

第六章　崔各庄乡南皋村L04地块清代墓葬、道路

一、概　　述

2020年11月，为配合北京市朝阳区崔各庄乡南皋村基础建设工程建设开展，北京市考古研究院对项目范围内勘探发现的墓葬及道路遗迹进行了发掘。南皋村明清墓葬、道路遗迹位于朝阳区崔各庄乡南皋村项目地块东邻项目待拆建筑，西邻项目其他地块，南邻南皋路，北邻北小河（图一六〇）。此次共发掘探方15个，发现清代墓葬4座、清代道路4条，均开口于第1层下。墓葬M1～M4分布分散，道路L1～L4横纵贯通发掘区（图一六一）。现将发掘情况报告如下。

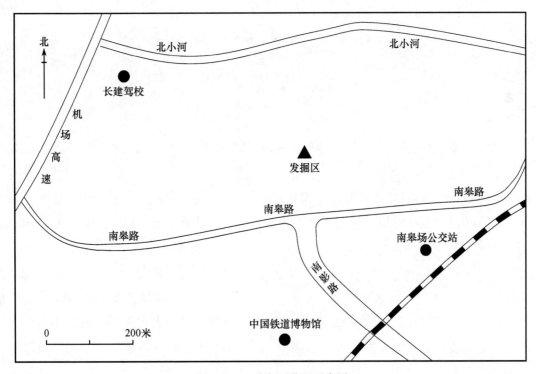

图一六〇　发掘区位置示意图

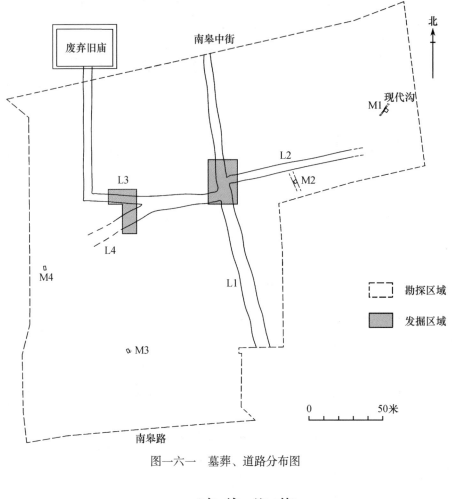

图一六一　墓葬、道路分布图

二、清代墓葬

此次发现的墓葬共4座，其中M1、M3、M4为双棺合葬墓，M2被现代沟破坏严重，仅存少许墓底部分，在此不做介绍。

M1　位于发掘区的东北部，附近无邻墓，开口于第1层下。西北部被现代沟破坏，西北—东南向，墓向302°。为一座梯形竖穴土圹双棺墓，墓圹长2.75、宽1.36、深0.8～0.82米，墓口距地表深0.9米，墓底距地表深1.7～1.72米。内填花土，土质疏松。

土圹内置双棺，木棺平面呈梯形，棺木已朽。北棺痕长1.7、宽0.6、残高0.22米，板厚0.04米。棺内有骨架一具，人骨保存较好，头向西北，面向东北，仰身直肢，为女性。南棺痕长1.8、宽0.4～0.58、残高0.26米，板厚0.04米。棺内有骨架一具，人骨保存较好，头向西北，面向东北，仰身直肢，为男性（图一六二；图版六〇，1）。北棺随葬铜扁方1件、铜耳环1枚，位于北棺头骨东北部。

铜扁方　1件。M1：1，残。簪首圆卷两周，向后弯折，体宽扁呈长条形，尾端残断，素面。残长14.8、残存部分宽0.95～1.45、厚0.1厘米，重7.58克（图一六三，1；图版六三，1）。

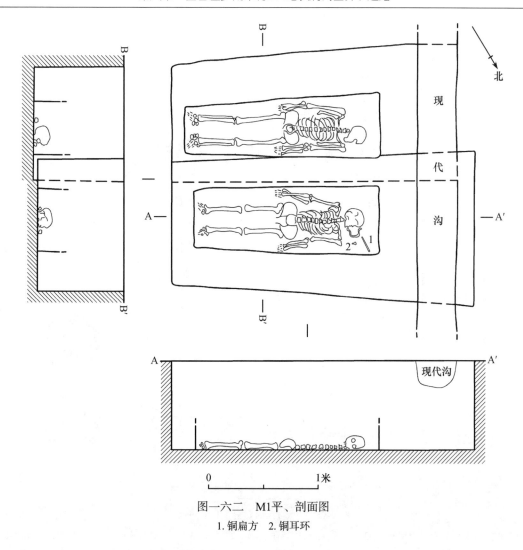

图一六二　M1平、剖面图

1.铜扁方　2.铜耳环

铜耳环　1枚。M1：2，残。首部呈圆形，饼状，素面无纹。环体呈"S"形圆锥状，尾尖，并向后弯折。通长3、环首直径1厘米，重1.21克（图一六三，3；图版六三，2）。

M3　位于发掘区的南部，西北距M4约75米，开口于第1层下。东墓穴东南部被扰土坑打破。西北—东南向，墓向331°。为一座长方形竖穴土圹双棺墓，西墓穴土圹西北部不近规整。墓圹长2.5～2.62、宽1.5～1.6、深0.63～0.66米，墓口距地表深0.8米，墓底距地表深1.43～1.46米。墓内填土为深褐色花土，土质较湿软，夹杂黄褐色砂土块。

土圹内置双棺，葬具为木棺，木棺平面呈梯形，棺木已朽，仅存棺痕。西棺痕长1.64、宽0.4～0.48、残高0.24米，棺板厚约0.04米。棺内有骨架一具，人骨保存较好，头向西北，面向西南，仰身直肢，为女性。东棺痕长1.94、宽0.52～0.64、残高0.26米，棺板厚0.04米，棺内有骨架一具，人骨保存较差，头骨移位，头向东北，面向东南，仰身直肢，为男性（图一六四；图版六〇，2）。西棺随葬骨簪1件、铜押发1件、铜耳环1枚，铜扣1枚，均位于头骨东北部。

骨簪　1件。M3：1，残。体呈圆锥状。素面。残长5.3厘米，重0.57克（图一六三，4；图版六三，3）。

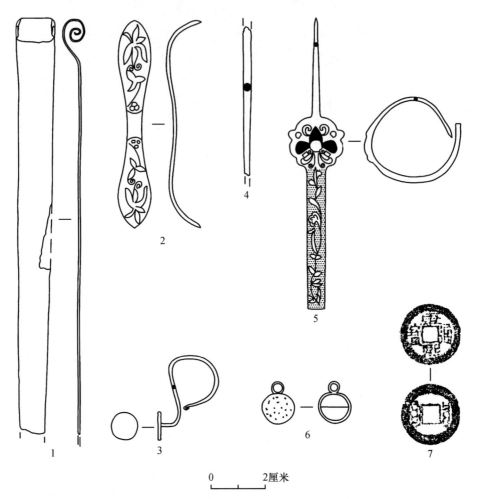

图一六三　M1、M3、L1出土器物

1. 铜扁方（M1∶1）　2. 铜押发（M3∶2）　3、5. 铜耳环（M1∶2、M3∶3）　4. 骨簪（M3∶1）　6. 铜扣（M3∶4）

7. 铜钱（L1∶1）

　　铜押发　1件。M3∶2，残，整体呈弓形，两端较宽呈叶状，錾刻花草纹，中部收束。通长7.4、宽0.6~1.2、厚0.1厘米，重7.27克（图一六三，2；图版六三，4）。

　　铜耳环　1枚。M3∶3，残，整体呈"C"形，一端为细长圆锥状，另一端呈长方形扁条状，以鱼子纹为地，錾刻缠枝花卉纹。中部呈椭圆形，镂空錾刻蜜蜂纹。通高3、厚0.1厘米，重6.04克（图一六三，5；图版六三，5）。

　　铜扣　1件。M3∶4，整体呈空心球状，扣上有一圆形扣勾。表面覆盖布料纤维，纹饰不明。通高1.5厘米，重1.65克（图一六三，6；图版六三，6）。

　　M4　位于发掘区西部边缘中间位置，开口于第1层下。南北向，方向170°。为一座长方形竖穴土圹双棺墓。墓圹南北长2.6、东西宽1.4~1.5、深1.16米，墓口距地表深0.8米，墓底距地表深1.96米。墓内填土为灰褐色花土，土质较疏松，夹杂较多的黄褐色硬土块，有少量碎砖块瓷片等。

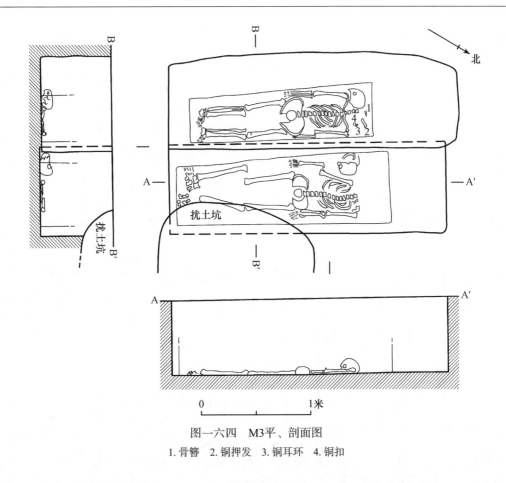

图一六四 M3平、剖面图
1.骨簪 2.铜押发 3.铜耳环 4.铜扣

　　土圹内置双棺，葬具为木棺，木棺平面呈梯形，朽毁严重，仅存棺痕。东棺痕长1.64、宽0.36～0.48、残高0.32米，棺板厚0.03～0.05米。棺内有骨架一具，人骨保存较差，头向南，面向上，仰身直肢，两胫骨呈交叉状，为女性。西棺痕长1.72、宽0.44～0.56、残高0.32米，棺板厚0.03～0.05米。棺内有骨架一具，人骨保存较差，肢骨多数重叠，部分残缺，为男性，推测为迁入葬（图一六五）。两棺外前方各随葬釉陶罐1件。

　　釉陶罐 2件。M4：1，方唇，直口，矮领，折肩，弧腹，平底。肩部以上及口沿内侧施黄绿釉，釉层较薄，局部脱落。体有轮旋痕迹。口径8.8、肩径11.16、底径8.4、高11.6厘米（图一六六，1；图版六二，1）。M4：2，方圆唇，侈口，短束颈，缓折肩，斜腹微弧收，平底内凹。肩部以上及口沿内侧施酱黄釉，釉层较薄，釉面光亮，有流釉现象。体有轮旋痕迹。口径9.2、肩径11.6、底径7.6、高11.56厘米（图一六六，2；图版六二，2）。

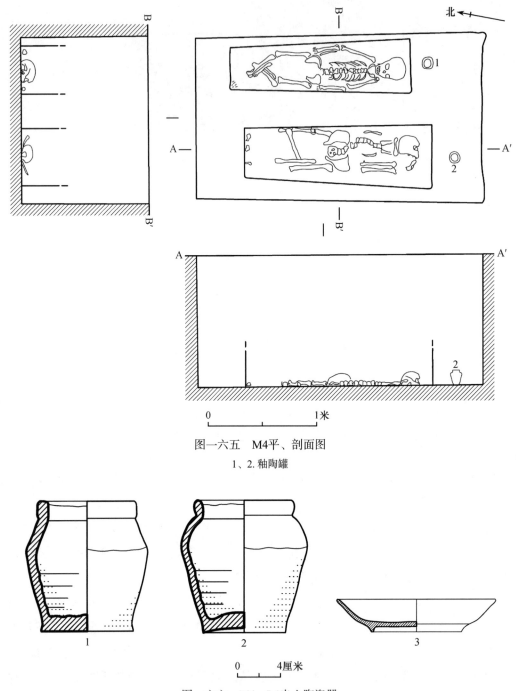

图一六五　M4平、剖面图

1、2.釉陶罐

图一六六　M4、L4出土陶瓷器

1、2.釉陶罐（M4：1、M4：2）　3.瓷盘（L4：1）

三、清代道路

本次发掘共发现4条道路（L1～L4），均开口于第1层下。从地势地貌观察，路面呈西、北部略高，东、南部略低的缓坡状堆积。现将道路形制报告如下。

L1　纵贯整个发掘区，呈东南—西北走向。在发掘区中部与L2、L3交会（图版六一，1）。路东、西两侧边缘较明显，轮框线平行，土色深褐色，含细砂；土质较硬，呈层叠状堆积，厚0.1～0.3米。从地势地貌观察，路面北部稍高，南部略低，呈缓坡状堆积，含零星青花瓷片，可辨器形有瓷碗、瓷盘等。

铜钱　1枚。

康熙通宝　L1：1，小平钱，圆形，方穿，正背面外郭缘较宽，正面楷书"康熙通宝"四字，对读；背穿左右两侧为满文"宝泉"纪局名。钱径2.2、穿径0.6、郭厚0.15厘米（图一六三，7）。

L2　位于L1东部，呈东西走向。在L1中部与其交会向东延伸，东部延伸到发掘区外。路面堆积呈水平状。土色深褐色，含细砂，夹杂少量碎渣瓷片，土质较硬，呈层叠状。发掘区域内东西长58、南北宽5、厚0.18～0.2米。

L3　位于L1西部，平面呈曲尺形。先呈东西向走势，后折向北，由东向西约50米处向西南方向有一分岔路口，编号为L4（图版六一，2）。L3东西长70、南北宽8～10、厚0.1～0.35米，地势呈西高东低状，土质较硬，呈层叠状堆积，土色深褐色，含细砂，夹杂少量青花瓷片，可辨认器形有瓷碗、瓷盘等。

L4　位于L3南，属于L3的分岔路口，呈东北—西南走向。长8～9、宽5.5米，向西南延伸出发掘区外。路面堆积厚0.1～0.3米，含零星青花瓷片，可辨认器形有瓷碗、瓷盘等。地势北略高，南略低，呈缓坡状堆积。

瓷盘　1件。L4：1，敞口，尖唇，弧腹，圈足。白胎，青釉，内外满釉，素面无纹饰，底部有青花款，残缺不识。口径14.5、底径8.2、高2.9厘米（图一六六，3；图版六二，3）。

四、结　　语

本次发掘墓葬时代均为清代，除M2破坏严重、难以分辨形制外，其余均为长方形竖穴土圹双棺合葬墓。先葬入一人，再在墓葬一侧打破原有墓圹，另葬入一人。一般为夫妻同穴合葬。此类墓葬是明清时期常见形制，与北京顺义高丽营镇于庄明清墓葬[①]双棺墓、海淀区东升

---

① 北京市文物研究所：《北京顺义区高丽营镇于庄明清墓葬发掘简报》，《北京文博文丛》2015年第1期。

乡小营村清代墓葬①双棺墓等形制相似。

出土器物中，M1出土铜扁方M1：1与顺义高丽营于庄M23出土扁方M23：2，科技馆②M3：19、M4：2、M6：5，五棵松篮球馆工程③M41：7形制相同，M1出土铜耳环M1：2与顺义高丽营于庄M25：1、M22：5出土银耳环形制相同；M3出土铜扣M3：4与奥运村工程M44：3、M39：4形制相同，铜耳环M3：3与五棵松篮球馆工程M47：2、M47：3形制相似；M4出土釉陶罐与奥运一期工程M40：1、M56：1、M57：1形制相近。出土文物具有显著的明清时期特征。

综上所述，此次发掘墓葬均为清代平民墓葬。

出土的铜扁方、耳环等饰品，其出土位置均位尸骨周围，应是墓主下葬时随身佩带。扁方是清代满族妇女固定其特有发髻"两把头"的长方形簪发工具，常见的扁方材质有铜、金、银、玉、翡翠、玳瑁、檀香木等，晚明汉族墓葬中也出现了这种形制的扁簪，但数量远少于满族妇女用的扁方，故推测本次发掘的M1、M3墓主可能为满族。

本次发掘的道路L1、L3、L4出土遗物具有清代文化特征，L2内虽无任何文化遗物出土，但是结合在发掘区域其他路面遗物以及道路相互之间贯通的关系推断，四条道路均为清代道路。

通过对上述墓葬、道路遗迹的发掘，妥善保护出土的地下文物，为了解该地区清代墓葬的形制以及道路交通提供了依据。出土的文物为进一步了解该地区当时社会的发展状况、丧葬习俗提供了珍贵的实物资料。另外，发掘区北面为南皋村废弃旧庙，庙内屋顶脊檩有"光绪拾三年修"字样，本次发掘的道路L3正通向该废弃旧庙，墓葬、道路、寺庙形成一个有序的文化景观，为研究清代寺庙民俗、庙周生态等提供了线索。

---

① 北京市文物研究所：《海淀区东升乡小营村汉代、清代墓葬发掘简报》，《北京文博文丛》2014年第3期。

② 北京文物研究所、北京市文物局：《北京奥运场馆考古发掘报告》，科学出版社，2007年。

③ 北京文物研究所、北京市文物局：《北京奥运场馆考古发掘报告》，科学出版社，2007年。

第七章　崔各庄乡南皋村30-L06地块明清墓葬

2019年11月至12月，为配合朝阳区崔各庄乡黑桥村、南皋村棚户区改造土地开发项目一期（30-L06地块）建设，北京市考古研究院对相关地块内的古代墓葬进行了配合性发掘，发掘地点位于朝阳区崔各庄乡辖区内，地理坐标为东经116°31′26″，北纬40°1′1″，海拔62米（图一六七）。发掘面积47.12平方米，清理7座清代墓葬。

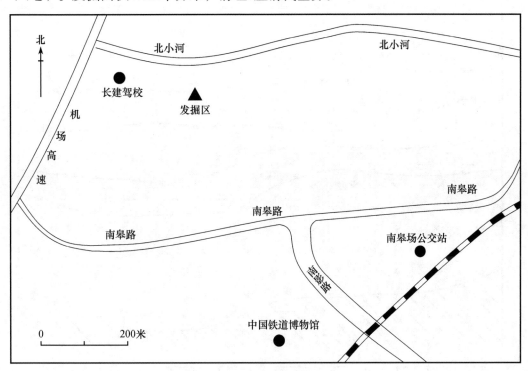

图一六七　发掘区位置示意图

一、地层堆积及墓葬分布

本次发掘受地形及施工建设影响，难以全面布方发掘，故以勘探土样及发掘区内土质、土色及包含物统一划分地层，可分为5层（图一六八），以M6北侧的一个探孔（点坐标为东经116°31′46.25″，北纬40°1′1.19″）为例，并结合M6发掘区的地层情况，介绍如下：

第1层：填土层，厚1～1.5米，土色花杂，为现代渣土回填，含大量建筑垃圾。

第2层：冲积土层，厚0.5～0.9米，呈浅褐色，土质较致密。

第3层，砂土层，厚0.3～1.1米，呈浅黄色，土质较疏松，含细面砂。

第4层，冲积土层，厚0.4～0.5米，呈浅黄褐色，土质较黏密，含碎料姜石颗粒。

第5层，淤积层，厚1.3～2.3米，呈浅红褐色，较致密，含碎料姜石颗粒。

此次发现的7座墓葬均开口于第2层下（图一六九）。

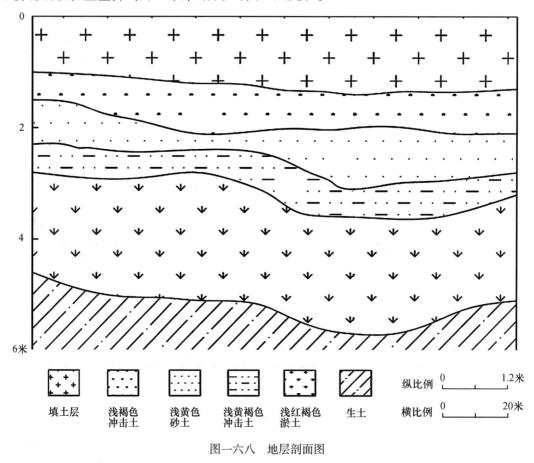

| 填土层 | 浅褐色冲击土 | 浅黄色砂土 | 浅黄褐色冲击土 | 浅红褐色淤土 | 生土 |

纵比例 0 ————— 1.2米
横比例 0 ————— 20米

图一六八　地层剖面图

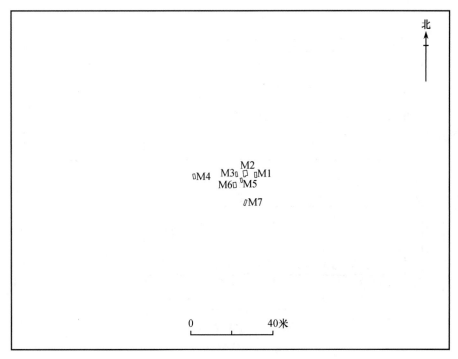

图一六九　墓葬分布图

二、墓葬概况和出土遗物

7座墓葬均为竖穴土圹墓，其中M1、M3、M5、M7为竖穴土圹单棺墓，M2、M6为竖穴土圹双棺合葬墓，M4为迁葬墓。

（一）单棺墓

M1　位于发掘区中部，西与M2相邻，开口于第2层下。南北向，方向358°。为一座长方形竖穴土圹单棺墓。墓圹南北长2.5、东西宽1.04、深0.6米。墓口距地表深1.5米，墓底距地表深2.1米。

土圹内置单棺，葬具为木棺，平面呈梯形，棺木已朽。棺痕长2.14、宽0.6～0.7、高0.4、厚0.05米。棺内有骨架一具，人骨保存较差，头向北，头骨破碎，面向不详，仰身直肢，性别不详（图一七〇；图版六四，1）。随葬釉陶罐1件，出于棺内前方。

釉陶罐　1件。M1∶1，口微侈，圆唇，短束颈，溜肩，斜直腹，平底。肩部以上及口沿内侧施青褐色釉，有流釉现象。器表有轮旋痕迹。口径11、最大腹径11.4、底径8.2、通高11.4厘米（图一七一，2；图版六五，1）。

M3　位于发掘区中部，东邻M2，东南邻M5，南邻M6，开口于第2层下。南北向，方向352°。为一座长方形竖穴土圹单棺墓。墓圹南北长2.2、宽0.9、深1.1米，墓口距地表深1.5米，墓底距地表深2.6米。

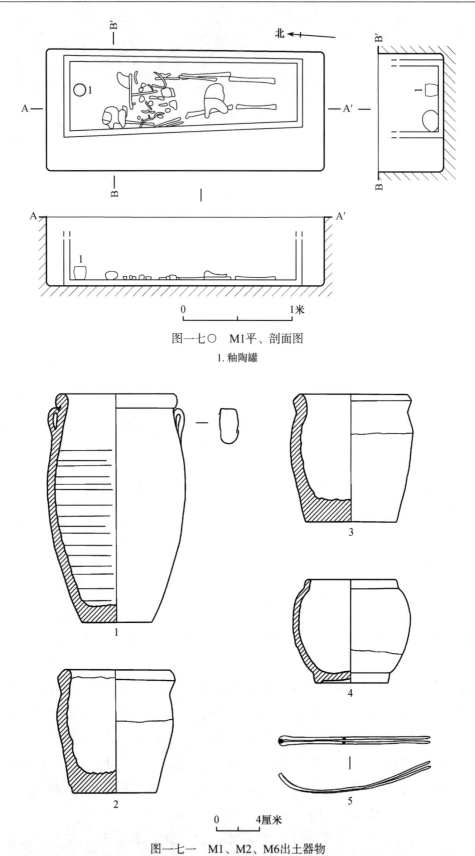

图一七〇　M1平、剖面图

1.釉陶罐

图一七一　M1、M2、M6出土器物

1.陶双耳罐（M6:3）　2、3.釉陶罐（M1:1、M2:3）　4.黑釉瓷罐（M2:1）　5.铜钗（M6:2）

　　土圹内置单棺，葬具为木棺，平面呈长方形，棺木腐朽。棺痕长1.86、宽0.64、厚0.04～0.05、残高0.2米。棺内有骨架一具，因墓室进水，人骨扰动较乱，保存较差。头向北，面向东，葬式不详（图一七二）。未发现随葬品。

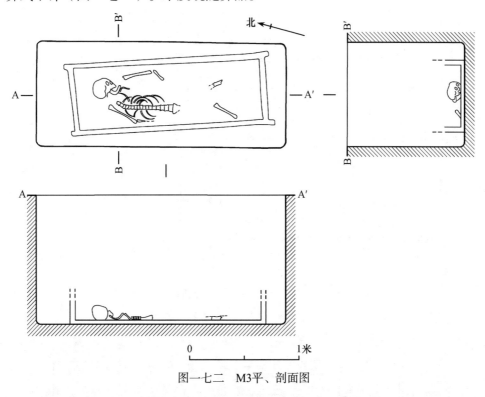

图一七二　M3平、剖面图

　　M4　位于发掘区中部，东邻M3、M6，开口于第2层下。南北向，方向350°。为一座长方形竖穴土圹单棺墓。墓圹长2.4、宽1.1、深0.8米，墓口距地表深1.5米，墓底距地表深2.3米。

　　土圹内置单棺，葬具为木棺，平面呈梯形，棺木已朽。棺痕长1.76、宽0.6～0.68、厚0.02、残高0.2米。未发现人骨（图一七三）。未发现随葬品。

　　M5　位于发掘区中部，东北邻M2，西北邻M3，西南邻M6，开口于第2层下。南北向，方向350°。为一座梯形竖穴土圹单棺墓。墓圹南北长2.1、东西宽0.68～0.94、深0.6米，墓口距地表深1.5米，墓底距地表深2.1米。

　　土圹内置单棺，葬具为木棺，平面呈梯形，棺木已朽。棺痕长1.84、宽0.56～0.76、残高0.16、厚0.04米。棺内有骨架一具，人骨保存较差，头向北，面向西，仰身直肢，长约1.34米，为女性（图一七四）。未发现随葬品。

　　M7　位于发掘区中部，北邻M5，西北邻M6，开口于第2层下。南北向，方向160°。为一座梯形竖穴土圹单棺墓。墓圹南北长2.7、东西宽0.8～0.9、深0.9米，墓口距地表深1.5米，墓底距地表深2.4米。

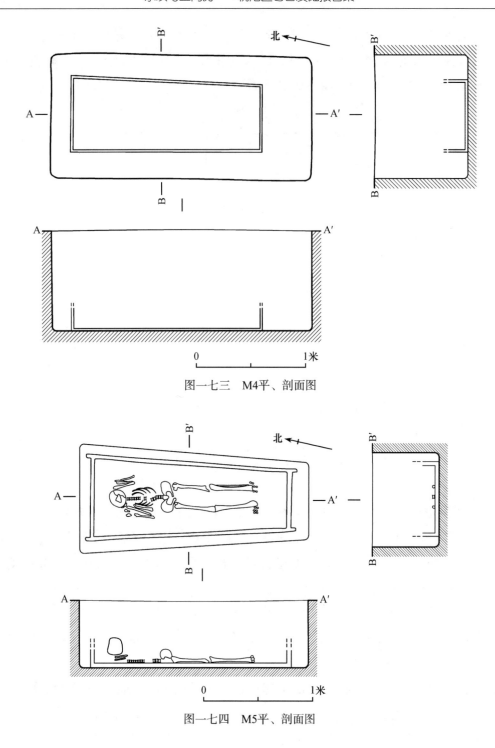

图一七三　M4平、剖面图

图一七四　M5平、剖面图

　　土圹内置单棺，葬具为木棺，平面呈梯形，棺木已朽。棺痕长2.1、宽0.64～0.68、高0.4、厚0.04米。棺内有骨架一具，人骨保存较差，头向南，面向上，仰身直肢，性别不详，长约1.78米（图一七五）。未发现随葬品。

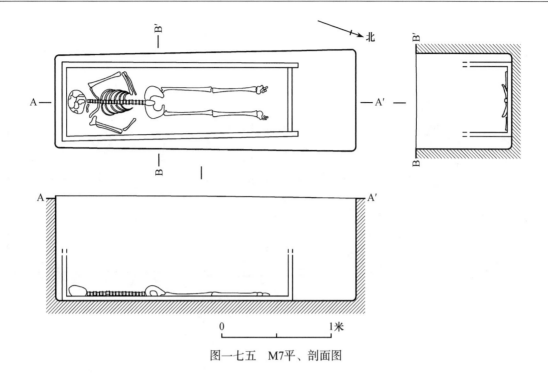

图一七五　M7平、剖面图

（二）双棺墓

M2　位于发掘区中部，东邻M1，西邻M3，西南邻M5，开口于第2层下。南北向，方向354°。为一座长方形竖穴土圹双棺墓。其中西墓穴打破东墓穴。墓圹南北长2.54～3、东西宽1.98、深1.5米，墓口距地表深1.5米，墓底距地表深3米。

土圹内置双木棺，棺木已朽。东棺平面呈长方形。棺痕长2.12、宽0.72～0.76、厚0.06米，底厚0.04、残高0.46米。棺内有骨架一具，人骨保存较差，头骨移位，头向上，面向西，仰身直肢，长约1.75米，性别不详。西棺平面呈梯形。棺痕长2.22、宽0.56～0.64、厚0.04米，底厚0.04、残高0.46米。棺内有骨架一具，人骨保存较差，头向北，面向西，长约1.6米，仰身直肢（图一七六；图版六四，2）。东棺内前方随葬黑釉瓷罐1件，铜钱1枚，位于头骨西侧；西棺内前方随葬釉陶罐1件，铜钱7枚散放于棺内。

黑釉瓷罐　1件。M2：1，灰白色粗瓷胎。方圆唇，口微敛，斜领，溜肩，鼓腹，下腹内收，浅圈足。芒口，外壁下腹以上至口沿下、内壁口沿以下施酱褐色釉，体有轮制痕迹。口径8、最大腹径10.8、底径6.6、通高9.3厘米（图一七一，4；图版六五，2）。

釉陶罐　1件。M2：3，砖红色陶胎。方圆唇，口微侈，短束颈，溜肩，斜直腹，平底。肩部以上及口沿内侧施褐色釉，有流釉现象。体可见轮制痕迹。口径10.9、最大腹径10.8、底径7.8、通高11.7厘米（图一七一，3；图版六五，3）。

铜钱　8枚。均为康熙通宝，锈蚀严重。圆形，方穿，正背面有郭，正面楷书"康熙通宝"四字，对读；背穿左右两侧为满文，多数钱文不清。M2：2，折二钱，圆形，方穿，正背面外郭缘较宽，正面楷书"康熙通宝"四字，对读；背穿左右两侧为满文"宝源"纪局名。钱

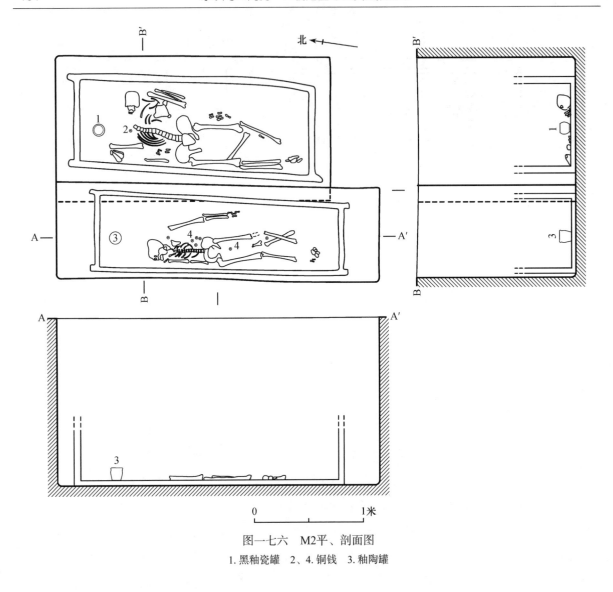

图一七六　M2平、剖面图

1.黑釉瓷罐　2、4.铜钱　3.釉陶罐

径2.7、穿径0.6、郭厚0.15厘米（图一七七，13）。

M6　位于发掘区中部，北邻M3，东北邻M5，东南邻M7，开口于第2层下。南北向，方向355°。为一座长方形竖穴土圹双棺墓。其中东墓穴打破西墓穴。墓圹南北长2.6、东西宽1.52、深0.96～1米，墓口距地表深1.5米，墓底距地表深2.46～2.5米。

土圹内置双木棺，木棺平面呈梯形，西棺打破东棺。东棺痕长2.02、宽0.54～0.68、底厚0.04、残高0.22米。棺内有骨架一具，人骨保存较差，头向北，面向上，仰身直肢，为男性。西棺痕长2.2、宽0.58～0.62、残高0.22、厚约0.04米。棺内有骨架一具，人骨保存极差，仅存少量头骨碎片、肋骨、肢骨，分散于棺内中部（图一七八；图版六四，3）。西棺棺内东南角放置陶双耳罐1件，棺的中部随葬铜钗1件，铜钱17枚。

陶双耳罐　1件。M6∶3，泥制灰陶，轮制。外叠唇，敛口，溜肩，深弧腹，平底。肩部左右两侧各有一竖向桥形小耳。体有轮旋痕迹。口径11.2、腹径12.8、底径6.6、通高20.4厘米（图一七一，1；图版六五，4）。

铜钗　1件。M6：2，锈蚀严重。铜丝弯折成双股，钗头圆滑，钗身细长，钗尾尖细。素面。通长13.9厘米（图一七一，5；图版六五，5）。

铜钱　共17枚。

开元通宝　3枚。大小、形制相同，小平钱，圆形，方穿，正、背面外郭缘较窄，正面隶书"开元通宝"四字，对读；光背。M6：1-1，钱径2.4、穿径0.64、郭厚0.15厘米（图一七七，1）。

景德元宝　1枚。M6：1-2，小平钱，圆形，方穿，正背面外郭缘略宽，正面楷书"景德元宝"四字，右旋读；光背。钱径2.4、穿径0.6、郭厚0.1厘米（图一七七，2）。

天圣元宝　1枚。M6：1-3，小平钱，圆形，方穿，正背面外郭缘较窄，正面楷书"天圣元宝"四字，右旋读；光背。钱径2.4、穿径0.7、郭厚0.1厘米（图一七七，3）。

皇宋通宝　1枚。M6：1-4，小平钱，圆形，方穿，正背面外郭缘较窄，正面楷书"皇宋通宝"四字，对读；光背。钱径2、穿径0.6、郭厚0.1厘米（图一七七，4）。

至和元宝　1枚。M6：1-5，小平钱，圆形，方穿，正背面外郭缘略宽，正面楷书"至和元宝"四字，右旋读；光背。钱径2.35、穿径0.6、郭厚0.1厘米（图一七七，5）。

元丰通宝　1枚。M6：1-6，小平钱，圆形，方穿，正背面外郭缘较窄，正面行书"元丰通宝"四字，右旋读；光背。钱径1.9、穿径0.55、郭厚0.1厘米（图一七七，6）。

宣和通宝　1枚。M6：1-7，折二钱，圆形，方穿，正背面外郭缘较宽，正面篆书"宣和通宝"四字，对读；光背。钱径2.8、穿径0.7、郭厚0.1厘米（图一七七，7）。

绍定通宝　2枚。M6：1-8，大小、形制相同，圆形，方穿，正面外郭缘略宽，背面外郭缘较宽，正面楷书"绍定通宝"四字，对读；光背。钱径1.9、穿径0.5、郭厚0.15厘米（图一七七，8）。

咸淳元宝　1枚。M6：1-9，折二钱，圆形，方穿，正面外郭缘略宽，背面外郭缘不显，正面楷书"咸淳元宝"四字，对读；光背。钱径2.8、穿径0.7、郭厚0.16厘米（图一七七，9）。

大定通宝　2枚。M6：1-10，小平钱，圆形，方穿，正背面外郭缘较窄，正面仿瘦金体"大定通宝"四字，对读；背穿上面楷书"酉"字。钱径2.2、穿径0.55、郭厚0.16厘米（图一七七，10）。

至大通宝　2枚。M6：1-11，小平钱，圆形，方穿，正背面外郭缘略宽，正面楷书"至大通宝"四字，对读；光背。钱径2.4、穿径0.6、郭厚0.16厘米（图一七七，11）。

康熙通宝　1枚。M6：1-12，小平钱，圆形，方穿，正背面外郭缘较宽，正面楷书"康熙通宝"四字，对读；背穿左右两侧为满文，文字不清。钱径2.5、穿径0.6、郭厚0.15厘米（图一七七，12）。

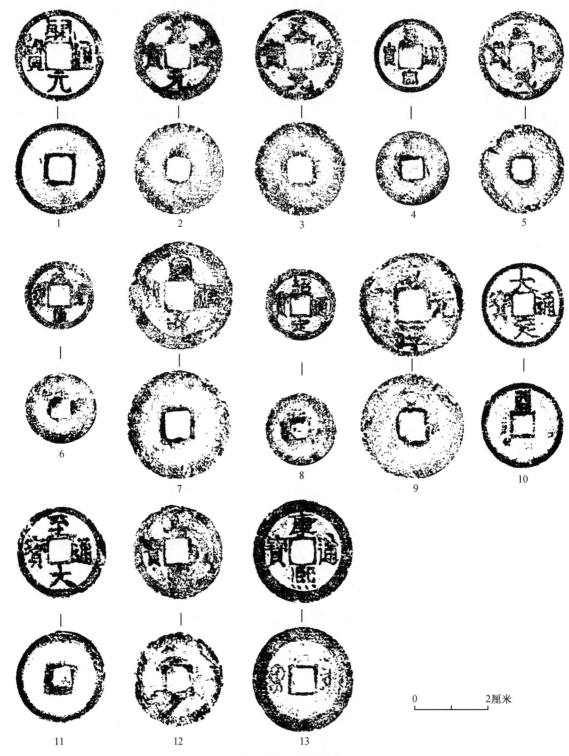

图一七七　铜钱拓片

1. 开元通宝（M6：1-1）　2. 景德元宝（M6：1-2）　3. 天圣元宝（M6：1-3）　4. 皇宋通宝（M6：1-4）　5. 至和元宝（M6：1-5）
6. 元丰通宝（M6：1-6）　7. 宣和通宝（M6：1-7）　8. 绍定通宝（M6：1-8）　9. 咸淳元宝（M6：1-9）　10. 大定通宝（M6：1-10）
11. 至大通宝（M6：1-11）　12. 康熙通宝（M6：1-12）　13. 康熙通宝（M2：2）

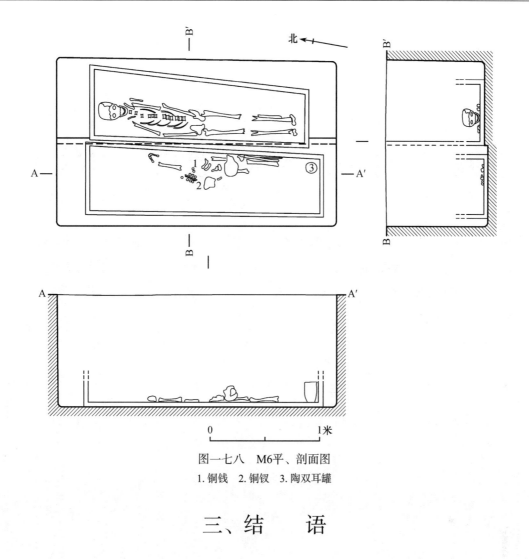

图一七八　M6平、剖面图
1.铜钱　2.铜钗　3.陶双耳罐

三、结　语

M1、M2中出土的釉陶罐与北京昌平区朱辛庄[①]M2中出土的黑釉瓷罐（M2：1）形制相似，与北京昌平张营[②]、丰台王佐[③]等同期墓葬中所出土同类器形制相同或相近，均为北京地区清代墓葬常见器物。

此次发掘的墓葬中，未出土墓志、墓碑等有明确文字记载的遗物，墓葬结构简单。根据墓葬形制、相对位置、出土器物推断，这批墓葬属平民墓，应为一处家族墓地。

朝阳区崔各庄乡黑桥村、南皋村墓葬的发掘，为研究清代墓葬特点及丧葬习俗提供了重要实物资料，对当地家族史研究有所裨益。

---

① 北京市文物研究所：《北京市昌平区朱辛庄明清墓葬发掘简报》，《北京文博文丛》2018年第3期。

② 北京市文物研究所：《昌平张营遗址北区明清时期墓葬发掘简报》，《北京文博》2008年第2期。

③ 北京市文物研究所：《丰台王佐遗址北区》，科学出版社，2010年。

第八章　崔各庄乡黑桥村汉代、清代墓葬

黑桥村汉代、清代墓葬位于北京市朝阳区崔各庄乡黑桥村，北临北小河，西临机场高速，海拔62米（图一七九）。2020年12月至2021年1月，北京市考古研究院对该区域内的古代遗存进行发掘，共清理汉代墓葬2座、清代墓葬8座、道路2条（图一八〇），出土陶、铜、银器近30件，现将资料公布如下。

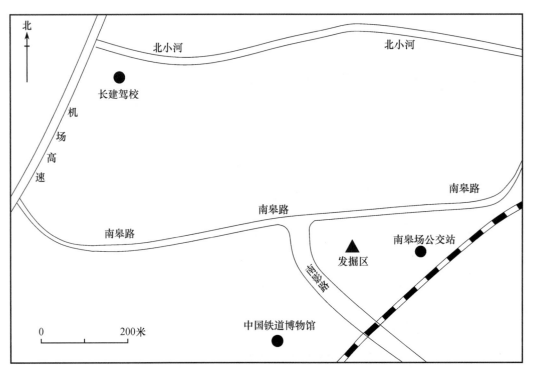

图一七九　发掘区位置示意图

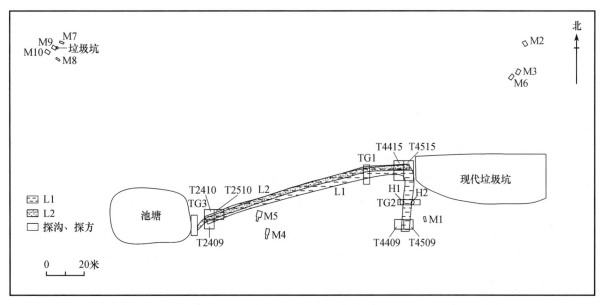

图一八〇　遗迹分布图

一、地层堆积及遗迹分布

结合前期考古勘探与发掘工作，并依据土质、土色及包含物划分发掘区内的地层，可分为3层（图一八一）。

第1层：现代渣土层，厚1～1.3米，土色杂乱，包含大量建筑与生活垃圾。

第2层：厚0.3～0.4米，灰褐色，土质较疏松，包含较多的现代生活垃圾、红砖块和少量的炭屑、烧土颗粒，为近现代文化层，本次发现的清代墓葬和道路L1开口于该层之下。

第3层：厚0.2～0.4厘米，该层厚度不一，总体来看北部较厚，南部较薄，黄褐色，土质较疏松，含细砂，包含物较少，仅见少量炭屑，本次发现的汉代砖室墓M4、M5和道路L2均开口于该层之下。

第3层下为生土。

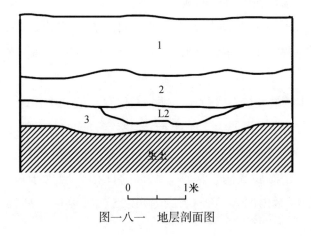

图一八一　地层剖面图

二、汉代墓葬

本次发掘共发现M4、M5两座汉代男女合葬墓，M4位于南侧，M5位于M4的西北，二者相距约10米。

M4 位于发掘区中南部，开口于第3层下。南北向，方向190°。"甲"字形单室砖室墓，坐北朝南，总长5.7米，由墓道、封门、墓室三部分组成（图一八二；图版六六，1）。

墓道 位于墓门的南部，平面呈纵长方形，竖井式，东西两壁竖直，底部南高北低，略呈台阶状。南北长2.3、东西宽1.15、深1.2～1.35米。墓道内填花土，土质稍硬，含少量残砖等遗物。

墓门 位于墓室南部，呈横长方形，券顶。门宽1.15、进深0.5、残高1.1米。封门采用条形砖横向错缝垒砌而成。

墓室 位于墓门北部，平面呈纵长方形，用青砖依墓圹垒砌而成，券顶，顶部部分被破坏。墓室南北长3.2、东西宽1.8、残高1.1～1.3米。墓壁用青砖两顺一丁向上砌成，墓室内用砖铺地，为青砖错缝平砌一层。

在墓室东侧发现少量人骨，位置散乱，骨骼腐朽严重，不确定是否为一次葬。经鉴定，这些骨骼属于两个个体，一男一女，皆成年。随葬陶罐1件，位于墓室内东南部。

陶罐 1件。M4：1，泥质灰陶，轮制。方唇，侈口，束颈，溜肩，圆鼓腹，平底微内凹。素面。口径11.7、腹径25、底径15、高22.5厘米（图一八三，1；图版六六，3）。

M5 位于发掘区中南部，东南邻M4，开口于第3层下。南北向，方向190°。近"刀"字形单室砖室墓，坐北朝南，总长5.4米，由墓道、封门、墓室三部分组成（图一八四；图版六六，2）。

墓道 位于墓门的南部，北端开口于墓室南壁偏东。墓道南半部为近南北向，北半部稍偏向西，竖井式，东西两壁竖直，底部南高北低，呈斜坡状。南北长2.2、东西宽0.95、深1.05～1.4米。墓道内填花土，土质稍硬，含少量残砖块等遗物。

墓门 位于墓室南部，呈长方形，券顶，顶部部分被破坏。门宽0.95、进深0.3、残高1.15米。封门由双层砖封堵，横向错缝叠砌而成。

墓室 位于墓门北部，平面呈纵长方形，用青砖依墓圹垒砌而成，券顶，顶部部分被破坏。墓室南北长3.2、东西宽2.4、残高1.3米。墓壁用青砖两顺一丁砌成，墓室内用砖铺地，为青砖横向错缝平砌一层。

在墓室东侧发现棺木朽痕及少量人骨，西侧骨架保存一般，头朝南，足朝北，仰身直肢；东侧骨架保存较差，且残乱不全，可能为二次迁葬。经鉴定，这些骨骼属于两个个体，西侧骨架为成年男性，东侧为成年女性。随葬陶罐1件，位于墓室东南角；五铢钱1枚，出于墓室内填土中。

陶罐 1件。M5：1，泥质灰陶。侈口，唇面有凹槽，应为子口，圆肩略鼓，最大径靠上，下腹斜直内收，平底微内凹。口径12.2、腹径25、底径13、高18厘米（图一八三，2；图版六六，4）。

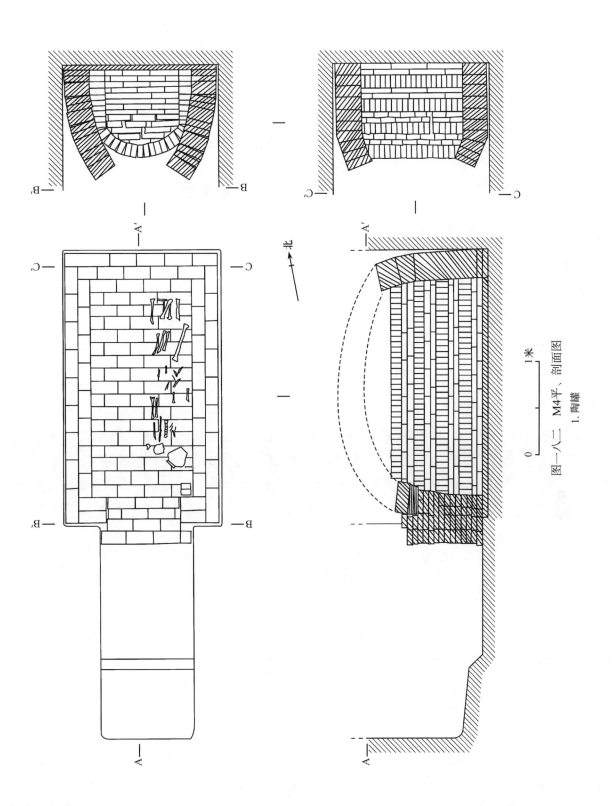

图一八二　M4平、剖面图

1. 陶罐

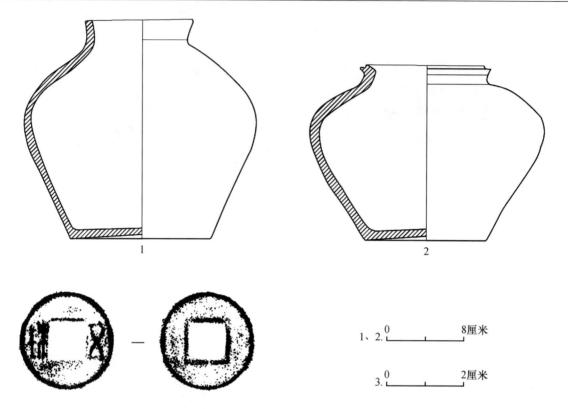

图一八三　M4、M5出土随葬品
1、2.陶罐（M4：1、M5：1）　3.五铢钱（M5：2）

五铢钱　1枚。M5：2，制作精致。圆形，方穿，正背面有圆郭，正面铸"五铢"二字，篆书，阳文，从右向左横读。直径2.5、穿径0.9、郭宽0.15厘米（图一八三，3）。

M4、M5砌筑墓门、墓室所用青砖规格大致相同，长30、宽14、厚5.5厘米，部分烧制火候较高，砖质坚硬。青砖中夹杂少量红砖和砖坯，质地松软，一碰即碎，烧制火候较低。

三、清代墓葬

清代墓葬共8座，编号分别为M1～M3、M6～M10，均为长方形竖穴土圹墓，其中M1、M7、M8、M10为单棺墓；M2、M3、M6、M9为双人合葬墓。

（一）单棺墓

M1　位于发掘区东南部，附近无邻墓，开口于第2层下，南北向，方向350°。为一座长方形竖穴土圹单棺墓，墓壁较齐整，墓底较平。土圹长2.5、宽1～1.04、深0.8米，墓口距地表0.8米，墓底距地表深1.6米。内填黄褐色花土，包含少量碎砖块，土质松软。

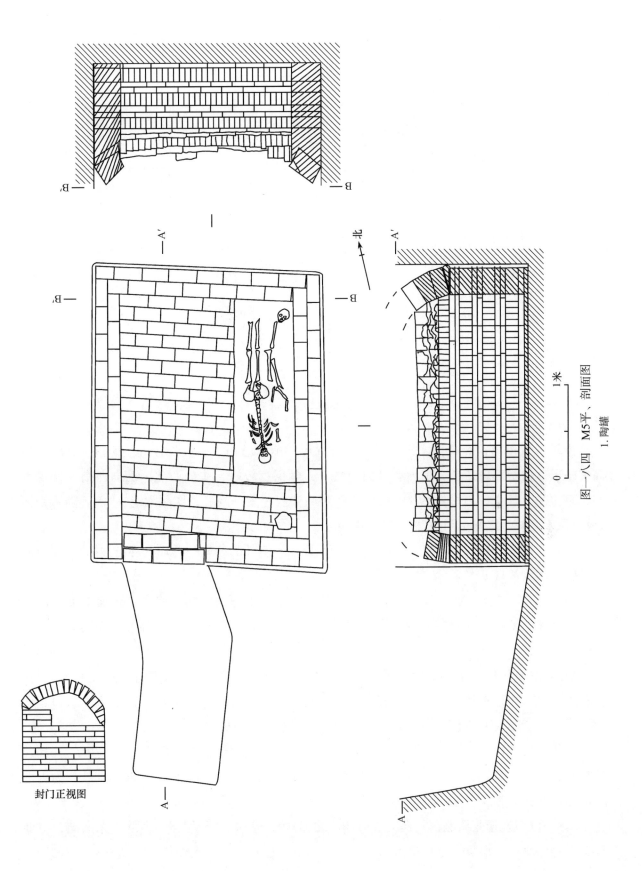

封门正视图

图一八四　M5平、剖面图

1. 陶罐

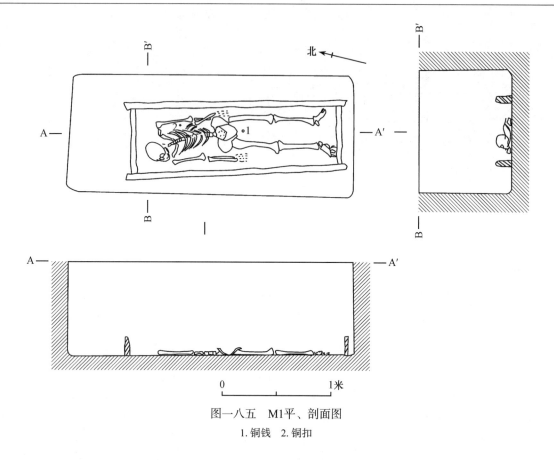

图一八五　M1平、剖面图

1.铜钱　2.铜扣

　　土圹内置单棺，葬具为木棺，平面呈长方形，棺木已朽。棺痕长1.96、宽0.6～0.68、残高0.16米，棺板厚0.05米。棺内有骨架一具，人骨保存较好，头向西北，面向西南，仰身直肢，墓主颅骨较大，眉弓发达，为男性，年龄约50岁（图一八五；图版六七，1）。随葬铜钱1枚，位于两股骨之间；铜扣1枚，位于左胸处。

　　铜扣　1件。M1：2，空心圆球状，素面无纹，一侧外凸处有一圆环，环已残损。直径1厘米（图一八六，11）。

　　咸丰通宝　1枚。M1：1，小平钱，圆形，方穿，正背面外郭缘略宽，正面楷书"咸丰通宝"四字，对读；背穿左右两侧为满文"宝泉"纪局名。直径2.4、穿径0.7、郭厚0.15厘米（图一八七，1）。

　　M7　位于发掘区西北角，西南邻M9，开口于第2层下，西北—东南方向，方向285°。为一座长方形竖穴土圹单棺墓，墓壁较齐整，墓底较平。土圹长2.4、宽0.98、深0.9米，墓口距地表深0.3米，墓底距地表深1.1米。内填灰褐色花土，包含少量碎砖块，土质疏松。

　　土圹内置单棺，葬具为木棺，平面呈长方形，棺木保存较完整。棺长2.08、宽0.7～0.76、棺板厚8厘米。棺内放置骨架一具，人骨保存较好，头向西北，面向西南，仰身直肢，为男性（图一八八；图版六七，2）。墓内未发现随葬品。

　　M8　位于发掘区西北部，西北邻M10，北邻M9，开口于第2层下。西北—东南向，方向285°。为一座长方形竖穴土圹单棺墓，墓壁较齐整，墓底较平。土圹长2.3、宽0.84、深1米，

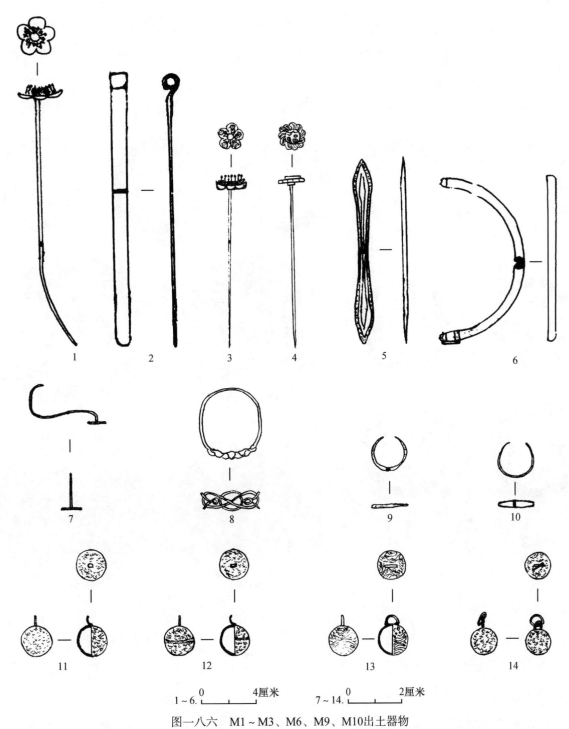

图一八六　M1~M3、M6、M9、M10出土器物

1、3、4.银簪（M9：1、M3：3、M3：7）　2.银扁方（M3：5）　5.银押发（M10：3）　6.铜镯（M10：5）

7.铜耳环（M6：3）　8.银戒指（M10：1）　9、10.银耳环（M2：4、M10：4）

11~14.铜扣（M1：2、M2：3、M3：2-1、M6：2）

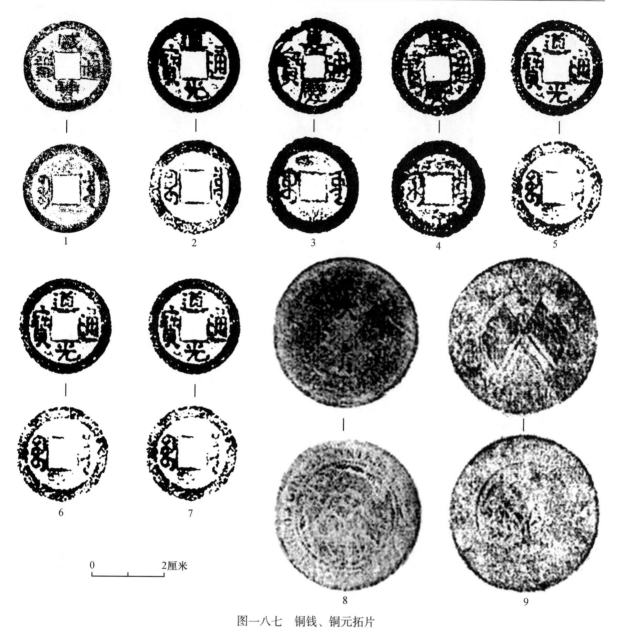

图一八七　铜钱、铜元拓片

1.咸丰通宝（M1：1）　2、5~7.道光通宝（M2：1、M3：6、M6：1、M10：2）　3、4.嘉庆通宝（M2：5、M3：1）
8、9.铜元（M8：1、M9：2）

墓口距地表深0.3米，墓底距地表深1.3米。内填灰褐色花土，土质疏松。

土圹内置单棺，葬具为木棺，平面呈梯形，棺木保存较好。棺长1.75、宽0.35~0.4米，棺板厚5厘米，棺盖已朽，残高约0.3米。棺内放置骨架一具，保存较差，头向西，面向上，仰身直肢，长约1.5米，为男性，年龄40~45岁（图一八九；图版六七，3）。随葬铜元1枚，位于两胫骨之间。

铜元　1枚。M8：1，机制，圆形。正面珠圈内楷书"大清铜币"四字，对读，珠圈上下缘字迹不清，背面珠圈内隐见蟠龙图案。直径4厘米（图一八七，8）。

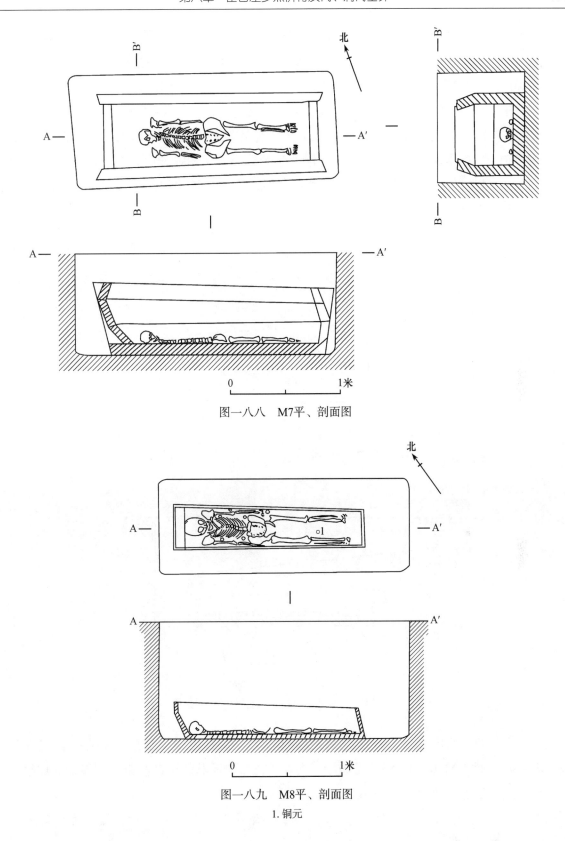

图一八八　M7平、剖面图

图一八九　M8平、剖面图
1. 铜元

M10　位于发掘区西北部，东北邻M9，东南邻M8，开口于第2层下。西北—东南向，方向296°。为一座长方形竖穴土圹单棺墓，墓壁较齐整，墓底较平。墓室长2.4～2.6、宽1.8、深1米，墓口距地表0.3米，墓底距地表深1.3米。内填灰褐色花土，土质疏松。

土圹内置单棺，葬具为木棺，棺木保存较好。棺长2.1、宽0.7～0.8米，棺板厚5厘米，棺盖已朽，残高0.5～0.7米。棺内有骨架一具，人骨保存较差，头向西，面向上，仰身直肢，墓主骨架纤细，骨壁较薄，眉弓较弱，为女性，年龄约55岁（图一九○；图版六七，4）。随葬银戒指1件，铜镯1件，位于右指骨处；银押发1件，位于头骨北部；银耳环1件，位于头骨南部；铜钱1枚，位于两股骨之间。

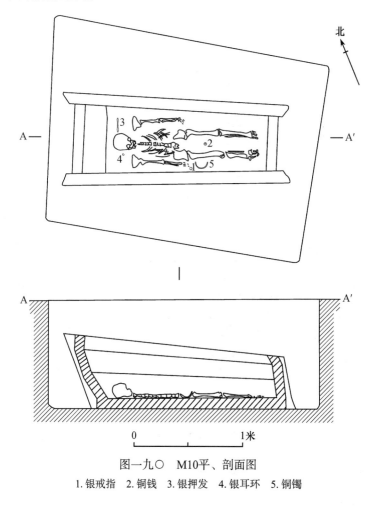

图一九○　M10平、剖面图
1. 银戒指　2. 铜钱　3. 银押发　4. 银耳环　5. 铜镯

银戒指　1件。M10：1，圆环形，戒面镂雕花卉图案。直径2.2～2.5厘米（图一八六，8）。

银押发　1件。M10：3，整体呈梭形，两端较宽呈柳叶状，中部收束，周缘饰联珠纹，内饰几何图案。长12.5厘米（图一八六，5）。

银耳环　1件。M10：4，整体呈"C"形，一端尖利，另一端有孔，横截面呈菱形，素面。直径1.3厘米（图一八六，10）。

铜镯　1件。M10：5，仅残存一半，用铜片弯卷呈圆形，中空，截面呈圆环状，接口处用木器衔接而成。表面有纹饰，模糊不可分辨。外径6.5厘米（图一八六，6）。

道光通宝　1枚。M10：2，小平钱，模制，完整。圆形，方穿，正背面外郭缘略宽，正面楷书"道光通宝"四字，对读；背穿左右两侧为满文"宝泉"纪局名。钱径2.4、穿径0.6、郭厚0.15厘米（图一八九，7）。

（二）双棺墓

M2　位于发掘区东北角处，西南邻M3，开口于第2层下。东南—西北向，墓向147°。为一座长方形竖穴土圹双棺墓，东墓穴打破西墓穴，墓壁较齐整，墓底较平。土圹长2.5~2.54、宽1.8、深0.8米，墓口距地表0.8米，墓底距地表深1.6米。内填黄褐色花土，土质疏松。

土圹内置双木棺，棺木已朽，东棺平面呈长方形。棺痕长2.2、宽0.6~0.7米，棺板厚4厘米。棺内有骨架一具，人骨保存较好，头向东南，面向上，仰身直肢，为女性，年龄约50岁。西棺平面呈梯形。棺痕长2.1、宽0.55~0.64米，棺板厚4厘米。棺内有骨架一具，人骨保存较好，头骨移位，头向西南，面向上，仰身直肢，为男性，年龄45~50岁（图一九一；图版六八，1）。随葬银耳环1件，位于西棺头骨东侧；铜扣2枚，两棺墓主人腹部各1枚；铜钱2枚，位于两棺墓主人两股骨之间。

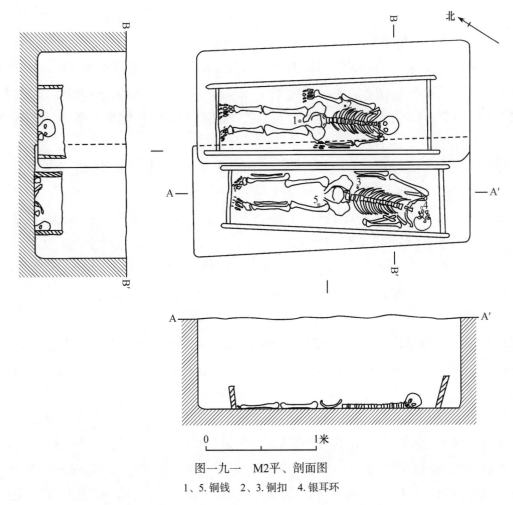

图一九一　M2平、剖面图

1、5.铜钱　2、3.铜扣　4.银耳环

银耳环　1件。M2：4，整体呈"C"形，一端尖利，另一端有孔，围底未闭合，可自由开合。直径1.1厘米（图一八六，9）。

铜扣　2件。空心圆球状，素面无纹，一侧外凸处系一圆环，环皆已残损脱落。M2：2，直径1厘米。M2：3，直径0.8厘米（图一八六，12）。

道光通宝　1枚。M2：1，小平钱，圆形，方穿，正背面外郭缘较宽，正面楷书"道光通宝"四字，对读；背穿左右两侧为满文"宝泉"纪局名。钱径2.5、穿径0.7、郭厚0.15厘米（图一八七，2）。

嘉庆通宝　1枚。M2：5，小平钱，圆形，方穿。正背面外郭缘较宽，正面楷书"嘉庆通宝"四字，对读；背穿左右两侧为满文"宝源"纪局名。钱径2.5、穿径0.6、郭厚0.15厘米（图一八七，3）。

M3　位于发掘区东北角，东北邻M2，西南邻M6，开口于第2层下。东北—西南向，方向30°。为一座竖穴土圹双棺墓，西墓穴平面呈梯形，东墓穴平面呈长方形，西墓穴打破东墓穴，墓壁规整，墓底较平。土圹长2.67～2.8、宽2.05、深0.8米，墓口距地表0.8米，墓底距地表深1.6米。内填灰褐色花土，土质疏松。

土圹内置双棺，葬具为木棺，棺木已朽。东棺平面呈长方形。棺痕长2.15、宽0.65～0.75米，棺板厚0.04米。棺内有骨架一具，人骨保存较好，头向东北，面向东南，仰身直肢，为男性，年龄45～50岁。西棺平面呈梯形。棺痕长2.1、宽0.65～0.75米，棺板厚0.04米。棺内有骨架一具，人骨保存较好，头向西北，面向西南，长约1.7米，仰身直肢，为女性，年龄55～60岁（图一九二；图版六八，2）。随葬银簪2件、银扁方1件，出于西棺头骨北部。铜扣7枚，西棺胸腹部3枚，东棺墓主左胸处3枚，髋骨南部1枚；铜钱2枚，西棺髋骨南侧1枚，东棺头骨西侧1枚。

银扁方　1件。M3：5，首部圆卷弯曲，略向后弯折，体宽扁呈长条形，上宽下窄。横截面呈长方形，素面。长19.4、宽1.1、厚0.14厘米（图一八六，2）。

银簪　2件。M3：3，簪首呈五瓣梅花状，鎏金，簪体呈细长圆锥状，截面呈圆形，末端尖锐。通长12、簪首直径1.9厘米（图一八六，3）。M3：7，簪首呈圆形花朵状，中央凸起一圆环，圆环与花边之间锤揲出凹陷的花瓣状，花瓣中央锤揲出花蕊，花瓣边缘錾刻短斜线纹，圆环内掐丝一个"福"字纹，体呈细长圆锥状，横截面呈圆形。长12、簪首直径1.9厘米（图一八六，4）。

铜扣　7枚。形制相同。空心圆球状，饰相互交织的条纹，表面鎏金，顶部焊接一小圆环。M3：2-1，直径1.2、圆环直径0.25厘米（图一八六，13）。

铜钱　2枚。

嘉庆通宝　1枚。M3：1，小平钱，模制。圆形，方穿，正背面外郭缘较宽，正面楷书"嘉庆通宝"四字，对读；背左右两侧为满文"宝泉"纪局名。钱径2.5、穿径0.6、郭厚0.15厘米（图一八七，4）。

道光通宝　1枚。M3：6，小平钱，模制。圆形，方穿，正背面外郭缘略宽，正面楷书

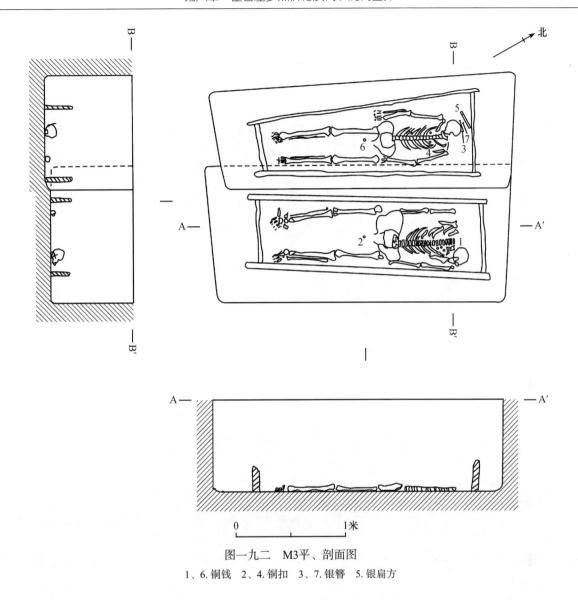

图一九二　M3平、剖面图

1、6.铜钱　2、4.铜扣　3、7.银簪　5.银扁方

"道光通宝"四字，对读；背穿左右两侧为满文"宝泉"纪局名。钱径2.3、穿径0.6、郭厚0.15厘米（图一八七，5）。

M6　位于发掘区东北部，东北与M3相邻，开口于第2层下。东北—西南向，墓向33°。为一座竖穴土圹双棺墓，西墓穴打破东墓穴，西墓穴平面呈梯形，东墓穴平面呈长方形，墓壁较齐整，墓底较平。土圹长2.7～3、宽1.7～1.86、深0.8米，墓口距地表0.8米，墓底距地表深1.6米。内填灰褐色花土，土质疏松，包含少量料姜石。

土圹内置双木棺，木棺平面呈梯形，棺木已朽。东棺痕长2.2、宽0.55～0.65米，棺板厚0.04米。棺内有骨架一具，人骨保存较好，头向上，面向西南，仰身直肢，为男性，年龄为45～50岁。西棺痕长2.05、宽0.55～0.65米，棺板厚0.04米。棺内有骨架一具，人骨保存较好，头向东北，面向上，仰身直肢，为女性，年龄55～60岁（图一九三；图版六八，3）。随葬铜耳环1枚，位于西棺内头骨西北部；铜扣1枚，位于东棺内髋骨部；铜钱1枚，位于右股骨西侧。

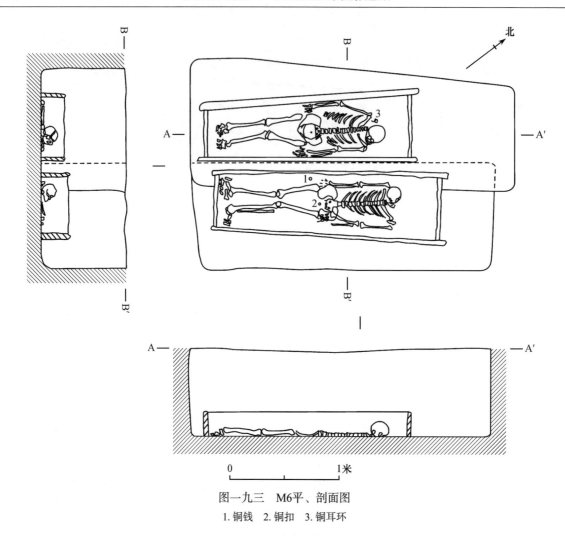

图一九三　M6平、剖面图
1.铜钱　2.铜扣　3.铜耳环

铜耳环　1件。M6：3，整体呈"S"形，一端尖细呈钩状，另一端呈圆饼形。通长2.8、圆饼直径0.7厘米（图一八六，7）。

铜扣　1枚。M6：2，空心圆球体，顶部焊接一小圆环。扣身表面有相互交织条纹，通体鎏金。扣身直径0.9、圆环直径0.6厘米（图一八六，14）。

道光通宝　1枚。M6：1，小平钱，模制。圆形，方穿，正背面外郭缘略宽，正面楷书"道光通宝"四字，对读；背穿左右两侧为满文"宝泉"纪局名。钱径2.4、穿径0.6、郭厚0.15厘米（图一八七，6）。

M9　位于发掘区西北角，东北邻M7，东南邻M8，西南邻M10，东北角被现代垃圾坑打破，开口于第2层下。西北—东南向，墓向295°。为一座长方形竖穴土圹双棺墓，北墓穴打破南墓穴，墓壁较齐整，墓底较平。土圹长2.3、宽1.75、深1.1米，墓口距地表0.3米，墓底距地表深1.4米。内填灰褐色花土，土质疏松。

土圹内置双木棺，北棺平面呈梯形，棺木保存较好。棺长2、宽0.65~0.85米，棺板厚0.08米。棺内有骨架一具，人骨保存较差，骨骼凌乱。未发现头骨，为女性，年龄为45~50岁。南棺平面呈长方形，棺木朽烂较轻。棺长2.1、宽0.6~0.65米，棺板厚0.06米。棺内有骨架一

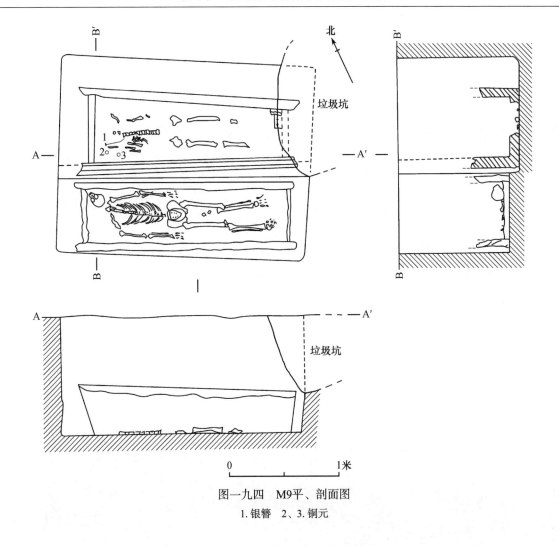

图一九四　M9平、剖面图
1. 银簪　　2、3. 铜元

具，人骨保存较好，头骨移位，头向东南，面向上，仰身直肢，为男性，年龄为40～50岁（图一九四；图版六八，4）。随葬银簪1件、铜元2件，均出于北棺人骨右肩西侧。

　　银簪　1件。M9：1，残。簪首呈五瓣梅花状，簪体呈细长圆锥状，横截面呈圆形。通长18.6、簪首直径3厘米（图一八六，1）。

　　铜元　2枚。M9：2，机制，圆形。正面珠圈内为两面交叉的国旗，珠圈外缘文字不清，背面珠圈内图案为稻穗组成的嘉禾纹，外缘文字不清。直径4.1厘米（图一八七，9）。M9：3，锈蚀严重。

四、道　路　遗　迹

　　本次发掘发现道路2条，为L1、L2。

　　L1　开口于第2层下，在发掘区内平面呈"L"形，东西长107米，然后折向南延伸，南北长33、宽2.1～3.7、厚0.2～0.3米（图一九五）。路面中部稍高于两侧，土色青灰色，土质致密，踩踏面呈层叠状。夹杂少量青花瓷瓷片、石块、陶片等遗物。道路表面发现有车辙痕迹，宽0.1～0.2、深约0.1米。

　　L2　开口于第3层下，在发掘区内为东北—西南走向，长110、宽1.9～2.8、厚0.2～0.3米（图一九六）。路面坚硬平整，土色呈青灰色，踩踏面呈层叠状，路土中仅发现少量炭屑、烧土颗粒。道路表面发现有车辙痕迹，宽0.1～0.2、深0.1米。

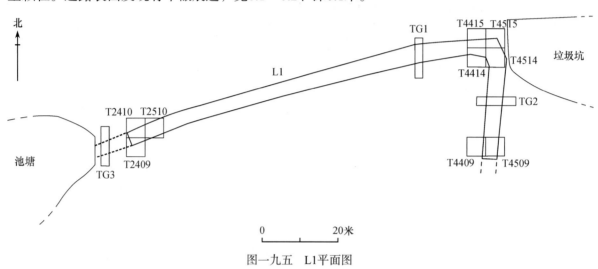

图一九五　L1平面图

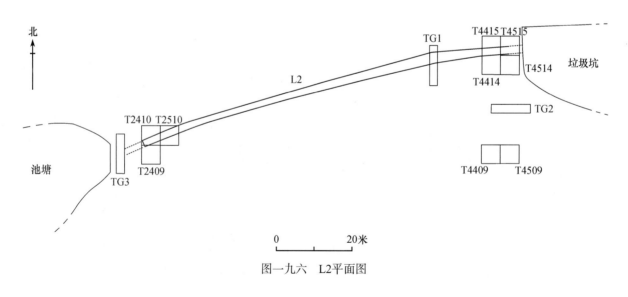

图一九六　L2平面图

五、结　　语

　　本次发现的2座汉墓仅出土3件随葬品，给墓葬年代的判定带来一定困难，但根据墓葬形制和随葬品特点可做初步的推断。这2座墓葬均为东汉时期流行的双人合葬单室砖室墓，墓主皆位于墓室的东部，随葬器物位于墓室东南角。M4平面呈"甲"字形，M5平面呈"刀"字形，在密云城后街[①]、平谷杜辛庄[②]、西杏园[③]等墓地均发现有类似的形制结构，是北京地区东汉墓葬常见的形制。M5出土有汉代的五铢钱，陶罐（M5：1）与平谷西杏园墓地东汉晚期M7出土陶罐风格相似[④]（M7：12、M7：13）。因此，初步推断M4属于东汉时期，M5属于东汉晚期。

M1～M3、M6～M10这批墓葬的形制、结构及铜钱等随葬品具有典型的清代墓葬特征。出土的铜钱中最早的为"嘉庆通宝"，最晚的是民国双旗币，这批墓葬的年代为清代中期至清代末期。从墓葬排列和相互关系看，有两组墓葬排列较为集中。第一组为M2、M3、M6，位于发掘区东北部，第二组为M7～M10，位于发掘区西北部，它们应各为一个集中的家庭。这些清代墓葬均为当时的小型平民墓葬，为进一步研究朝阳区清代葬俗、社会发展状况提供了新的材料。

从L1的开口层位和出土的青花瓷等遗物来看，其年代应是清代。发掘区南部存在一废弃寺庙，寺庙横梁书有"光绪××年修缮"字迹，具体年代已模糊不可辨认，而L1的走向正是通向该寺庙，二者可能有密切关系。L2出土遗物较少，年代暂时无法确定。

---

① 北京市文物研究所：《北京密云城后街东汉墓考古发掘简报》，《北京文物与考古》（第8辑），北京出版社，2011年，第37～55页。

② 北京市文物研究所：《平谷杜辛庄遗址》，科学出版社，2009年。

③ 北京市文物研究所：《平谷汉墓》，科学出版社，2011年。

④ 北京市文物研究所：《平谷汉墓》，科学出版社，2011年。

第九章 结 语

朝阳区是京杭大运河北京段的流经地之一，涉及的河流有温榆河、通惠河和坝河。

本报告汇编的七处遗址，分别位于朝阳区下辖的东坝地区、崔各庄地区、金盏地区、三间房地区共四个区域内。东坝地区的两处遗址位于坝河沿岸，崔各庄、金盏地区的四处遗址位于北小河（坝河支流）沿岸，此三个区域都与坝河及坝河支流相关。三间房地区的一处遗址则位于通惠河沿岸。均位于京杭大运河河畔。

一、汉代至魏晋墓葬

报告涉及的汉代至魏晋时期墓葬共计3座。分别是崔各庄乡黑桥村的M4、M5，以及东坝乡驹子房路的M20。三座墓葬均未出土明确的纪年标志，且出土器物较少。

崔各庄乡黑桥村的M4平面呈"甲"字形、M5平面呈"刀"字形，均为单室砖室墓，从墓葬形制和出土铜钱和陶罐的特征推断，M4属于东汉时期墓葬，M5属于东汉晚期墓葬。

东坝乡驹子房路的M20，为梯形砖椁墓，从随葬的陶罐、铜钱和铜镜特征，以及墓葬形制和墓向南向的特点，推断该墓的年代在东汉晚期至西晋时期，且与鲜卑民族有关联。东坝乡三岔河村北曾多次出土汉代砖室墓及随葬陶器，被划为朝阳区三岔河地下文物埋藏区。该埋藏区位于东坝乡驹子房路东北约2千米处。

二、北朝墓葬

三间房乡西柳巷发现北朝时期墓葬1座，编号为M24。M24为弧壁砖墓，是北朝时期华北地区典型的墓葬形制，墓葬分前后两室，可能与魏晋以来的家族祔葬习俗有关。根据墓葬形制以及出土的陶器、带銙风格判断，M24应为北朝晚期墓葬。

该发掘点位距离朝阳区三间房地下文物埋藏区约2千米。在三间房地下文物埋藏区曾发现多座明代和清代墓葬，并出土有铜镜、墓志等随葬品，是一处明、清时期的墓葬埋藏区。但此前也曾刊出埋藏区内4座唐代墓葬的发掘简报[①]，该区域也有北朝至唐时期遗存。

三、元明清墓葬

报告涉及元代墓葬1座，明清时期墓葬数量较多，共计103座，包括明代墓葬9座、清代墓葬94座。其中，发现的时代不明墓葬2座、迁出墓3座，暂将其归为清代墓葬。

金盏乡金盏西村的M7为带墓道的"甲"字形竖穴土圹单室砖室墓，出土陶釜、陶盆、陶鼎、陶执壶等，依墓葬形制和出土物判断为元代墓葬。

东坝乡驹子房路的M5、M6、M15、M16、M39仅出土明代及年代更早铜钱，且未出土清代特征器物，结合出土陶罐、釉陶罐形制分析，这5座墓葬为明代墓葬。三间房乡西柳巷的M3～M6依墓葬出土器物推断为明代遗迹。

东坝乡驹子房路发现清代墓葬共40座，编号为M1～M4、M7～M14、M17～M19、M21～M38、M40～M46。东坝乡驹子房东路发现清代墓葬11座，编号为M1～M11。三间房乡西柳巷的M1、M2、M7～M18、M20～M23年代为清代，其中M22、M23为迁出墓。金盏乡金盏西村发现清代墓葬6座，编号为M1～M6，M5为空墓，暂归为清墓。崔各庄乡南皋村L04地块发现清代墓葬4座，编号为M1～M4，M2破坏严重，暂归为清墓。崔各庄乡南皋村30-L06地块发现清代墓葬7座，编号为M1～M7，其中M4为迁出墓。崔各庄乡黑桥村发现清代墓葬8座，编号为M1～M3、M6～M10。

表三 明清墓葬分类统计表

项目名称	单棺墓	双棺墓	三棺墓	合计	备注
东坝乡驹子房路魏晋、明清墓葬	19	24	2	45	
东坝乡驹子房东路清代墓葬	2	9		11	
三间房乡西柳巷北朝、明清墓葬	8	12	2	22	其中M22、M23为迁出墓
金盏乡金盏西村元代、清代墓葬	3	2		5	M5为空墓，时代不明，不计在内
崔各庄乡南皋村L04地块清代墓葬、道路		3		3	M2被现代沟破坏严重，时代不明
崔各庄乡南皋村30-L06地块明清墓葬	5	2		7	其中M4迁出墓
崔各庄乡黑桥村汉代、清代墓葬	4	4		8	

---

① 北京市文物研究所：《北京朝阳区生物院住宅小区唐代墓葬发掘简报》，《北京文博文丛》2004年第4期。

四、坑、道路遗迹

其他还包括坑和道路遗迹。三间房乡西柳巷发现明代坑1座，编号K1，坑中出土釉陶罐8个。崔各庄乡南皋村L04地块发现清代道路4条，编号为L1~L4。崔各庄乡黑桥村发现清代道路1条，编号为L1；时代不明道路1条，编号为L2。

五、小　结

综上，以上七项发掘项目中共发现汉代墓葬2座，魏晋墓葬1座，北朝墓葬1座，元代墓葬1座，明清墓葬103座（包括时代不明墓葬2座，迁出墓3座）。另发现明代坑1座、清代道路5条、时代不明道路1条。

朝阳区的古代文化遗存较为丰富，汉晋、北朝、元明清都有涉及，又以明清时期遗迹为多。以上遗迹遗物的发掘整理为了解相关地区当时的社会发展状况、丧葬习俗提供了珍贵的实物资料，丰富了对于该区域的考古学认识。

附　表

附表一　东坝乡驹子房路魏晋、明清墓墓葬登记表

墓号	层位	方向	形制	墓口（长×宽×深）/米	墓底（长×宽×深）/米	葬具	葬式	人骨保存情况	性别及年龄	随葬品	年代	备注
M1	2层下	3°	梯形竖穴土圹墓	2.7×（1.62~2）×1.5	2.7×（1.62~2）×2.1	双棺	仰身直肢	较差	东：男；50±岁 西：女；50~60岁	铜扁方1、铜簪1、铜耳环2、铜钱8	清	
M2	2层下	340°	长方形竖穴土圹墓	2.7×1.2×1.3	2.7×1.2×2.4	单棺	仰身直肢	较好	女；35~40岁	釉陶罐1、铁锸1	清	
M3	2层下	343°	梯形竖穴土圹墓	（2.4~2.8）×（1.8~2.3）×1.6	（2.4~2.8）×（1.8~2.3）×（2.7~2.8）	三棺	东、西：仰身直肢 中：不详	较差	东：男；45±岁 中：女；20~25岁 西：女；40±岁			
M4	2层下	275°	长方形竖穴土圹墓	2.8×1.06×1.5	2.8×1.06×1.9	单棺	不详	较差	女；40~45岁			
M5	2层下	355°	长方形竖穴土圹墓	2.74×（1.2~1.3）×1.5	2.74×（1.2~1.3）×2.04	单棺	不详	较差	男；30±岁	釉陶罐1、铜钱4	明	
M6	2层下	351°	梯形竖穴土圹墓	1.9×（0.5~0.6）×1.5	1.9×（0.5~0.6）×1.9	单棺	仰身直肢	较好	女；30~35岁	铜钱1	明	
M7	2层下	354°	梯形竖穴土圹墓	（2.3~2.5）×（1.6~2）×1.5	（2.3~2.5）×（1.6~2）×（2.1~2.2）	双棺	仰身直肢	较差	东：男；35±岁 西：女；35±岁	铜钱4、铜耳环1	清	
M8	2层下	350°	长方形竖穴土圹墓	2.4×0.94×1.5	2.4×0.94×2.06	单棺	仰身直肢	一般	女；45±岁	铜钱3	清	

续表

墓号	层位	方向	形制	墓口（长×宽×深）/米	墓底（长×宽×深）/米	葬具	葬式	人骨保存情况	性别及年龄	随葬品	年代	备注
M9	2层下	330°	长方形竖穴土圹墓	(2.6~2.7)×1.7×1.5	(2.6~2.7)×1.7×2.1	双棺	仰身直肢	较差	东：女；50~60岁 西：男；50~60岁	铜钱6	清	
M10	2层下	345°	梯形竖穴土圹墓	2.4×(1~1.2)×1.5	2.4×(1~1.2)×2.5	单棺	仰身直肢	一般	男；45±岁			
M11	2层下	355°	梯形竖穴土圹墓	2.8×(1.8~2)×1.5	2.8×(1.8~2)×2.4	双棺	东：不详 西：仰身直肢	一般	东：男；50±岁 西：女；40~50岁	陶罐1、釉陶罐1、铜钱5	清	
M12	2层下	325°	梯形竖穴土圹墓	2.7×(1.9~2.2)×1.6	2.7×(1.9~2.2)×2.2	双棺	东：仰身直肢 西：不详	较差	东：男；40±岁 西：女；45±岁	釉陶罐1、铜钱4	清	
M13	2层下	328°	梯形竖穴土圹墓	2.7×(2.2~2.4)×1.8	2.7×(2.2~2.4)×2.6	双棺	不详	较差	东：中年女性 西：男；50~60岁	釉陶陶罐1、铜钱12	清	
M14	2层下	187°	梯形竖穴土圹墓	2.4×(0.8~0.9)×1.4	2.4×(0.8~0.9)×1.8	单棺	仰身直肢	较好	男；35~40岁			
M15	2层下	11°	长方形竖穴土圹墓	2.3×0.9×1.8	2.3×0.9×2.6	单棺	不详	较差	男；40~45岁	铜钱2	明	
M16	2层下	357°	长方形竖穴土圹墓	2.6×1.5×1.8	2.6×1.5×2.2	双棺	东：不详 西：仰身直肢	较差	西：女；40±岁 东：无人骨	釉陶罐1、铜簪1、铜钱1	明	
M17	2层下	18°	长方形竖穴土圹墓	2.6×1.1×1.8	2.6×1.1×2.26	单棺	仰身直肢	一般	女；45±岁	釉陶罐1、铜钱2	清	
M18	2层下	15°	梯形竖穴土圹墓	2.5×(1.6~1.9)×1.8	2.5×(1.6~1.9)×2.2	双棺	东：不详 西：仰身直肢	较差	东：男；45~50岁 西：女；25~30岁	陶罐1、铜钱3	清	
M19	2层下	353°	梯形竖穴土圹墓	2.7×(1.9~2.1)×1.5	2.7×(1.9~2.1)×2.4	双棺	仰身直肢	较差	东：女性60±岁 西：男；45±岁	铜押铜发1	清	
M20	2层下	183°	梯形竖穴土圹砖椁墓	2.8×(1~1.12)×1.5	2.8×(1~1.12)×2.08	单棺	不详	较差	男；30~45岁	陶罐2、铜镜1、铜钱2	魏晋	
M21	2层下	15°	梯形竖穴土圹墓	(2.5~2.6)×(2.6~3.1)×1.5	(2.5~2.6)×(2.6~3.1)×(2.3~2.5)	三棺	仰身直肢	较差	东：女；30±岁 中：女；45~50岁 西：男；45±岁	银戒指1、铜耳环1、铜元2、铜钱3	清	

续表

墓号	层位	方向	形制	墓口（长×宽×深）/米	墓底（长×宽×深）/米	葬具	葬式	人骨保存情况	性别及年龄	随葬品	年代	备注
M22	2层下	345°	长方形竖穴土圹墓	(2.4~2.6)×2.3×1.8	(2.4~2.6)×2.3×(2.4~2.7)	双棺	东：不详 西：仰身直肢	较差	东：男；40±岁 西：女；50~60岁	釉陶罐1、铜钱2、铁器1	清	
M23	2层下	15°	不规则形竖穴土圹墓	(2.2~2.56)×(1.6~2)×1.8	(2.2~2.56)×(1.6~2)×2.6	单棺	不详	很差	女；60±岁	铜元1	清	
M24	2层下	330°	梯形竖穴土圹墓	2.6×(1.6~1.8)×1.8	2.6×(1.6~1.8)×2.7	双棺	不详	较差	东：男；40±岁 西：女；50±岁	骨簪1、铜钱2	清	
M25	2层下	349°	长方形竖穴土圹墓	2.5×1×1.5	2.5×1×2.5	单棺	不详	较差	男；40~45岁	铜钱3	清	
M26	2层下	3°	长方形竖穴土圹墓	(2.44~2.5)×1.5×1.5	(2.44~2.5)×1.5×2.5	双棺	仰身直肢	较好	东：男；50~60岁 西：女；40~45岁	铜钱4、银耳坠2	清	
M27	2层下	39°	长方形竖穴土圹墓	2.5×1×1.8	2.5×1×2.6	单棺	仰身直肢	较差	女；60±岁		清	
M28	2层下	30°	梯形竖穴土圹墓	2.5×(1.7~1.9)×1.8	2.5×(1.7~1.9)×2.8	双棺	东：不详 西：仰身直肢	较差	东：男；60±岁 西：女；60±岁	银耳环1	清	
M29	2层下	28°	长方形竖穴土圹墓	2.4×1.4×1.8	2.4×1.4×2.6	单棺	仰身直肢	较差	女；40±岁	铜元2	清	
M30	2层下	27°	梯形竖穴土圹墓	2.8×(2.1~2.4)×1.8	2.8×(2.1~2.4)×2.6	双棺	不详	较差	东：男；45~50岁 西：女；50~60岁		清	
M31	2层下	46°	梯形竖穴土圹墓	2.6×(1.7~2.1)×1.8	2.6×(1.7~2.1)×2.6	双棺	不详	极差	东：女；50~60岁 西：男；60±岁		清	
M32	2层下	25°	长方形竖穴土圹墓	2.4×(1.12~1.2)×1.8	2.4×(1.12~1.2)×2.7	单棺	仰身直肢	较差	女；35±岁	银耳环1、银押发1、铜钱1	清	
M33	2层下	8°	梯形竖穴土圹墓	(2.6~2.7)×(1.7~1.9)×1.6	(2.6~2.7)×(1.7~1.9)×(2.7~2.8)	双棺	仰身直肢	较差	东：女；40~45岁 西：男；50±岁	瓷罐1、铜簪1、铜耳环7、铜耳环2	清	
M34	2层下	6°	梯形竖穴土圹墓	(2.6~2.68)×1.8×1.6	(2.6~2.68)×1.8×(2.6~2.9)	双棺	东：仰身直肢 西：不详	较差	东：男；50±岁 西：女；45~50岁	铜耳环1、铜钱4	清	

续表

墓号	层位	方向	形制	墓口（长×宽×深）/米	墓底（长×宽×深）/米	葬具	葬式	人骨保存情况	性别及年龄	随葬品	年代	备注
M35	2层下	15°	长方形竖穴土圹墓	2.1×1×1.6	2.1×1×2.6	单棺	仰身直肢	较差	女；30~35岁	釉陶罐1、铜钱3	清	
M36	2层下	13°	梯形竖穴土圹墓	（2~2.6）×（1.6~1.8）×1.6	（2~2.6）×（1.6~1.8）×（2.7~2.8）	双棺	东：仰身直肢 西：仰身屈肢	较差	东：男；45±岁 西：女；35~40岁	铜钱2	清	
M37	2层下	18°	长方形竖穴土圹墓	2.6×1.6×1.6	2.6×1.6×2.4	单棺	仰身直肢	较好	男；45~50岁	铜钱2	清	
M38	2层下	45°	梯形竖穴土圹墓	（2.5~2.7）×（1.64~1.84）×2	（2.5~2.7）×（1.64~1.84）×2.34	双棺	不详	较差	东：男；50~60岁 西：男；50~60岁		明	
M39	2层下	8°	长方形竖穴土圹墓	（2.4~2.44）×1.7×0.5	（2.4~2.44）×1.7×1.1	双棺	仰身直肢	较差	东：男；45±岁 西：女；50±岁	铜钱3		
M40	2层下	93°	长方形竖穴土圹墓	2.3×1.3×1.5	2.3×1.3×2.1	单棺	仰身直肢	一般	女；40~50岁			
M41	2层下	5°	梯形竖穴土圹墓	（2.5~2.52）×（1.54~1.8）×1.5	（2.5~2.52）×（1.54~1.8）×2.5	双棺	东：仰身直肢 西：不详	较差	东：男；50±岁 西：男；45±岁	釉陶罐2、铜钱3	清	
M42	2层下	28°	梯形竖穴土圹墓	（2.6~2.7）×（1.9~2.1）×1.5	（2.6~2.7）×（1.9~2.1）×2.5	双棺	东：仰身直肢 西：不详	较差	东：男；50~60岁 西：女；60以上	铜簪2、银押发1、银耳环1、铜钱2、铜元1	清	
M43	2层下	7°	长方形竖穴土圹墓	（2.6~2.68）×1.9×1.5	（2.6~2.68）×1.9×2.2	双棺	东：不详 西：仰身直肢	较差	东：男；40±岁 西：女；60以上	银簪1、铜钱3	清	
M44	2层下	5°	竖穴土圹墓	?×（1.6~?）×1.5	?×（1.6~?）×2.3	双棺	不详					
M45	2层下	335°	长方形竖穴土圹墓	2.5×1.44×1.8	2.5×1.44×2.8	单棺	仰身直肢	较差	女；14~16岁	陶罐1、铜押发2、铜扣2、铜钱3	清	
M46	2层下	189°	长方形竖穴土圹墓	2.5×1×1.5	2.5×1×2.28	单棺	不详	较差	女；50±岁			

附表二　东坝乡驹子房路魏晋、明清墓铜钱登记表

单位	编号	种类	直径/厘米	穿径/厘米	郭厚/厘米	备注
M1	4-1	乾隆通宝	2.2	0.68	0.11	穿左右为满文"宝泉"
	4-2	嘉庆通宝	2.4	0.64	0.19	穿左右为满文"宝泉"
	4-3	嘉庆通宝	2.4	0.64	0.12	穿左右为满文"宝泉"
	4-4	道光通宝	2.4	0.6	0.18	穿左右为满文"宝泉"
	5	道光通宝	2.4	0.5	0.12	穿左右为满文"宝源"
	6	乾隆通宝	2.2	0.6	0.11	穿左右为满文"宝泉"
	7-1	乾隆通宝	2.2	0.6	0.13	穿左右为满文"宝泉"
	7-2	嘉庆通宝	2.3	0.6	0.12	穿左右为满文"宝泉"
M5	1-1	万历通宝	2.5	0.6	0.15	
	1-2	万历通宝	2.5	0.6	0.12	
	1-3	万历通宝	2.5	0.6	0.13	
	1-4	万历通宝	2.5	0.6	0.12	
M6	1	嘉靖通宝	2.4	0.6	0.11	
M7	1-1	乾隆通宝	2.3	0.6	0.14	穿左右为满文"宝泉"
	1-2	乾隆通宝	2.3	0.6	0.11	穿左右为满文"宝泉"
	2	乾隆通宝	2.3	0.6	0.12	穿左右为满文"宝源"
	4	乾隆通宝	2.3	0.6	0.15	穿左右为满文"宝源"
M8	1-1	乾隆通宝	2.4	0.64	0.11	穿左右为满文"宝源"
	1-2	道光通宝	2.25	0.55	0.11	穿左右为满文"宝泉"
	1-3	道光通宝	2.25	0.55	0.18	穿左右为满文"宝泉"
M9	1	道光通宝	2.1	0.6	0.13	穿左右为满文"宝泉"
	2	嘉庆通宝	2.3	0.6	0.12	穿左右为满文"宝泉"
	3	嘉庆通宝	2.4	0.6	0.14	穿左右为满文"宝泉"
	4	嘉庆通宝	2.4	0.6	0.13	穿左右为满文"宝济"

续表

单位	编号	种类	直径/厘米	穿径/厘米	郭厚/厘米	备注
M11	2	光绪重宝	2.9	0.7	0.14	穿上下为楷体"当十"
	3-1	咸丰重宝	2.6	0.6	0.13	穿左右为满文"宝源"
	3-2	同治重宝	2.6	0.6	0.12	穿左右为满文"宝泉"
	3-3	同治重宝	2.7	0.6	0.14	穿左右为满文"宝泉"
	3-4	同治重宝	2.55	0.6	0.13	穿左右为满文"宝泉"
M12	1	康熙通宝	2.8	0.5	0.12	穿左右为满文"宝泉"
	2	康熙通宝	2.8	0.5	0.16	穿左为满文"临"，右为楷书"临"
	3-1	康熙通宝	2.4	0.5	0.11	穿左右为满文"宝源"
	3-2	康熙通宝	2.35	0.5	0.12	穿左右为满文"宝泉"
M13	1-1	康熙通宝	2.6	0.5	0.19	穿左右为满文"宝源"
	1-2	顺治通宝	2.6	0.5	0.12	背穿钱文不清
	1-3	顺治通宝	2.6	0.5	0.11	穿右为楷书"工"
	1-4	顺治通宝	2.7	0.5	0.13	穿右为楷书"户"
	1-5	顺治通宝	2.7	0.5	0.12	穿右为楷书"工"
	2-1	康熙通宝	2.8	0.6	0.11	穿左右为满文"宝源"
	2-2	康熙通宝	2.8	0.6	0.13	穿左右为满文"宝源"
M15	1	万历通宝	1.9	0.55	0.12	
	2	万历通宝	1.9	0.55	0.15	
M16	3	货泉	2.2	0.6	0.13	
M17	2-1	顺治通宝	2.1	0.5	0.12	穿左右为满文"宝泉"
	2-2	顺治通宝	2.1	0.45	0.11	穿左右为满文"宝泉"
M18	1	康熙通宝	2.8	0.6	0.14	穿左右为满文"宝泉"
	2-1	康熙通宝	2.4	0.5	0.16	穿左右为满文"宝源"
	2-2	乾隆通宝	2.4	0.6	0.13	穿左右为满文"宝源"

续表

单位	编号	种类	直径/厘米	穿径/厘米	郭厚/厘米	备注
M20	2-1	五铢	2.5	0.9	0.11	
	2-2	五铢	2.3	0.9	0.09	
M21	3	康熙通宝	2.5	0.7	0.11	穿左右为满文"宝泉"
	6-1	光绪通宝	2.1	0.6	0.12	穿左右为满文"宝源"
	6-2	乾隆通宝	2.3	0.5	0.15	穿左右为满文"宝泉"
M22	2-1	康熙通宝	2.4	0.6	0.14	穿左右为满文"宝泉"
	2-2	康熙通宝	2.5	0.6	0.11	穿左右为满文"宝泉"
M24	2-1	康熙通宝	2.7	0.6	0.12	穿左右为满文"宝泉"
	2-2	康熙通宝	2.7	0.6	0.12	穿左右为满文"宝泉"
M25	1-1	道光通宝	1.7	0.52	0.1	穿左右为满文"宝泉"
	1-2	道光通宝	1.7	0.52	0.11	穿左右为满文"宝泉"
M26	1-1	乾隆通宝	2.3	0.5	0.12	穿左右为满文"宝泉"
	1-2	乾隆通宝	2.3	0.5	0.11	穿左右为满文"宝泉"
M32	1	光绪重宝	1.8	0.55	0.13	穿上下为楷体"当锴"
M33	3-1	乾隆通宝	2.2	0.55	0.17	穿左右为满文"宝泉"
	3-2	乾隆通宝	2.2	0.55	0.11	穿左右为满文"宝源"
	3-3	乾隆通宝	2.2	0.6	0.12	穿左右为满文"宝源"
	3-4	乾隆通宝	2.3	0.5	0.11	穿左右为满文"宝泉"
	4-1	嘉庆通宝	2.35	0.55	0.15	穿左右为满文"宝源"
	4-2	嘉庆通宝	2.3	0.55	0.15	穿左右为满文"宝泉"
	4-3	嘉庆通宝	2.3	0.55	0.12	穿左右为满文"宝泉"
M34	2-1	乾隆通宝	2.4	0.55	0.12	穿左右为满文"宝泉"
	2-2	乾隆通宝	2.3	0.55	0.11	穿左右为满文"宝泉"
	2-3	乾隆通宝	2.3	0.55	0.12	穿左右为满文"宝泉"
	3	康熙通宝	2.7	0.6	0.15	穿左右为满文"宝泉"

续表

单位	编号	种类	直径/厘米	穿径/厘米	郭厚/厘米	备注
M35	2-1	康熙通宝	2.4	0.6	0.14	穿左右为满文"宝泉"
	2-2	康熙通宝	2.4	0.6	0.11	穿左右为满文"宝泉"
	2-3	康熙通宝	2.4	0.6	0.12	穿左右为满文"宝泉"
M36	1-1	康熙通宝	2.35	0.5	0.12	穿左右为满文"宝泉"
	1-2	康熙通宝	2.3	0.5	0.1	穿左右为满文"宝泉"
M37	1-1	乾隆通宝	2.2	0.58	0.11	穿左右为满文"宝源"
	1-2	康熙通宝	2.4	0.52	0.12	穿左右为满文"宝源"
M39	1-1	嘉靖通宝	2.4	0.55	0.11	
	1-2	嘉靖通宝	2.3	0.5	0.15	
	1-3	弘治通宝	2.4	0.55	0.17	
M41	3-1	乾隆通宝	2.2	0.6	0.14	穿左右为满文"宝泉"
	3-2	乾隆通宝	2	0.6	0.15	穿左右为满文"宝源"
	4	顺治通宝	2.7	0.5	0.11	穿左右为满文"宝源"
M42	5-1	光绪通宝	1.9	0.4	0.1	穿左右为满文"宝泉"
	5-2	宣统通宝	1.9	0.4	0.11	穿左右为满文"宝泉"
M43	2-1	康熙通宝	2.9	0.65	0.15	穿左右为满文"宝泉"
	2-2	康熙通宝	2.5	0.55	0.12	穿左右为满文"宝泉"
	2-3	康熙通宝	2.7	0.7	0.11	穿左右为满文"宝源"
M45	4-1	同治重宝	2.45	0.62	0.12	穿上下为楷体"当十"
	4-2	康熙通宝	2.3	0.52	0.15	穿左右为满文"宝源"
	4-3	康熙通宝	2.3	0.52	0.17	穿左右为满文"宝泉"

附表三　东坝乡驹子房路魏晋、明清墓人类骨骼鉴定表

编号	出土位置	性别	年龄	牙齿	脊柱	籍贯推测	其他
1	M1东棺	男性	50岁左右	牙周炎	腰椎增生	本地人	有骑马的痕迹，肌肉发达
2	M1西棺	女性	50～60岁	牙周炎		本地人	骨质疏松
3	M2	女性	35～40岁	牙周炎			
4	M3东棺	男性	45岁左右			北方人	有骑马的痕迹，身材矮小
5	M3中棺	女性	20～25岁				
6	M3西棺	女性	40岁左右	牙周炎		本地人	肌肉发达
7	M4	女性	40～45岁	牙周炎			
8	M5	男性	30岁左右			本地人	有缠足
9	M6	女性	30～35岁				
10	M7东棺	男性	35岁左右				肌肉发达，骨骼粗壮
11	M7西棺	女性	35岁左右				有缠足
12	M8	女性	45岁左右	牙周炎	腰椎增生		
13	M9东棺	女性	50～60岁	严重牙周炎	腰椎增生		骨质疏松
14	M9西棺	男性	50～60岁	牙周炎	腰椎增生	北方人	骨质疏松
15	M10	男性	45岁左右	牙周炎，龋齿	腰椎增生	本地人	右侧小腿骨膜炎，生前可能是手工业者
16	M11东棺	男性	50岁左右	牙周炎，龋齿	腰椎增生	本地人	右腿骨膜炎，肌肉发达，生前为手工业者
17	M11西棺	女性	40～50岁		腰椎增生	本地人	
18	M12东棺	男性	40岁左右	严重牙周炎	腰椎增生	本地人	有骑马的痕迹，肌肉发达
19	M12西棺	女性	45岁左右	牙周炎	腰椎增生	东北人	
20	M13东棺	女性	中年	牙周炎			
21	M13西棺	男性	50～60岁	牙周炎		本地人	骨质疏松
22	M14	男性	35～40岁	牙周炎		本地人	
23	M15	男性	40～45岁	严重牙周炎	严重腰椎增生	本地人	
25	M16西棺	女性	40岁左右	牙周炎			
26	M17	女性	45岁左右		腰椎增生		

续表

编号	出土位置	性别	年龄	牙齿	脊柱	籍贯推测	其他
27	M18东棺	男性	45~50岁	牙周炎			
28	M18西棺	女性	25~30岁	龋齿			
29	M19东棺	女性	60岁左右		腰椎增生	本地人	骨质疏松，有缠足
30	M19西棺	男性	45岁左右	牙周炎	腰椎增生		身材高大，肌肉发达
31	M20	男性	30~45岁				肌肉发达
32	M21东棺	女性	30岁左右				有盆腔炎
33	M21中棺	女性	45~50岁	牙周炎	腰椎增生		
34	M21西棺	男性	45岁左右	严重牙周炎	严重腰椎增生	本地人	DISH，肌肉发达，骶髂融合
35	M22东棺	男性	40岁左右	牙周炎	轻度腰椎增生		有骑马的痕迹
36	M22西棺	女性	50~60岁	牙周炎	腰椎增生		骨质疏松
37	M23	女性	60岁左右	严重牙周炎		本地人	
38	M24东棺	男性	40岁左右	牙周炎，齿根脓肿			肌肉发达，有骑马的痕迹
39	M24西棺	女性	50岁左右		腰椎增生		骨质开始疏松
40	M25	男性	40~45岁	牙周炎	腰椎增生		DISH，有骑马的痕迹，肌肉发达
41	M26东棺	男性	50~60岁	牙周炎	腰椎增生		骨质疏松
42	M26西棺	女性	40~45岁	牙周炎	轻度腰椎增生		
43	M27	女性	60岁左右	牙周炎	腰椎增生	本地人	左右大腿、小腿严重骨膜炎，骨质疏松
44	M28东棺	男性	60岁以上	严重牙周炎	腰椎增生		骨质疏松
45	M28西棺	女性	60岁以上	严重牙周炎	腰椎增生		骨质疏松
46	M29	女性	40岁左右	牙结石	腰椎增生	本地人	有生育的痕迹
47	M30东棺	男性	45~50岁	牙周炎	腰椎增生	本地人	有骑马的痕迹，轻度骨质疏松
48	M30西棺	女性	50~60岁	严重牙周炎		北方人	骨质疏松
49	M31东棺	女性	50~60岁				骨质疏松
50	M31西棺	男性	60岁左右		腰椎增生		骨质疏松
51	M32	女性	35岁左右	牙周炎，龋齿			

续表

编号	出土位置	性别	年龄	牙齿	脊柱	籍贯推测	其他
52	M33东棺	女性	40~45岁	牙周炎			右小臂骨折
53	M33西棺	男性	50岁左右		腰椎增生		肌肉发达，右腿骨膜炎
54	M34东棺	男性	50岁左右	牙周炎		本地人	
55	M34西棺	女性	45~50岁	牙周炎			轻度骨质疏松
56	M35	女性	30~35岁				
57	M36东棺	男性	45岁左右	牙周炎	腰椎增生		左腿骨折错位愈合，右小腿骨膜炎，有骑马的痕迹
58	M36西棺	女性	35~40岁	牙结石			
59	M37	男性	45~50岁	牙周炎	腰椎增生	本地人	右腿骨膜炎
60	M38东棺	男性	50~60岁	牙周炎			骨质疏松
61	M38西棺	男性	50~60岁	严重牙周炎		本地人	肌肉发达
62	M39东棺	男性	45岁左右	严重牙周炎	腰椎增生		有骑马的痕迹
63	M39西棺	女性	50岁左右				
64	M40	女性	40~50岁	牙周炎			
65	M41东棺	男性	50岁左右				有骑马的痕迹
66	M41西棺	女性	45岁左右	牙周炎	腰椎增生		骨质疏松
67	M42东棺	男性	50~60岁		腰椎增生		骨质疏松，肌肉发达
68	M42西棺	女性	60岁以上	牙周炎		本地人	骨质疏松
69	M43东棺	男性	40岁左右	牙结石		本地人	
70	M43西棺	女性	60岁以上		腰椎增生		骨质疏松，有蹒足
71	M45	女性	14~16岁				
72	M46	女性	50岁左右	牙结石		本地人	骨质疏松

附表四　东坝乡驹子房东路清代墓葬登记表

墓号	层位	方向	形制	墓口（长×宽×深）/米	墓底（长×宽×深）/米	葬具	葬式	人骨保存情况	性别及年龄	随葬品	年代	备注
M1	2层下	210°	长方形竖穴土圹墓	2.16×1.58×2.5	2.16×1.58×2.9	双棺	南：仰身直肢 北：不详	南：一般 北：极差	不详	釉陶罐1，铜钱2	清	
M2	2层下	230°	长方形竖穴土圹墓	2.6×1.62×2.5	2.6×1.62×3.3	双棺	不详	较差	不详		清	
M3	2层下	235°	长方形竖穴土圹墓	2.7×1.76×2.5	2.7×1.76×3.4	双棺	不详	极差	不详		清	
M4	2层下	275°	长方形竖穴土圹墓	2.6×1.8×2.5	2.6×1.8×3.4	双棺	不详	极差	不详		清	
M5	2层下	15°	长方形竖穴土圹墓	2.6×1.76×2.5	2.6×1.76×3.6	双棺	不详	较差	不详		清	
M6	2层下	210°	长方形竖穴土圹墓	2.3×1.2×2.5	2.3×1.2×2.78	单棺	不详	较差	不详		清	
M7	2层下	354°	长方形竖穴土圹墓	2.4×1.1×2.5	2.4×1.1×2.6	单棺	不详	较差	不详		清	
M8	1层下	28°	长方形竖穴土圹墓	2.6×2.2×2.5	2.6×2.2×3	双棺	不详	极差	不详	玻璃扁方1	清	
M9	1层下	355°	长方形竖穴土圹墓	2.6×1.96×2.5	2.6×1.96×2.65	双棺	不详	极差	不详		清	
M10	1层下	219°	长方形竖穴土圹墓	3.2×2.2×2.5	3.2×2.2×2.6	双棺	仰身直肢	一般	不详	铜扁方1、银簪4、铜钱6	清	
M11	1层下	320°	长方形竖穴土圹墓	2.6×2.18×2.5	2.6×2.18×2.59	双棺	不详	腐朽严重	不详	釉陶罐1、银簪1、铜钱48	清	

附表五　东坝边缘集团南区22-3地块土地一级开发项目地块铜钱登记表

单位	编号	种类	直径/厘米	穿径/厘米	郭厚/厘米	备注
M1	M1：2	不详	2.5	0.6	0.15	
M10	M10：3	同治重宝	2.9	2.7	0.16	穿左右满文"宝源"，上下楷书"当十"
M11	M11：2-1	康熙通宝	2.6	0.55	0.2	穿左右为满文"宝源"
	M11：2-4	康熙通宝	2.6	0.55	0.2	穿左右满文"宝泉"
	M11：3-1	同治重宝	2.6	0.65	0.2	穿左右满文"宝泉"

附表六　三间房乡西柳巷北朝、明清墓葬登记表

墓号	层位	方向	形制	墓口（长×宽×深）/米	墓底（长×宽×深）/米	葬具	葬式	人骨保存情况	性别及年龄	随葬品	年代	备注
M1	1层下	275°	梯形竖穴土圹墓	2.3×（0.96~1.16）×0.5	2.3×（0.96~1.16）×0.8	单棺	仰身直肢	极差	女；不详	铜簪5、铜钱3	清	
M2	1层下	350°	梯形竖穴土圹墓	（1.6~2.54）×（2.42~2.46）×0.5	（1.6~2.54）×（2.42~2.46）×（0.66~0.73）	双棺	仰身直肢	东：较差 西：较好	东：女；不详 西：男；不详	釉陶罐1、银耳环1、铜簪1、骨管1、铜钱2	清	
M3	1层下	356°	梯形竖穴土圹墓	2.36×（1.08~1.12）×0.5	2.36×（1.08~1.12）×0.8	单棺	仰身直肢	较差	女；不详	铜镜1、银碗1	明	
M4	1层下	19°	梯形竖穴土圹墓	（2.34~2.58）×（2.8~3）×0.5	（2.34~2.58）×（2.8~3）×（1.58~1.6）	三棺	仰身直肢	东：较好 中：较差 西：较差	东：男；不详 西：女；不详 中：女；不详	瓷罐1、铜钱77	明	
M5	1层下	5°	梯形竖穴土圹墓	（2.8~2.9）×（2.6~2.8）×0.5	（2.8~2.9）×（2.6~2.8）×（0.88~0.92）	三棺	东：仰身直肢 其他已乱	东：较差 中：较差 西：极差	东：男；不详 西：无 中：无	陶罐3、铜钱33	明	
M6	1层下	27°	长方形竖穴土圹墓	2.8×1.2×0.5	2.8×1.2×0.88~1.1	单棺	仰身直肢	较差	女；不详	铜簪1	明	
M7	1层下	195°	长方形竖穴土圹墓	2.68×1.36×0.25	2.68×1.36×1.63	单棺	仰身直肢	较差	女；不详	银簪3	清	
M8	1层下	8°	长方形竖穴土圹墓	（2.85~3.2）×（2.2~2.4）×0.35	（2.85~3.2）×（2.2~2.4）×（1.35~1.43）	双棺	仰身直肢	较好	东：女；不详 西：男；不详		清	
M9	1层下	330°	梯形竖穴土圹墓	2.6×（0.92~1.04）×0.4	2.6×（0.92~1.04）×1.08	单棺	仰身直肢	较好	男；不详	铜帽饰1	清	
M10	1层下	330°	长方形竖穴土圹墓	2.9×（2~2.28）×0.5	2.9×（2~2.28）×（0.88~1.1）	双棺	仰身直肢	较好	东：女；不详 西：男；不详	银簪2、铜方1、铜簪5、铜耳环6、铜扁钗2、铜钱2	清	
M11	1层下	23°	长方形竖穴土圹墓	（2.8~3）×（1.9~2）×0.4	（2.8~3）×（1.9~2）×（0.52~0.66）	双棺	已乱	极差	东：已迁出 西：女；不详	银簪4、铜烟锅1、铜1、铜钱2	清	
M12	1层下	10°	长方形竖穴土圹墓	2.8×2.14×0.4	2.8×2.14×（0.72~0.84）	双棺	仰身直肢	较差	东：男；不详 西：女；不详	釉陶罐1、瓷罐1、银耳环3、铜钱8	清	

续表

墓号	层位	方向	形制	墓口（长×宽×深）/米	墓底（长×宽×深）/米	葬具	葬式	人骨保存情况	性别及年龄	随葬品	年代	备注
M13	1层下	10°	长方形竖穴土圹墓	2.24×（0.84~0.92）×0.4	2.24×（0.84~0.92）×0.86	单棺	仰身直肢	较差	女；不详	金耳环2	清	
M14	1层下	350°	长方形竖穴土圹墓	2.88×（1.92~2.04）×0.4	2.88×（1.92~2.04）×（0.52~0.6）	双棺	仰身直肢	较好	东：男；不详 西：女；不详	铜扁方1、铜簪2、铜烟袋1、铜钱4	清	
M15	1层下	352°	长方形竖穴土圹墓	2.74×（1.32~1.4）×0.4	2.74×（1.32~1.4）×0.9	单棺	仰身直肢	较差	女；不详	银扁方1、铜耳坠2、银耳环3、护甲2、铜烟袋1、铜钱5	清	
M16	1层下	356°	梯形竖穴土圹墓	2.4×（1.63~1.87）×0.4	2.4×（1.63~1.87）×（0.84~0.9）	双棺	仰身直肢	东：较好 西：较差	东：男；不详 西：女；不详	银簪2、铜钱9	清	
M17	1层下	306°	长方形竖穴土圹墓	2.48×18×0.8	2.48×18×1.92	单棺		已迁出			清	
M18	1层下	30°	长方形竖穴土圹墓	（2.35~2.38）×（1.72~1.84）×0.8	（2.35~2.38）×（1.72~1.84）×（1.8~1.9）	双棺		已迁出			清	
M20	1层下	7°	梯形竖穴土圹墓	（2.98~3）×（2.42~2.8）×0.5	（2.98~3）×（2.42~2.8）×（0.86~0.9）	双棺	东：仰身直肢 西：不明	东：较差 西：极差	东：不详 西：女；不详	符文板瓦1、釉陶罐2、铜钱21	清	
M21	1层下	174°	长方形竖穴土圹墓	3.04×（2.44~2.64）×0.5	34×（2.44~2.64）×0.86	双棺	仰身直肢	较差	东：男；不详 西：女；不详	铜耳环2、铜镶玻璃带饰2、铜钱21	清	
M22	1层下	15°	梯形竖穴土圹墓	（2.54~2.8）×（2.6~2.8）×0.3	（2.54~2.8）×（2.6~2.8）×0.56	双棺			已迁出		清	
M23	1层下	20°	梯形竖穴土圹墓	（2.38~2.78）×（2.7~2.9）×0.3	（2.38~2.78）×（2.7~2.9）×0.56	双棺			已迁出	铜钱1	清	
M24	2层下	352°	南北方向"中"字形结构墓	9.9×（0.96~3.6）×0.5	9.9×（0.96~3.6）×（0.96~1.6）		已乱	极差	前室：男；45±岁 后室：女；25±岁	陶碗3、陶罐2、陶盆1、铜带钩1	北朝	

附表七　三间房乡西柳巷北朝、明清墓铜钱登记表

单位	编号	种类	直径/厘米	穿径/厘米	郭厚/厘米	备注
M2	4-1	康熙通宝	2.2	0.49	0.1	穿左右为满文"宝泉"
	4-2	康熙通宝	2.7	0.55	0.1	穿左右为满文"宝源"
M4	1-1	开元通宝	2.3	0.63	0.1	隶书
	1-2	咸平元宝	2.25	0.53	0.1	楷书
	1-3	皇宋元宝	2.3	0.7	0.15	楷书
	1-4	元祐通宝	2.2	0.67	0.1	行书
	1-5	圣宋元宝	2.35	0.58	0.1	篆书
	2-1	咸平元宝	2.3	0.55	0.1	楷书
	2-2	咸平元宝	2.25	0.53	0.1	楷书
	2-3	景德元宝	2.3	0.55	0.1	楷书
	2-4	祥符元宝	2.4	0.65	0.1	楷书
	2-5	祥符通宝	2.35	0.55	0.1	楷书
	2-6	祥符元宝	2.3	0.59	0.1	楷书
	2-7	祥符元宝	2.3	0.51	0.1	楷书
	2-8	天圣元宝	2.3	0.6	0.1	楷书
	2-9	天圣元宝	2.3	0.69	0.1	楷书
	2-10	皇宋通宝	2.35	0.66	0.1	楷书
	2-11	熙宁元宝	2.2	0.66	0.1	楷书
	2-12	熙宁元宝	2.3	0.62	0.1	楷书
	2-13	治平通宝	2.3	0.69	0.1	楷书
	2-14	元祐通宝	2.25	0.6	0.1	楷书
	2-15	元祐通宝	2.25	0.69	0.1	行书
	2-16	绍圣元宝	2.25	0.6	0.1	行书
	2-17	圣宋元宝	2.3	0.52	0.1	篆书
	2-18	正隆元宝	2.25	0.6	0.1	行书

续表

单位	编号	种类	直径/厘米	穿径/厘米	郭厚/厘米	备注
M4	3-1	咸平元宝	2.3	0.55	0.1	楷书
	3-2	咸平元宝	2.25	0.53	0.1	楷书
	3-3	咸平元宝	2.35	0.6	0.1	楷书
	3-4	咸平元宝	2.25	0.5	0.1	楷书
	4	治平元宝	2.35	0.65	0.1	篆书
M5	2-1	宋元通宝	2.4	0.6	0.1	楷书
	2-2	至道元宝	2.3	0.58	0.1	行书
	2-3	咸平元宝	2.25	0.51	0.1	楷书
	2-4	祥符通宝	2.3	0.6	0.1	楷书
	2-5	祥符通宝	2.35	0.68	0.1	楷书
	2-6	祥符元宝	2.3	0.55	0.1	楷书
	2-7	天禧通宝	2.35	0.6	0.1	楷书
	2-8	皇宋通宝	2.4	0.7	0.1	楷书
	2-9	圣宋元宝	2.25	0.69	0.1	行书
	4-1	开元通宝	2.15	0.6	0.1	隶书
	4-2	通正元宝	2.2	0.61	0.1	隶书
	4-3	景德元宝	2.35	0.6	0.1	楷书
	4-4	景德元宝	2.25	0.58	0.1	楷书
	4-5	祥符通宝	2.4	0.65	0.1	楷书
	4-6	天圣元宝	2.4	0.61	0.1	篆书
	4-7	嘉祐元宝	2.2	0.69	0.1	楷书
	6	元符通宝	2.25	0.58	0.1	行书
M10	11-1	乾隆通宝	2.2	0.49	0.15	穿左右为满文"宝源"
M11	7-1	乾隆通宝	2.3	0.6	0.1	穿左右为满文"宝泉"

续表

单位	编号	种类	直径/厘米	穿径/厘米	郭厚/厘米	备注
M12	3-1	康熙通宝	2.8	0.51	0.15	穿左右为满文，字不清
	3-2	康熙通宝	2.8	0.5	0.15	穿左右为满文，字不清
	5-1	康熙通宝	2.85	0.58	0.15	穿左右为满文"宝泉"
M14	6-1	乾隆通宝	2.2	0.5	0.15	穿左右为满文"宝源"
	6-2	乾隆通宝	2.2	0.53	0.15	穿左右为满文"宝源"
	6-3	乾隆通宝	2.2	0.52	0.15	穿左右为满文"宝泉"
	6-4	乾隆通宝	2.1	0.53	0.1	穿左右为满文"宝源"
M15	13-1	乾隆通宝	2.2	0.53	0.15	穿左右为满文"宝源"
	13-2	乾隆通宝	2.25	0.59	0.1	穿左右为满文，字不清
	13-3	乾隆通宝	2.35	0.53	0.1	穿左右为满文，字不清
	13-4	乾隆通宝	2.1	0.69	0.1	穿左右为满文，字不清
M16	3-1	乾隆通宝	2.25	0.55	0.1	穿左右为满文"宝源"
	3-2	乾隆通宝	2.25	0.53	0.1	穿左右为满文"宝泉"
	3-3	乾隆通宝	2.15	0.51	0.1	穿左右为满文，字不清
	3-4	乾隆通宝	2.25	0.5	0.1	穿左右为满文"宝源"
	4-1	康熙通宝	2.55	0.6	0.1	穿左右为满文"宝泉"
	4-2	雍正通宝	2.65	0.56	0.1	穿左右为满文"宝源"
M20	3-1	顺治通宝	2.75	0.59	0.1	穿左右为满文"宝泉"
	3-2	顺治通宝	2.7	0.51	0.1	穿左右为满文"宝源"
	3-3	顺治通宝	2.75	0.53	0.1	背穿左侧为满文"东"，右侧为汉文楷体"东"
	3-4	康熙通宝	2.75	0.53	0.1	穿左右为满文"宝泉"
	3-5	康熙通宝	2.7	0.59	0.1	穿左右为满文"宝泉"
	3-6	康熙通宝	2.75	0.6	0.1	穿左右为满文"宝泉"
	3-7	康熙通宝	2.7	0.6	0.1	穿左右为满文"宝泉"
	3-8	康熙通宝	2.8	0.55	0.1	穿左右为满文"宝泉"
	3-9	康熙通宝	2.75	0.55	0.15	穿左右为满文"宝源"

续表

单位	编号	种类	直径/厘米	穿径/厘米	郭厚/厘米	备注
M20	3-10	康熙通宝	2.75	0.57	0.15	穿左右为满文"宝泉"
	3-11	康熙通宝	2.8	0.58	0.1	穿左右为满文"宝泉"
	3-12	康熙通宝	2.8	0.6	0.1	穿左右为满文"宝泉"
	3-13	康熙通宝	2.8	0.51	0.1	穿左右为满文"宝泉"
	3-14	康熙通宝	2.75	0.6	0.1	穿左右为满文"宝泉"
	3-15	康熙通宝	2.8	0.59	0.1	穿左右为满文"宝泉"
	3-16	康熙通宝	2.7	0.55	0.1	穿左右为满文"宝泉"
	3-17	康熙通宝	2.8	0.6	0.1	穿左右为满文"宝泉"
	3-18	康熙通宝	2.65	0.51	0.1	背穿左侧为满文"浙"，右侧为汉文楷书"浙"
	5-1	康熙通宝	2.2	0.5	0.1	穿左右为满文"宝泉"
M21	5-1	康熙通宝	2.65	0.56	0.1	穿左右为满文"宝源"
	5-2	康熙通宝	2.5	0.59	0.1	穿左右为满文"宝泉"
	5-3	康熙通宝	2.9	0.55	0.15	穿左右为满文"宝泉"
	5-4	康熙通宝	2.6	0.53	0.15	穿左右为满文"宝泉"
	5-5	雍正通宝	2.7	0.55	0.15	穿左右为满文"宝泉"
	5-6	雍正通宝	2.7	0.57	0.15	穿左右为满文"宝泉"
	5-7	雍正通宝	2.55	0.51	0.1	背穿满文不清
	5-8	雍正通宝	2.6	0.5	0.15	穿左右为满文"宝泉"
	5-9	雍正通宝	2.55	0.55	0.15	穿左右为满文"宝源"
	5-10	雍正通宝	2.45	0.55	0.1	穿左右为满文"宝泉"
	5-11	雍正通宝	2.55	0.55	0.1	穿左右为满文"宝泉"
	5-12	雍正通宝	2.7	0.6	0.15	穿左右为满文"宝泉"
	5-13	雍正通宝	2.55	0.55	0.15	穿左右为满文"宝泉"
	5-14	雍正通宝	2.65	0.55	0.1	穿左右为满文"宝泉"
	5-15	雍正通宝	2.7	0.61	0.15	穿左右为满文"宝泉"
M23	1	顺治通宝	2.65	0.52	0.1	穿左侧为满文"东"，右侧为汉文楷体"东"

附表八　金盏乡盖西村元代、清代墓葬登记表

墓号	层位	方向	形制	墓口（长×宽×深）/米	墓底（长×宽×深）/米	葬具	葬式	人骨保存情况	性别及年龄	随葬品	年代	备注
M1	1层下	270°	长方形竖穴土圹墓	2.6×2.1×0.5	2.6×2.1×2.1	双棺	仰身直肢	较差	北：男；60±岁 南：女；60±岁	银簪1、银戒指1、银扁方1、铜钱2	清	
M2	1层下	241°	长方形竖穴土圹墓	2.34×1×0.5	2.34×1×1.3	单棺	仰身直肢	较差	男；27~30岁	铜钱2	清	
M3	1层下	244°	长方形竖穴土圹墓	2.32×1×0.5	2.32×1×1.28	单棺	仰身直肢	较差	男；30~35岁		清	
M4	1层下	270°	长方形竖穴土圹墓	2.5×1×0.5	2.5×1×1.55	单棺	不详	较好	男；24~26岁		清	
M6	1层下	280°	梯形竖穴土圹墓	（2.45~2.71）×（1.9~2.14）×0.5	（2.45~2.71）×（1.9~2.14）×1.15	双棺	仰身直肢	北：一般 南：较好	北：女；30~35岁 南：男；40±岁	银簪3、铜钱2、铭文砖4	清	
M7	1层下	188°	"甲字形"土圹单室砖室	3.4×（0.87~2.16）×0.5	3.4×（0.87~2.16）×1.05	无	火葬	存部分烧骨	不详	陶盆1、陶盆1、陶鼎1、陶执壶1、陶碗1、铜钱9	元	

附表九　金盏乡盖西村铜钱登记表

单位	编号	种类	直径/厘米	穿径/厘米	郭厚/厘米	备注
M1	1	光绪通宝	2	0.6	0.1	穿左右为满文"宝源"
	2	光绪通宝	2.1	0.6	0.1	穿左右为满文"宝泉"
M2	1-1	康熙通宝	2.3	0.6	0.1	穿左右为满文"宝泉"
	1-2	康熙通宝	2.6	0.6	0.1	穿左右为满文"宝泉"
M6	4	咸丰通宝	2.2	0.6	0.1	穿左右为满文"宝泉"
	5	道光通宝	1.9	0.6	0.2	穿左右为满文"宝泉"
M7	6-1	元丰通宝	2.3	0.7	0.15	篆书
	6-2	皇宋通宝	2.3	0.7	0.15	篆书
	6-3	元丰通宝	2.3	0.7	0.15	行书
	6-4	开元通宝	2.3	0.7	0.15	隶书
	6-5	元符通宝	2.3	0.7	0.15	篆书

附表一〇 金盏乡金盏西村元代、清代墓葬人类骨骼鉴定表

编号	出土位置	性别	年龄	健康状况
1	M1北棺	男	60±岁	多个腰椎、胸椎生有骨刺。牙齿唇侧磨耗严重
2	M1南棺	女	60±岁	前部牙齿唇侧磨耗严重。胸椎生有骨刺
3	M2	男	27~30岁	
4	M3	男	30~35岁	
5	M4	男	24~26岁	下颌左右M3先天缺失
6	M6南棺	男	40±岁	右侧M1根尖脓肿，牙齿生前已脱落。犬齿牙釉质发育不良
7	M6北棺	女	30~35岁	

附表一一 崔各庄乡南皋村L04地块清代墓葬登记表

墓号	层位	方向	形制	墓口（长×宽×深）/米	墓底（长×宽×深）/米	葬具	人骨保存情况	葬式	性别及年龄	随葬品	年代	备注
M1	1层下	302°	梯形竖穴土圹墓	2.75×1.36×0.9	2.75×1.36×（1.7~1.72）	双棺	较好	仰身直肢	南：男；不详 北：女；不详	铜扁方1，铜耳环1	清	
M3	1层下	331°	长方形竖穴土圹墓	（2.5~2.62）×（1.5~1.6）×0.8	（2.5~2.62）×（1.5~1.46）	双棺	东：较差 西：较好	仰身直肢	东：男；不详 西：女；不详	骨簪1，铜押发1，铜耳环1，铜扣1	清	
M4	1层下	170°	长方形竖穴土圹墓	2.6×（1.4~1.5）×0.8	2.6×（1.4~1.5）×1.96	双棺	较差	东：葬式呈仰身，下肢呈叉状；西：不详	东：女；不详 西：男；不详	釉陶罐2	清	

附表一二 崔各庄乡南皋村L04地块铜钱登记表

单位	编号	种类	直径/厘米	穿径/厘米	郭厚/厘米	备注
L1	L1:1	康熙通宝	2.2	0.6	0.15	穿左右为满文"宝泉"

附表一三　崔各庄乡南皋村30-L06地块明清墓葬登记表

墓号	层位	方向	形制	墓口（长×宽×深）/米	墓底（长×宽×深）/米	葬具	葬式	人骨保存情况	性别及年龄	随葬品	年代	备注
M1	2层下	358°	长方形竖穴土圹墓	2.5×1.04×1.5	2.5×1.04×2.1	单棺	仰身直肢	较差	不详	釉陶罐1	清	
M2	2层下	354°	长方形竖穴土圹墓	（2.54~3）×1.98×1.5	（2.54~3）×1.98×3	双棺	仰身直肢	较差	不详	黑釉瓷罐1、釉陶罐1、铜钱8	清	
M3	2层下	352°	长方形竖穴土圹墓	2.2×0.9×1.5	2.2×0.9×2.6	单棺	不详	较差	不详		清	
M4	2层下	350°	长方形竖穴土圹墓	2.4×1.1×1.5	2.4×1.1×2.3	单棺	不详	较差	不详		清	
M5	2层下	350°	梯形竖穴土圹墓	2.1×（0.68~0.94）×1.5	2.1×（0.68~0.94）×2.1	单棺	仰身直肢	较差	女；不详		清	
M6	2层下	355°	长方形竖穴土圹墓	2.6×1.52×1.5	2.6×1.52×（2.46~2.5）	双棺	仰身直肢	东：较差 西：极差	东：男；不详 西：不详	铜钗1、陶双耳罐1、铜钱17	清	
M7	2层下	160°	梯形竖穴土圹墓	2.7×（0.8~0.9）×1.5	2.7×（0.8~0.9）×2.4	单棺	仰身直肢	较差	不详		清	

附表一四　崔各庄乡南皋村30-L06地块铜钱登记表

单位	编号	种类	直径/厘米	穿径/厘米	郭厚/厘米	备注
M2	2	康熙通宝	2.7	0.6	0.15	背穿左右为满文 "宝源"
	1-1	开元通宝	2.4	0.64	0.15	隶书
	1-2	景德元宝	2.4	0.6	0.1	楷书
	1-3	天圣元宝	2.4	0.7	0.1	楷书
	1-4	皇宋通宝	2	0.6	0.1	楷书
	1-5	至和元宝	2.35	0.6	0.1	楷书
	1-6	元丰通宝	1.9	0.55	0.1	行书
	1-7	宣和通宝	2.8	0.7	0.1	篆书
	1-8	绍定通宝	1.9	0.5	0.15	楷书
	1-9	咸淳元宝	2.8	0.7	0.16	楷书
M6	1-10	大定通宝	2.2	0.55	0.16	背穿上为楷书 "酉"
	1-11	至大通宝	2.4	0.6	0.1	楷书
	1-12	康熙通宝	2.5	0.6	0.15	背穿左右为满文、文字不清

附表一五 崔各庄乡黑桥村汉代、清代墓葬登记表

墓号	层位	方向	形制	墓口（长×宽×深）/厘米	墓底（长×宽×深）/厘米	葬具	葬式	人骨保存情况	性别及年龄	随葬品	年代	备注
M1	2层下	350°	长方形竖穴土圹墓	2.5×（1~1.04）×0.8	2.5×1~1.04×1.6	单棺	仰身直肢	较好	男；50±岁	铜钱1、铜扣1	清	
M2	2层下	147°	长方形竖穴土圹墓	（2.5~2.54）×1.8×0.8	（2.5~2.54）×1.98×1.6	双棺	仰身直肢	较好	东：女；50±岁；西：男；45~50岁	铜钱2、铜扣2、银耳环1	清	
M3	2层下	30°	长方形竖穴土圹墓	（2.67~2.8）×2.05×0.8	（2.67×2.8）×2.05×1.6	双棺	仰身直肢	较好	东：男；45~50岁；西：女；55~60岁	铜钱2、铜扣7、簪2、银扁方1	清	
M4	3层下	190°	"甲"字形单室砖室墓	5.7×（1.15~1.8）×（1.1~1.35）	5.7×（1.15~1.8）×（1.1~1.35）	单室	不详	较差	一男一女；成年	陶罐1	汉	
M5	3层下	190°	近"刀"字形单室砖室墓	5.4×（0.95~2.4）×（1.05~1.4）	5.4×（0.95~2.4）×（1.05~1.4）	单室	仰身直肢	较差	一男一女；成年	陶罐1、五铢钱1	汉	
M6	2层下	33°	长方形竖穴土圹墓	（2.7~3）×（1.7~1.86）×0.8	（2.7~3）×（1.7~1.86×1.6）	双棺	仰身直肢	较好	东：男；45~50岁；西：女；55~60岁	铜钱1、铜扣1、铜耳环1	清	
M7	2层下	285°	长方形竖穴土圹墓	2.4×0.98×0.3	2.7×（0.8~0.9）×1.1	单棺	仰身直肢	较好	男；不详		清	
M8	2层下	285°	长方形竖穴土圹墓	2.3×0.84×0.3	2.7×（0.8~0.9）×1.3	单棺	仰身直肢	较差	东：男；40~45岁	铜元1	清	
M9	2层下	295°	长方形竖穴土圹墓	2.3×1.75×0.3	2.3×1.75×1.4	双棺	北：不详；南：仰身直肢	北：较差；南：较好	北：女；45~50岁；南：男；40~50岁	银簪1、铜元2	清	
M10	2层下	285°	长方形竖穴土圹墓	（2.4~2.6）×1.8×0.3	（2.4~2.6）×1.8×1.3	单棺	仰身直肢	较差	女；55±岁	银戒指1、银押发1、银耳环1、铜蠲1	清	

附表一六　崔各庄乡黑桥村汉代、清代墓葬铜钱登记表

单位	编号	种类	直径/厘米	穿径/厘米	郭厚/厘米	备注
M1	1	咸丰通宝	2.4	0.7	0.15	背穿左右为满文"宝泉"
M2	1	道光通宝	2.5	0.7	0.15	背穿左右为满文"宝泉"
M2	5	嘉庆通宝	2.5	0.6	0.15	背穿左右为满文"宝源"
M3	1	嘉庆通宝	2.5	0.6	0.15	背穿左右为满文"宝泉"
M3	6	道光通宝	2.3	0.6	0.15	背穿左右为满文"宝泉"
M5	2	五铢钱	2.5	0.9	0.15	篆书
M6	1	道光通宝	2.4	0.6	0.15	背穿左右为满文"宝泉"
M8	1	铜元	4	/	/	锈蚀不清
M9	2	铜元	4.1	/	/	锈蚀不清
M9	3	铜元	/	/	/	锈蚀不清
M10	2	道光通宝	2.4	0.6	0.15	背穿左右为满文"宝泉"

编 后 记

  2020年的冬天，是北京60年一遇的寒冬，而我在这个冬天奔走于数个考古发掘现场，与寒风、冻土打交道。所幸这些发掘工地都在朝阳区，这也让我与这片区域结下了不解之缘。在2022年冬天，我院加快积压项目整理工作，我受到《单店与黑庄户》一书的启发，将朝阳区数个小地块的发掘成果汇成一本发掘报告。故宫博物院原院长单霁翔先生曾说："考古人当尽所能尽快刊出自己的发掘资料，人有旦夕祸福，不知道哪一天可能就没法整理了。"正当生产前夕，我也将这本报告作为我和我孩子的新生礼物。

  本书是北京市考古研究院的集体劳动成果，得到了院里领导和同事的大力支持。北京市考古研究院靳枫毅、张中华、刘乃涛、孙勐、王宇新等给予了无私的帮助与指导。此外，本书也得到了李梅田先生的指点。感谢朝阳区文化和旅游局的全力协助，使考古工作可以顺利进行。

  2023年3月，笔者完成了对本书的统稿和定稿。

张玉妍

2023年4月

1. M20

2. 铜镜（M20：1）

3. 五铢钱（M20：2）

4. 陶罐（M20：3）

5. 陶罐（M20：4）

东坝乡驹子房路魏晋时期墓葬及器物

图版二

1. M2

2. M4

3. M5

东坝乡驹子房路明清时期单棺墓葬

1. M6

2. M8

3. M10

东坝乡驹子房路明清时期单棺墓葬

1. M14

2. M15

3. M17

东坝乡驹子房路明清时期单棺墓葬

1. 釉陶罐（M5：2）

2. 釉陶罐（M17：1）

3. 铜元（M23：1）

4. 铜元（M29：1）

5. 银耳环（M32：2）

6. 银押发（M32：3）

东坝乡驹子房路明清时期单棺墓葬随葬器物

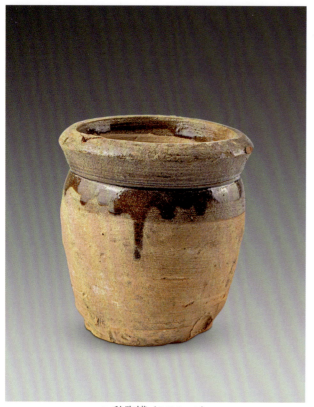

1.釉陶罐（M35：1）

2.陶罐（M45：1）

3.铜押发（M45：2）

4.铜扣（M45：3）

东坝乡驹子房路明清时期单墓葬随葬器物

1. M1

2. M7

3. M9

东坝乡驹子房路明清时期双棺墓葬

1. M11

2. M12

3. M13

东坝乡驹子房路明清时期双棺墓葬

1. M16

2. M18

3. M19

东坝乡驹子房路明清时期双棺墓葬

1. M22

2. M24

3. M26

东坝乡驹子房路明清时期双棺墓葬

1. M28

2. M30

3. M31

东坝乡驹子房路明清时期双棺墓葬

1. M33

2. M34

3. M36

东坝乡驹子房路明清时期双棺墓葬

1. M38

2. M39

3. M41

东坝乡驹子房路明清时期双棺墓葬

1. M42

2. M43

3. M44

东坝乡驹子房路明清时期双棺墓葬

1. 铜扁方（M1：1）

2. 铜耳环（M1：3）

3. 铜簪（M1：2）

4. 铜耳环（M7：3）

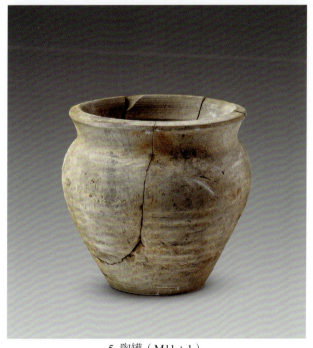

5. 陶罐（M11：1）

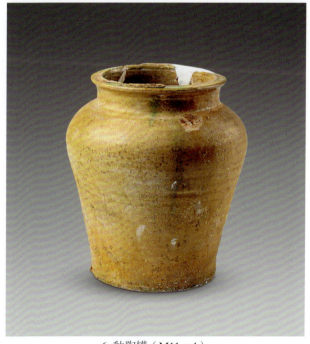

6. 釉陶罐（M11：4）

东坝乡驹子房路明清时期双棺墓葬随葬器物

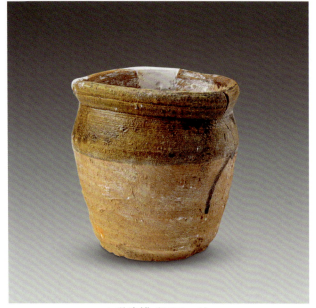

1. 釉陶罐（M12：4）

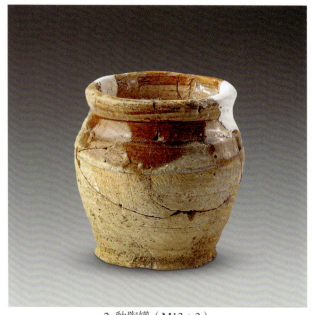

2. 釉陶罐（M13：3）

3. 釉陶罐（M16：1）

4. 陶罐（M18：3）

5. 铜簪（M16：2）

6. 铜押发（M19：1）

东坝乡驹子房路明清时期双棺墓葬随葬器物

1. 釉陶罐（M22：1）

2. 铁器（M22：3）

3. 骨簪（M24：1）

4. 铜耳坠（M26：2）

5. 银耳环（M28：1）

6. 瓷罐（M33：1）

东坝乡驹子房路明清时期双棺墓葬随葬器物

1. 铜簪（M33：2）

2. 铜耳环（M33：5-1）

3. 铜耳环（M33：5-2）

4. 铜耳环（M34：1）

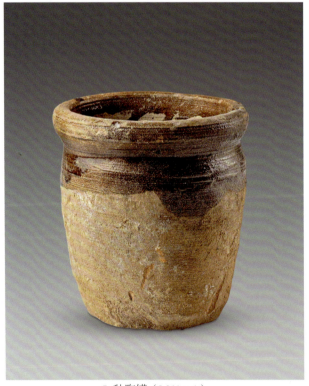

5. 釉陶罐（M41：1）

6. 釉陶罐（M41：2）

东坝乡驹子房路明清时期双棺墓葬随葬器物

1. 铜押发（M42：3）

2. 铜簪（M42：1）

3. 铜簪（M42：2）

4. 银耳环（M42：4）

5. 银簪（M43：1）

东坝乡驹子房路明清时期双棺墓葬随葬器物

1. M1

2. M2

3. M3

东坝乡驹子房东路清代双棺墓葬

1. M4

2. M5

3. M6

东坝乡驹子房东路清代单棺、双棺墓葬

1. M9

2. M10

3. M11

东坝乡驹子房东路清代双棺墓葬

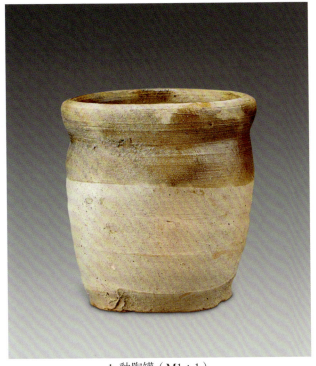

1. 釉陶罐（M1：1）

2. 釉陶罐（M11：1）

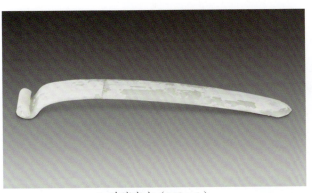

3. 玻璃扁方（M8：1）

4. 铜扁方（M10：1）

5. 银簪（M10：2-1）

6. 银簪（M10：2-2）

东坝乡驹子房东路清代墓葬随葬器物

M24

三间房乡西柳巷北朝时期墓葬

1. M24前室

2. M24后室

三间房乡西柳巷北朝时期墓葬细节

1. 陶罐（M24：8）

2. 陶罐（M24：3）

3. 陶盆（M24：7）

三间房乡西柳巷北朝时期墓葬出土器物

1. 陶碗（M24：1）

2. 陶碗（M24：2）

3. 陶碗（M24：6）

4. 铜带銙（M24：5）

三间房乡西柳巷北朝时期墓葬出土器物

1. M1

2. M3

3. M6、K1

三间房乡西柳巷明清时期单棺墓葬

1. M7

2. M9

3. M15

三间房乡西柳巷明清时期单棺墓葬

1. M13

2. M17

3. M2

三间房乡西柳巷明清时期单棺、双棺墓葬

1. M8

2. M10

3. M11

三间房乡西柳巷明清时期双棺墓葬

1. M12

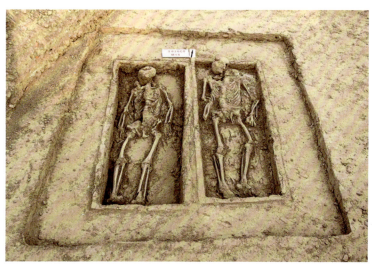

2. M14

3. M16

三间房乡西柳巷明清时期双棺墓葬

1. M18

2. M20

3. M21

三间房乡西柳巷明清时期双棺墓葬

图版四〇

1. M23

2. M4

3. M5

三间房乡西柳巷明清时期双棺、三棺墓葬

1. 铜簪（M1：1）

2. 铜簪（M1：2）

3. 铜簪（M1：3）

4. 铜簪（M1：4）

5. 铜簪（M1：5）

6. 铜帽饰（M9：1）

三间房乡西柳巷明清时期单棺墓葬随葬器物

1. 铜簪（M6：1）

2. 银簪（M7：1）

3. 银簪（M7：2）

4. 银簪（M7：3）

三间房乡西柳巷明清时期单棺墓葬随葬器物

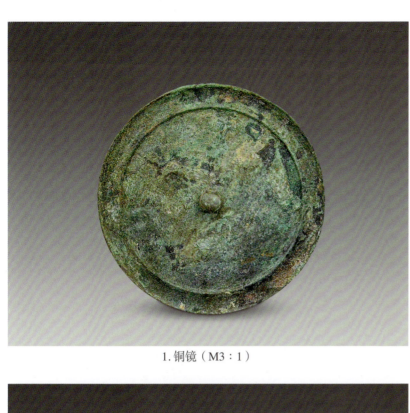

1.铜镜（M3∶1）

3.铜耳坠（M15∶7）

2.银碗（M3∶2）

4.铜耳坠（M15∶8）

5.金耳环（M13∶1、M13∶2）

6.银耳环（M15∶9）

三间房乡西柳巷明清时期单棺墓葬随葬器物

1. 银扁方（M15：1）

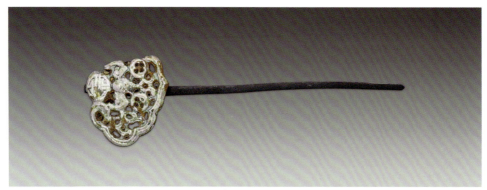

2. 银簪（M15：2）

3. 银簪（M15：3）

4. 银簪（M15：4）

三间房乡西柳巷明清时期单棺墓葬随葬器物

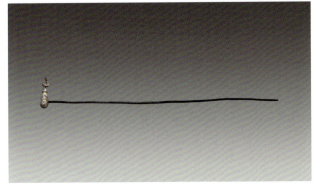

1. 银簪（M15：5）

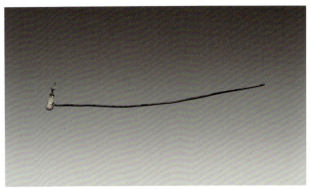

2. 银簪（M15：6）

3. 铜烟袋（M15：10）

4. 银护甲（M15：11）

5. 银护甲（M15：12）

三间房乡西柳巷明清时期单棺墓葬随葬器物

1. 釉陶罐（M2：5）

2. 银耳环（M2：3）

3. 骨簪（M2：1）

4. 铜簪（M2：2）

5. 银簪（M10：1）

6. 银簪（M10：2）

三间房乡西柳巷明清时期双棺墓葬随葬器物

1. 铜扁方（M10：3）

2. 铜簪（M10：4）

3. 铜簪（M10：5）

4. 铜簪（M10：6）

5. 铜簪（M10：7）

6. 铜簪（M10：8）

三间房乡西柳巷明清时期双棺墓葬随葬器物

1. 铜耳环（M10：9）

2. 铜耳环（M10：10）

3. 铜簪（M11：1）

4. 铜簪（M11：2）

5. 铜簪（M11：3）

6. 铜簪（M11：4）

三间房乡西柳巷明清时期双棺墓葬随葬器物

1. 银簪（M11：5）

2. 铜烟锅（M11：6）

3. 瓷罐（M12：1）

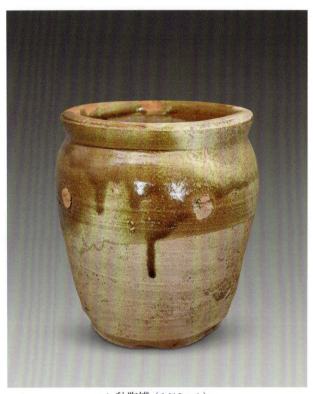

4. 釉陶罐（M12：4）

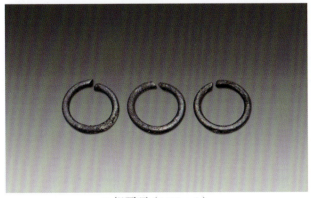

5. 银耳环（M12：2）

6. 铜簪（M14：1）

三间房乡西柳巷明清时期双棺墓葬随葬器物

1. 铜扁方（M14：2）

2. 铜簪（M14：3）

3. 铜烟锅（M14：5）

4. 铜烟袋（M14：4）

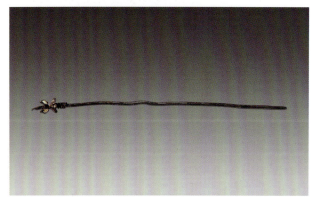

5. 银簪（M16：1）

6. 银簪（M16：2）

三间房乡西柳巷明清时期双棺墓葬随葬器物

1. 釉陶罐（M20：2）

2. 釉陶罐（M20：4）

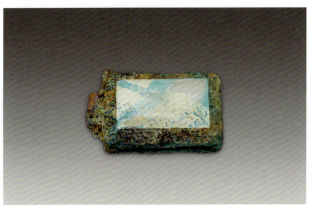

3. 铜嵌玻璃带饰（M21：1）

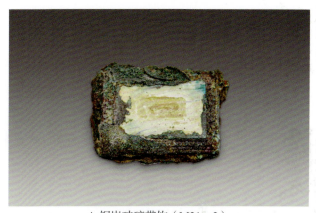

4. 铜嵌玻璃带饰（M21：2）

5. 符文板瓦（M20：1）

6. 铜耳环（M21：4）

三间房乡西柳巷明清时期双棺墓葬随葬器物

1. 酱釉罐（M4：5）

2. 陶罐（M5：1）

3. 陶罐（M5：3）

4. 陶罐（M5：5）

5. 釉陶罐（K1：1）

6. 釉陶罐（K1：2）

三间房乡西柳巷明清时期双棺墓葬随葬器物

1.釉陶罐（K1：3）

2.釉陶罐（K1：4）

3.釉陶罐（K1：5）

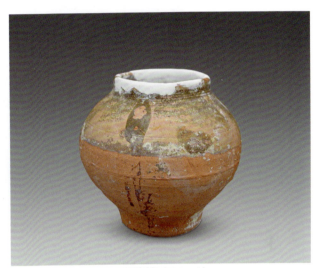

4.釉陶罐（K1：6）

5.釉陶罐（K1：7）

6.釉陶罐（K1：8）

三间房乡西柳巷明清时期坑出土器物

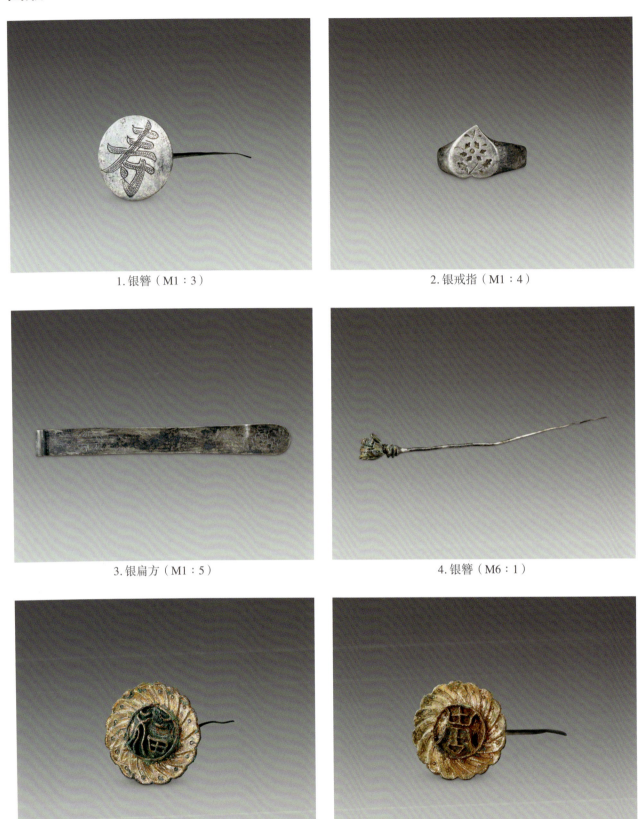

1. 银簪（M1：3）

2. 银戒指（M1：4）

3. 银扁方（M1：5）

4. 银簪（M6：1）

5. 银簪（M6：2）

6. 银簪（M6：3）

金盏乡金盏西村清代墓葬随葬器物

1. 铭文砖（M6∶6）

2. 铭文砖（M6∶7）

3. 铭文砖（M6∶8）

4. 铭文砖（M6∶9）

金盏乡金盏西村清代墓葬出土铭文砖

1. M1

2. M3

崔各庄乡南皋村L04地块清代双棺墓葬

1. L1、L2、L3位置图（南—北）

2. L3、L4分叉口（南—北）

崔各庄乡南皋村L04地块清代道路遗迹

图版六二

1. 釉陶罐（M4:1）

2. 釉陶罐（M4:2）

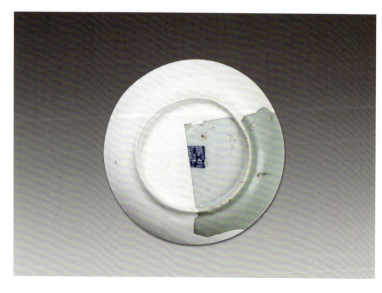

3. 瓷盘（L4:1）

崔各庄乡南皋村L04地块清代墓葬、道路出土器物

1. 铜扁方（M1：1）

2. 铜耳环（M1：2）

3. 骨簪（M3：1）

4. 铜押发（M3：2）

5. 铜耳环（M3：3）

6. 铜扣（M3：4）

崔各庄乡南皋村L04地块清代墓葬出土器物

1. M1

2. M2

3. M6

崔各庄乡南皋村30-L06地块清代单棺、双棺墓葬

1. 釉陶罐（M1：1）

2. 黑釉瓷罐（M2：1）

3. 釉陶罐（M2：3）

5. 铜钗（M6：2）

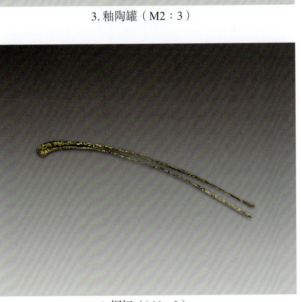

4. 双耳罐（M6：3）

崔各庄乡南皋村30-L06地块清代墓葬出土器物

1. M4

2. M5

3. 陶罐（M4：1）

4. 陶罐（M5：1）

崔各庄乡南皋村30-L06地块汉代墓葬及出土器物

1. M1

2. M7

3. M8

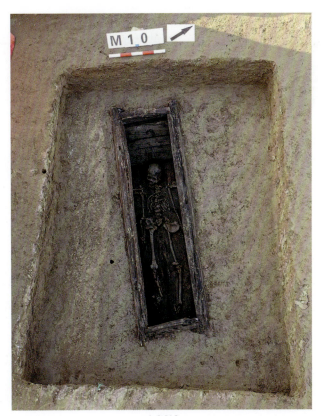

4. M10

崔各庄乡黑桥村清代单棺墓葬

1. M2

2. M3

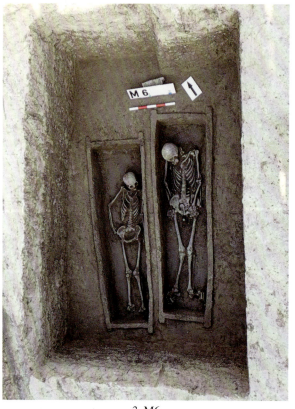

3. M6

4. M9

崔各庄乡黑桥村清代双棺墓葬